Dieter Wartenweiler

Zen – nondual

Dieter Wartenweiler

Zen – nondual

Über die Freiheit von sich selbst

TWENTYSIX – Der Self-Publishing-Verlag
Eine Kooperation zwischen der Verlagsgruppe
Random House und BoD – Books on Demand

© 2019 Wartenweiler, Dieter

Herstellung und Verlag:
BoD – Books on Demand, Norderstedt.

ISBN: 9783740714352

Umschlagbilder: Beat Pfändler, Photo Atelier, Zürich

Inhalt

Einleitung ... 7

Grundlagen

    Zen und seine Ursprünge ... 12
    Nondualität: Nicht-Zwei ... 17
    Nonduales Zen ... 20

Teil I

SUTREN UND ALTE MEISTER ... 25

Das ‚Eine' in den buddhistischen Sutren

    Kein Selbst, keine Person – Diamant-Sutra ... 28
    Unermesslichkeit – Lotos-Sutra ... 37
    Form und Leere sind eins – Herz-Sutra ... 42
    Keine Unterscheidungen – Lankavatara-Sutra ... 47
    Befreiung durch Selbstaufgabe – Avatamsaka-Sutra ... 51
    Erkenntnisse der Weisheit – Akashagarbha-Sutra ... 56
    Nicht-Zweiheit – Vimalakirti-Sutra ... 60

Die Mahamudra-Lehre in Tibet

    Jenseits aller Worte und Symbole – Tilopa ... 65
    Gewissheit – Milarepa ... 70
    Die sieben Schätze – Rechungpa ... 74
    Alles ist leerer Geist – Rangdjun Dordje ... 77

Themen der alten Zen-Meister

Dualistische Ansichten sind Träume – Kanchi Sosan	81
Kein Spiegel – Daikan Eno	87
Erkennen des Tao – Yoka Genkaku	91
Fünf Arten Zen – Keiko Shumitsu	96
Die fünf Stände – Tozan Ryokai	101
Kein Buddha der Stufen – Obaku Kiun	105
Geist-Dharma ist ohne Form – Rinzai Gigen	110
Sich selbst vergessen – Eihei Dogen	115
Buddha in dir – Hakuin Ekaku	121

Teil II
MEISTER DER NEUZEIT 127

Zen-Meister der Neuzeit

Was du denkst und glaubst ist falsch – Kodo Sawaki	129
Dualität ist ein großer Irrtum – Yamada Koun	132
Das Eine ist meine wahre Natur – Willigis Jäger	136
Zuflucht zu dir selbst – Kobun Otagawa	140
Ent-Täuschung – Alexander Poraj	143

Die Lehren moderner indischer Meister

Die Welt ist in dir – Ramana Maharshi	147
„Ich bin" – Nisargadatta Maharaj	151
Kein Weg, keine Methode – Jiddu Krishnamurti	155

Nondual Speakers

Liebhaberin der Stille – Yolande Duran-Serrano	160
Da ist nur Einheit – Tony Parsons	163
Einfach das – Jim Newman	167
Das zeitlose Wunder – Andreas Müller	169
Nur das umfassende Leben – Karl Renz	173
Nie geboren, nie gestorben – Rick Linchitz	178

Teil III
NONDUALE ECKPUNKTE DES ZEN 183

Welt der Erscheinungen

Leben ist Bewegung	186
Geschichten	190
Beziehung setzt zwei voraus	193
Die Welt als Beschreibung	196
Über Religion	200
Das Bedürfnis nach Sinn	204
Die Krux mit dem ‚Ich'	208

Absolutes Sein

Kein Weg zum Unermesslichen	214
Jetzt ist ohne Zeit	218
Unergründlichkeit	222
Reines Sein	225
Fülle	228
Ganzheitliches Bewusstsein	232

Alles Eins

Dualität ist relativ	235
Jenseits der Person	240
Leerraum	244
Meditation	247
Illusionslose Präsenz	251
Sein im Nicht-Sein	255
Freiheit von sich selbst	259

Schlusswort 262

Einleitung

Zen wird seiner Form nach als Lehre tradiert, und zugleich sprengt es inhaltlich jeden Rahmen. Etwas pointiert formuliert ist die Lehre des Zen die, dass es keine Lehre gibt. Worum es im Letzten geht, übersteigt jede Erkenntnis. Es ist unbeschreiblich, und mit diesem Dilemma gehen alle Zen-Texte um. Weil sich der Kernpunkt des Zen dem diskursiven Denken und damit der sprachlichen Formulierung entzieht, bleibt nur die Möglichkeit, das Unbeschreibliche zu umkreisen. Das Dilemma, dass auf etwas hingewiesen werden soll, das gar nicht gefasst werden kann, kommt in allen alten und neuen Zen-Texten zum Ausdruck, und auch im vorliegenden Buch kann dies nicht anders sein. Das Unbeschreibliche umfasst alles und ist deshalb „nicht-zwei" – nondual –, während sich jede Beschreibung zwangsläufig der Begrifflichkeit bedienen muss, die – dual – das eine oder das andere bezeichnet. Es wird also versucht, mit dualer Sprache das Nonduale zu umkreisen.

Diese Thematik wird im vorliegenden Buch von unterschiedlichen Seiten her beleuchtet. Dabei zeigt sich, dass es in den buddhistischen Sutren ebenso um das Unnennbare geht, wie in den Schriften der alten und neuen Zen-Meister. Dieses unbenennbare Sein ist dabei ungetrennt von unserer Welt der Erscheinungen, womit diese eine besondere Qualität bekommt, die ihr im Allgemeinen nicht zugemessen wird. Alles in allem erzeugen die Texte eine Schwingung, die vielleicht als Zen-Geist beschrieben werden kann. Mehr vermag auch dieses Buch nicht zu vermitteln.

Die Ausführungen im ersten und zweiten Buchteil haben ihre Basis in Vorträgen (Teisho) des Autors. Sie enthalten zahlreiche und zum Teil auch längere Zitate, wodurch die ursprünglichen Botschaften direkt zum Ausdruck kommen sollen. Jeder Text umschreibt dabei das Ganze und beinhaltet dieses wie ein Hologramm. Zugleich sind einige

Sutren und andere Texte stark auf das als wesentlich Erscheinende komprimiert. Die Erwägungen im dritten Buchteil entstammen Eindrücken und Erwägungen des Autors, die sich über längere Zeit gesammelt haben und ebenfalls in verdichteter Form dargestellt werden.

Im Gesamten ist dies nicht ein Buch, das von vorne bis hinten zu lesen wäre, sondern es kann irgendwo aufgeschlagen werden, um etwas von den Lehren der alten Meister aufzunehmen, die doch keine wirklichen Lehren sind. Es ist von der Lektüre daher auch kein Gewinn an zusätzlichem Wissen zu erwarten, denn dies wäre eine zu enge Interpretation dessen, was hier zum Ausdruck kommt. Vielmehr mag darin etwas von dem anklingen, was im Zen gemeinhin ‚Buddhanatur' genannt wird – etwas vom tiefen Wesen allen Seins.

Die vorliegenden Texte beziehen sich auch auf die Zen-Praxis im Westen. In den mithin zahlreichen Zen-Zentren werden die Schwergewichte dabei unterschiedlich gelegt. An den einen Orten sind die Rituale wichtig, andernorts geht es hauptsächlich um die Sitzmeditation Zazen, wieder andere verstehen und betonen Zen als ‚Übungsweg', eventuell auch mit spezieller Förderung innerer Erfahrungen. Diese unterschiedlichen Ausrichtungen haben einerseits mit den verschiedenen Schulen des Zen zu tun, die uns aus Japan erreicht haben, und andererseits mit der Art und Weise, wie die Zen-Tradition im Westen aufgenommen wird.

Grundsätzlich wird im westlichen Zen einerseits ein Weg gelehrt, der ‚Zen-Weg', der zu tiefer Erkenntnis führen soll – was Dualität voraussetzt –, und zugleich ist die Rede von der Einheit allen Seins – also von Nondualität. Während eine duale Sicht dem gegenwärtigen mentalen Bewusstsein entspricht, das die Welt in Gegensätzen versteht, bezieht sich Nondualität auf die Auffassung, dass alle Erscheinungen zusammen und in ihrem unfassbaren Urgrund oder Wesen letztlich eins sind. In einer dualen Weltsicht gibt es Gegensätze, Argumentationen, Lehren, Übungen, Wege, Theorien und zahllose Ansichten und Vorstellungen. Demgegenüber entspricht ein nonduales Weltverständnis der Wahrnehmung allen Seins als Einheit. Da diese alles umfasst, hat sie keine Qualitäten und kann zu nichts im Gegensatz stehen.

Damit stellt sich die Frage, wie sich diese Ebenen zueinander verhalten, und inwieweit Zen dual oder nondual zu verstehen sei. Mit Bezug auf die alten buddhistischen Sutren, die Lehren der frühen Zen-Meister und moderne spirituelle Ausrichtungen nimmt dieses Buch dazu Stellung.

In einem ersten Buchteil werden zunächst die buddhistischen Sutren betrachtet, auf welche sich Zen beruft, und die in Zen-Zentren regelmäßig rezitiert werden. Sie können als früheste historische und gleichzeitig als praktizierte Grundlagen des Zen verstanden werden. Während sich die Sutren der Überlieferung nach auf Aussagen des Buddha Shakyamuni beziehen, entstand das weitere buddhistische Schrifttum, als die Lehre über Tibet und China bis nach Japan überliefert wurde. Die tibetische Mahamudra-Lehre kann als Vorläuferin des Zen verstanden werden und wird deshalb hier im Anschluss an die Sutren behandelt. Die Entstehung des eigentlichen Zen ist dem Aufeinandertreffen von Buddhismus und Taoismus in China zu verdanken, wobei sich bald eine erste Hochblüte entwickelte. Damals wie heute kommt den entsprechenden chinesischen Meistern eine große Bedeutung zu. Daher werden auch ihre Aussagen beleuchtet.

Das heute im Westen praktizierte Zen wurde von einigen zeitgenössischen japanischen und westlichen Zen-Meistern geprägt, die als gültige Vertreter des modernen Zen verstanden werden können. Entsprechend werden in einem zweiten Buchteil die Botschaften von ausgewählten solchen Zen-Meistern dargelegt und besprochen. Für das Verständnis der Nondualität ist im Weiteren die Berücksichtigung der indischen Advaita-Lehre unerlässlich. Mit ihrem Bezug auf die Veden kann sie als Vorgängerin des Buddhismus verstanden werden, und sie weist zudem erhebliche Parallelen zu den Grundaussagen des Zen auf. Es werden deshalb auch einige bedeutende Vertreter des Advaita-Vedanta vorgestellt. Deren Aussagen werden anschließend durch diejenigen einiger zeitgenössischer „Nondual speakers" ergänzt, welche sich in ihrer Nachfolge sehen. Mit Bezug auf die Advaita-Thesen, die buddhistischen Lehren und die Schriften von Zen-Meistern können schließlich allgemeine Aussagen über die Nondualität des Zen gemacht werden.

Nach ursprünglicher Auffassung kann Zen als eine Lehre über die Beschaffenheit der Welt verstanden werden, die unabhängig von praktizierten Übungen wie dem Sitzen im Zen (Zazen) existiert und gültig ist. Wie schon erwähnt spricht Zen auch von persönlicher Entwicklung und einem Weg, tiefere Einsichten in das Wesen des Daseins zu gewinnen. Damit stellt sich die Frage, ob Zen allenfalls gleichzeitig dual und nondual sein kann, und wenn ja, wie diese Betrachtungsebenen zueinander stehen. Diese Themen werden im dritten Buchteil behandelt, und es wird versucht, zu einer grundlegenden Aussage über Zen zu kommen: Was ist Zen, und was ist es nicht?

Dieses Buch hat nicht den Anspruch, ein wissenschaftliches Werk zu sein. Dafür müssten alle Texte viel fundierter dargelegt und erörtert werden. Hier sei lediglich der Versuch gewagt, die Kernelemente der Zen-Lehre anhand exemplarischer Texte sowie entsprechender Erwägungen darzulegen, wodurch sich ein Gefühl für die Grundbotschaft des Zen ergeben kann. Seine Entstehung verdankt das Buch auch der großen Sorgfalt, mit der meine Zen-Lehrer – allen voran Niklaus Brantschen Roshi – das Wesen des Zen nicht nur gelehrt, sondern auch vorgelebt haben. Zusammen mit Eindrücken von der japanischen Zen-Tradition, von amerikanischer Formentreue, indischer Spiritualität, westlichem Suchen und von nondualen Botschaften bildete sich ein Zen-Verständnis, das an nichts haftet und sich letztlich selber aufzulösen scheint. In der Endgestaltung des Buches hat sich Kathrin Stotz in besonderer Weise mit Anregungen, einem ausgedehnten Lektorat und Korrekturen verdient gemacht. Dr. Hendrikje Posch gab zahlreiche Impulse und ideelle Unterstützung, und der Buchumschlag verdankt seine Form der Hingabe von Beat Pfändler. Ihnen und allen an diesem Buch Beteiligten sei hier mit einem tiefen ‚Gassho' großer Dank ausgedrückt.

Zen und seine Ursprünge

Die Anfänge des Zen liegen im Hinduismus und frühen indischen Buddhismus. Mythologie und Historie erscheinen in dieser Zeit eng verflochten; wir wissen nicht, was sich vor einigen tausend Jahren genau zugetragen hat, und schon gar nicht, wer was gesagt hat. Die Lehren des Buddha mögen auf die historische Gestalt Siddhartha Gautama aus Shakya zurückgehen, der tiefe Einsichten erlangt hatte. Ebenso wahrscheinlich verdichteten sich daraufhin Weisheiten und Einsichten der damaligen Kultur zu einem Mythos, welcher mit Buddha Shakyamuni verbunden wurde. Shakyamuni weist wie die meisten Religionsgründer eine besondere Geburtsgeschichte auf, die sich historisch gesehen nicht belegen lässt und damit den mythischen Charakter der vermittelten Weisheiten unterstreicht. Im Falle von Buddha war es die Königin Maya, die im Traum von einem weissen (reinen) Elefanten geschwängert wurde. Sie gebar ihren Sohn dem Mythus nach aus der rechten Lende, und er soll gleich nach der Geburt gesagt haben: „Ich bin der Herrscher der Welt, der Welt-Älteste, der Welt-Erste. Das ist meine letzte Geburt, es wird keine weitere mehr geben."[1]

Zen bezieht sich auf die Ursprünge des Buddhismus und beinhaltet Elemente der buddhistischen Lehre, deren Kernpunkt die „vier edlen Wahrheiten" sind[2]. Sie werden als Aussagen Buddhas wie folgt tradiert:

„Dies, ihr Mönche, ist die edle Wahrheit vom Leiden: Geburt ist Leiden, Alter ist Leiden, Krankheit ist Leiden, Tod ist Leiden, mit Unliebem vereint sein ist Leiden, von Liebem getrennt sein ist Leiden, nicht erlangen, was man begehrt, ist Leiden – kurz: die fünferlei Objekte des Ergreifens sind Leiden.

Dies, ihr Mönche, ist die edle Wahrheit von der Entstehung des Leidens: Es ist der Durst, der zur Wiedergeburt führt, samt Freude und Begier, hier und dort seine

Freude findend: der Lüstedurst, der Werdedurst, der Vergänglichkeitsdurst.

Dies, ihr Mönche, ist die edle Wahrheit von der Aufhebung des Leidens: die Aufhebung dieses Durstes durch restlose Vernichtung des Begehrens, ihn fahren lassen, sich seiner entäußern, sich von ihm lösen, ihm keine Stätte gewähren.

Dies, ihr Mönche, ist die edle Wahrheit vom Wege zur Aufhebung des Leidens: Es ist dieser edle achtteilige Pfad, der da heißt: rechter Glauben, rechtes Entschließen, rechtes Wort, rechte Tat, rechtes Leben, rechtes Streben, rechtes Gedenken, rechtes Sichversenken."

Die Lehre Buddhas wurde über Jahrhunderte in zahlreichen Sutren niedergeschrieben, auf die später näher eingegangen wird. Ebenfalls über lange Zeit diffundierte die buddhistische Lehre in den asiatischen Raum. Auch dieser Weg findet sich in einem Mythos verdichtet: in der Person des Weisen Bodhidharma, der die Lehre aus Indien nach China brachte und dort als erster chinesischer Zen-Patriarch gilt und grosses Ansehen erlangte. Bei seiner Ankunft in China sei er von Kaiser Wu befragt worden: „Was ist der tiefste Sinn der Heiligen Wahrheit?" Bodhidharma antwortete: „Unendlich weit und leer, nichts von heilig." Da fragte der Kaiser: „Und wer bist du - mir gegenüber?" Bodhidharma erwiderte: „Ich weiß es nicht."[3] Diese Worte zeigen deutlich den Kern des Zen. Die Weisheit des Zen liegt als ‚unendliche Weite und Leere' jenseits von Vorstellungen von etwas Heiligem. Und sie führt dazu, dass die eigene Person nicht mehr beschrieben werden kann („ich weiß es nicht"), weil sie formlos und letztlich eine Illusion ist.

Eigentlich ist Zen das Resultat der Vermischung der buddhistischen Lehre mit dem in China vorbestehenden Taoismus. Dieser geht ebenfalls auf eine legendäre Gestalt zurück: Lao-Tse, der auf seiner Flucht aus China das berühmte Werk Tao Te King (Daodeching) verfasst haben soll. Gleich zu Beginn steht dort, dass das Tao, von dem man sprechen könne, nicht das ewige Tao sei. Als das ‚Eigentliche' ist es Ursprung, Wandel, Ziel und das Wesen allen Seins. Analog zum Buddhismus sagt der Taoismus, dass im Kosmos alles Wandel ist, es nichts Festes gebe, und dass das Universum selbstgestaltend sei. Entsprechend dem allumfassenden Charakter des Tao ist ihm von menschlicher Seite her nichts beizufügen oder entgegenzusetzen. Die Konsequenz davon ist Wu Wei, ‚Nicht-Handeln', ein wesentliches Element der Lehre. Trotz seiner Unbeschreiblichkeit kann das Wesen des Tao gemäß der Lehre durch meditative Innenschau erfahren werden, ebenso wie seine Kraft in den Erscheinungen der Welt zu beobachten ist.

In der Verbindung von Buddhismus und Taoismus entspricht Zen (Chan) zugleich einer Reduktion auf die wesentlichen und auch gleichartigen Elemente dieser Lehren. Angesichts der Unbeschreiblichkeit des unergründlichen Ganzen wird dabei auf die Innenschau, Stille und Meditation besonderer Wert gelegt. Zen gilt als spezielle Überlieferung außerhalb der Schriften, die im Grunde nur von Herz zu Herz erfolgen kann, und welche die Schau des ursprünglichen Wesens beinhaltet. Verhindert wird diese Schau gemäß der buddhistischen Lehre durch die Anhaftungen im Sinne der zweiten edlen Wahrheit und letztlich durch die Illusion eines ‚Ich', welche der Ursprung des Leidens ist.

In China erlangte Zen eine erste Hochblüte in der Tang-Dynastie (618-907), in welcher Zeit bedeutende Zen-Patriarchen und Zen-Meister lebten. Es sind dies im Wesentlichen Seng Ts'an (jap. Sosan, dritter Patriarch, Verfasser der Schrift ‚Shinjinmei', wovon noch die Rede sein wird), Hui Neng (jap. Eno, sechster Patriarch,), Yoka Genkaku (Verfasser des ‚Shodoka'), Tozan Ryokai (Begründer der Soto-Schule), Huang Po (Obaku Kiun, Gründer der heute weniger bedeutenden Obaku-Schule) und Rinzai

Gigen (Begründer der Rinzai-Schule). Jedem von ihnen ist in diesem Buch ein spezielles Kapitel gewidmet.

In den Jahren nach 1200 kam Zen schließlich nach Japan, die Rinzai-Schule durch Eisai und die Soto-Schule durch Dogen. Vor allem unter Dogen erlangte Zen dort eine neue Hochblüte, und es wurden im ganzen Land zahlreiche Tempel und Klöster gegründet. Seine Lehre wird ebenfalls noch näher dargestellt. Nach einer Zeit des Niedergangs trat ein Reformer namens Hakuin Ekaku auf, welcher die fehlende Zen-Praxis aufs Tiefste beklagte. Er gilt als Reformator des Zen und ermöglichte dessen Überleben in die Neuzeit hinein.

Im 20. Jahrhundert gelangte Zen schließlich von Japan nach Amerika und nach Europa. Dafür wirkten zahlreiche japanische Zen-Meister im Westen, wovon D.T. Suzuki, Daisen Deshimaru, Shunryu Suzuki und der vietnamesische Meister Thich Nhat Hanh die bekanntesten sind. Andere Meister wie Yamada Koun Roshi empfingen Interessierte aus dem Westen in ihren Zen-Hallen in Japan. Yamada ernannte einige seiner westlichen Schüler zu Zen-Lehrern und Zen-Meistern, u.a. den in Deutschland sehr bekannten Ordensmann Willigis Jäger. Auch Meister der zweiten Generation wie der Amerikaner Bernard Tetsugen Glassman (ein Schüler von Maezumi Roshi) leisteten einen bedeutenden Beitrag an die Verbreitung des Zen im Westen. Glassman ernannte zahlreiche Zen-Meister und Meisterinnen, u.a. Joan Halifax, Robert Kennedy, Pat O'Hara, Niklaus Brantschen und Pia Gyger.

Im Westen traf das in seinen Ursprüngen nondual orientierte Zen auf den hier vorherrschenden Dualismus, was bis heute einige Konfusion erzeugt. Wie noch näher zu zeigen sein wird, stellt das ursprüngliche Zen die Einheitswirklichkeit in den Mittelpunkt. Das will heißen, dass nach buddhistischer Auffassung letztlich alle Erscheinungen eins und ihrem Charakter nach leer sind. Das allumfassende Element kann dabei nicht beschrieben und erfahren werden, da es – alles umfassend – gegen nichts abgegrenzt werden kann. Darin ist auch der Mensch als Erscheinung mit eingeschlossen. Wie erwähnt wird diese Wirklichkeit auch mit dem Begriff ‚Nicht-Zwei' (nondual) umschrieben, da es „auch nicht eins ist". Im Westen hingegen herrscht die Auffassung vor, dass die Welt aus unterschiedlichen Erscheinungen und Gegenständen besteht.

In diesem Zusammenprall der Auffassungen ‚über die letzten Dinge' haben sich im Zen zwei verschiedene Betrachtungsweisen entwickelt oder zumindest akzentuiert. Im östlichen, nondualen Sinne geht es um eine Botschaft über die Beschaffenheit der Welt. Deren volles Verständnis ergibt sich, wenn sich der Mensch nicht mehr als getrennt von der Welt und seinem Urgrund erlebt. Im Westen hingegen erscheint der Mensch als Suchender, der einen Weg geht, auf welchem er ‚Fortschritte machen', ‚näher zu sich selbst kommen' und schließlich für sich und dann auch zum Wohle anderer eine befreiende Sicht vom Wesen der Welt erlangen kann. Diese beiden Sichtweisen sind schwerlich vereinbar, was aber versucht wird, indem ein ‚Weg' (dual) postuliert wird, der schließlich zu etwas Umfassendem (nondualem) führt. Was aber Eins und Alles und ungetrennt ist, kann nicht erlangt werden, da es schon ist. Dieses Problem wird oft dadurch umgangen, dass zwei Ebenen postuliert werden – die Erscheinungswelt, in welcher der Mensch als separates Wesen verantwortungsvoll handeln soll, und die ‚Wesenswelt', in welcher Leere und Einheit herrscht. Mit diesen zwei Welten besteht aber wiederum ein Dualismus.

Um die mit dem Zen-Verständnis verbundenen Fragen zu klären, gehen wir etwas später zu den ursprünglichen Lehren des Buddhismus zurück, wie sie in den Sutren niedergelegt sind. Zunächst setzen wir uns aber noch etwas detaillierter mit der Nondualität auseinander.

Nondualität: Nicht-Zwei

Nondual meint: alles ist eins, alles ist ‚Dies'. Das, was ist, braucht nicht noch etwas dazu, um zu sein, was es ist, z.B. keinen Sinn, keine Erklärung, keine Bedeutung. Dies sind alles Attribute, welche wir den Dingen beifügen. Ein Berg weiß nicht, dass er ein Berg ist, und auch ein Stuhl nicht, dass er ein Stuhl ist, obwohl er von Menschen zu einem bestimmten Zweck geschaffen wurde.

Die Kenntnis von Nondualität ist nicht die Folge eines Weges oder einer spirituellen Suche. Deshalb kann man auch nicht von einer Erkenntnis sprechen, denn es geht einfach darum, dass alles genau so ist, wie es ist. Dafür braucht es keine Voraussetzung, auch nicht diejenige einer Erkenntnis.

In einer nondualen Sicht (was bereits ein dualer Begriff ist, der hier aber nicht vermieden werden kann) wird die übliche Wahrnehmungsweise im Grunde umgekehrt. Die Welt wird nicht mehr aus dem Blickwinkel einer Person mit Erfahrungen einer vermeintlich objektiven Außenwelt betrachtet, sondern von einer Seite, die als Bewusstsein (oder als tieferes, nicht verursachtes Wissen) bezeichnet werden könnte. Statt zu sagen, dass es im Menschen ein Bewusstsein über die Welt gebe, wird gesagt, dass die Welt nur innerhalb des Bewusstseins erscheint, und dass sie – so gesehen – dort entsteht. In dieser Betrachtungsweise ist die Welt nicht vorbestehend, woraus sich dann Bewusstsein entwickelt, sondern da ist zeitloses und raumloses Bewusstsein, welches die Bilder der Welt enthält. Das Bewusstsein und seine Bilder können dabei nicht voneinander getrennt werden. Dies erinnert an die Kernaussage des Herz-Sutra: Leere (hier Bewusstsein) ist Form (Erscheinungswelt). Konsequenterweise sind alle Wahrnehmungen Inhalte, die im Bewusstsein erscheinen. Dazu gehört auch die Erscheinung einer ‚Person', die Vorstellung, dass es ein ‚Ich' gebe, dass es ‚jemanden' gebe, der dies alles erlebt. Im Bewusstsein erscheint damit auch die Vorstellung von Zeit, in welcher sich die Ereignisse abspielen, und damit die Vorstellung von „Leben und Tod".

Im Zen ist die Rede von einem gegenstandslosen Sein, oft ‚Buddhanatur' genannt, das ‚alles' ist. Gelegentlich wird auch davon gesprochen, dass aus diesem ‚Urgrund' alle Erscheinungen hervorgehen, der damit als eine Art Quelle fungiert. Eine solche Betrachtung legt aber den Gedanken an eine Zeitdimension nahe. Da in ‚Allem' jedoch auch die Erscheinung von Zeit enthalten ist, geht das unergründliche und unfassbare Sein über alles hinaus, was irgendwie beschrieben werden könnte. Manche nennen es ‚Gott', aber auch dies ist nicht mehr als ein Begriff, der dazu verleitet, gewisse Inhalte darunter zu subsummieren (z.B. „Gott ist gut"). Damit wird das Allumfassende allerdings gleich doppelt eingegrenzt – durch Vorstellungen einerseits was Gott sei, und andererseits, wie er sei. Das Allumfassende wird damit den Ansichten und Gefühlen der Menschen untergeordnet.

Die Welt der Formen, die sich zugleich in Zeit zu entwickeln scheint, wird in der nondualen Literatur oft als ‚Geschichte' bezeichnet. Vom Standpunkt eines ursprünglichen unbewegten Bewusstsein-Wissens her gesehen sind selbst das Erscheinen eines Individuums und darüber hinaus alle seine Erlebnisse nicht mehr als eine Geschichte – ein vermeintliches Geschehen in Ablauf von Zeit. Gewisse Vertreter des nondualen Ansatzes bezeichnen dies auch als ‚Traum'. Die Erscheinungswelt hat dabei einen virtuellen Charakter – sie ist gewissermaßen eine dreidimensionale Projektion, die zufolge ihrer Dreidimensionalität, in welcher sich auch die ‚Personen' bewegen, als ‚wirklich' wahrgenommen wird. Weil das ‚Ich' seinerseits eine Erscheinung des Bewusstseins ist, vermag es auf die Tatsache der Erscheinungswelt an sich und auch auf die Verhältnisse darin keinen Einfluss auszuüben. Demnach gibt es für den

Menschen, der sich als Individuum erfährt, ‚nichts zu tun'. Er ist vielmehr Beobachter dessen, was geschieht, was sich wiederum alles im Bewusstsein abspielt. Insofern fallen auch der Beobachter und das Beobachtete in eins zusammen, so wie es etwa Krishnamurti[4] formuliert. Einheit bedeutet, dass das allumfassende Sein mit allem, was sich darin zeigt, ‚nicht-zwei' ist. Dies entspricht dem letztlich nondualen Charakter der Welt.

Nonduales Zen

Mit dem Begriff Zen werden im Allgemeinen drei recht unterschiedliche Dinge bezeichnet: eine Übung, ein Weg der persönlichen Entwicklung und Zen verstanden als Ausdruck jenes Einen, das alle Welt ist.

Zen als Übung meint im Prinzip ‚Zazen' (Sitzen im Zen), was zu einer Beruhigung des Geistes führt, zu Stressabbau und allenfalls zur Neuordnung von Lebensverhältnissen, die sich als Folge von Erfahrungen und Einsichten während der Übung ergeben. Wird man sich über innere Ablenkungen bewusst, die das tägliche Leben prägen, kann dies zu einer veränderten Orientierung in der Welt führen.

Über längere Frist kann sich als Folge von derartigen Erkenntnissen eine allgemeine persönliche Entwicklung ergeben – wie immer diese in Einzelfall aussehen und definiert werden mag. Neue Erkenntnisse können als befreiend erlebt werden. Dies alles findet im psychologischen Raum statt. Probleme werden in ihrem Zusammenhang verstanden und damit gelöst oder überwachsen, neue Verhaltensweisen werden ausprobiert und eingeübt, der Charakter eines Menschen mag ruhiger und gelassener werden.

In lange geübter Zen-Meditation können sich tiefere Erfahrungen ereignen, welche den rein psychologischen Bereich einer Verbesserung der Lebenseinstellungen und Lebensverhältnisse übersteigen. Es geht dabei um die Wahrnehmung eines Existenzgrundes, der nur mehr schwer zu beschreiben ist. Außen- und Innenwelt können als Einheit erfahren werden, einschließlich des Meditierenden und der Meditation. An Stelle einer Ich-zentrierten Orientierung kann die Empfindung eines umfassenden Seins treten. Manchmal kommt es auch zu einer eigentlichen Verschiebung der Sicht und Wahrnehmung, wodurch sich bisherige Identifikationen vollständig auflösen können.

Von Zen als einem Weg zu sprechen – wie weit dieser auch immer führen möge – basiert auf einem dualen Weltbild. Da ist eine Person – der oder die Zen-Übende – und da ist ein Ziel, das nach einer gewissen Zeit allenfalls erreicht wird. Als Ziel erhoffen manche, tiefe Einsicht in das Wesen der Welt zu gewinnen. Im Zen wird dies ‚Kensho' genannt – ‚das Wesen sehen'. Solange diese Einsicht aber von ‚jemandem' gewonnen wird, geht es nicht um das Aufgehen in einem umfassenden Seinsverständnis. Da ist immer noch ein ‚Ich', welches Erfahrungen macht, und oft wünschen sich die Erfahrenden eine Wiederholung davon. Man möchte etwas ‚für sich' gewinnen, das man dann möglichst zu behalten wünscht. Was man wieder verlieren kann, ist aber kein sicherer Besitz.

Zen als ‚Weg' kann zwar eine bessere Selbstwahrnehmung und in der Folge eine Veränderung der Persönlichkeit bewirken, bleibt aber innerhalb des Systems von getrenntem Ich und Welt und damit in der Dualität stehen. Ein derartiges Zen-Verständnis verunmöglicht das Verlassen dieses Systems, innerhalb dessen nur eine Verbesserung der eigenen Befindlichkeit, nie aber eine durchgreifende Befreiung erreicht werden kann. Mit der Psychotherapie verhält es sich gleich: auch dabei wird die Befindlichkeit innerhalb eines Systems von Ich- und Welterklärung verbessert. Ebenso vermögen auch andere Therapieformen oder Heilswege und selbst die Medizin derartige individuelle und kollektive Welterklärungsmodelle nicht zu verlassen. Dem Verlassen des traditionellen gedanklichen Systems entspricht demgegenüber das Aufgeben der Person, das Verschwinden des ‚Ich' als (vermeintlich) selbstbestimmendem Faktor in der Welt, die als getrennt erlebt wird.

Nondualität sucht keine Verbesserung, und es geht auch nicht um Heilung, weder in einem psychologischen noch im medizinischen Sinn. Nondualität verbessert also nicht. Vieles fällt jedoch dahin, z.B. die Sorge um die eigene Zukunft, die Interpretation von Krankheit als Problem (was nicht heißt, dass auf medizinischer Ebene nicht etwas getan wird), oder die ausführliche Beschäftigung mit Vergangenheit und Zukunft. In einer nondualen Betrachtungsweise spielt Zeit keine Rolle, weil alles einfach ‚ist' – nicht einmal ‚jetzt', was wiederum ein Zeitbegriff ist. Raum ist insofern ebenfalls bedeutungslos, als keine Trennung von Dingen wahrgenommen wird. Alles ist eins und alles. Die Erscheinungen sind dabei relativ, indem in Wahrnehmungen nicht erkannt werden kann, was wirklich ‚ist'. Was ‚ist', sind Wellen in Leere, oder Gestaltungen in einer Unermesslichkeit, oder wie man es auch immer nennen will.

Zen spricht davon, dass wahres Sein „jenseits von Geburt und Tod" sei – es ist einfach –, und dass Form und Leere identisch seien. Werden Zeit und Raum überschritten, gibt es nicht noch etwas zu tun, denn dies wäre in Zeit und Raum. Es gibt die berühmte Zen-Geschichte vom „Ochs und seinem Hirten", die von einem Hirten berichtet, der auf dem Weg der Erkenntnis in die reine Leere eintaucht, dabei verschwindet (es gibt kein ‚Ich' mehr), und der später wieder auf dem Marktplatz auftaucht. Dort lebt er unter den Menschen und „lässt sie zu sich selbst erwachen". Auch wenn er sich nun als ungetrennt und zeitlos wahrnimmt, ist er dennoch körperlich präsent und tätig. Er handelt aber nicht mehr mit bestimmten Absichten, auch nicht etwa mit der Absicht, andere zu befreien. Er ist einfach da, und das genügt. „Auf den Marktplatz zu gehen" wird in Zen-Kreisen oft dahingehend interpretiert, dass nach der inneren Loslösung von den ‚Anhaftungen' im Sinne der vier buddhistischen Grundwahrheiten nun selbstlos gehandelt werden sollte. Im reinen Sein gibt es aber keinen Auftrag oder irgendein Bemühen oder Ansinnen. Es ist ja alles schon vollständig und frei, und damit für den Suchenden auch erlöst. Wenn der Hirte auf dem Marktplatz dennoch irgendwie wirkt, dann einfach dadurch, dass er frei von allen Anhaftungen und allem Bemühen ist und nichts bewirken will – im Gegensatz zu den meisten anderen Menschen auf dem Marktplatz. Es kann sogar geschehen, dass er über solche Dinge spricht, aber nicht, um jemanden zu bekehren oder zu erlösen, sondern einfach weil es das ist, was gerade geschieht.

Grundsätzlich ist alles, was geschieht, ‚Das'. Auch darauf weisen Zen-Texte hin. Alles ist genau das, was ist, und dabei ist es gleichzeitig unergründlich und unfassbar. Wenn auch noch die Vorstellung von etwas Unergründlichem und Unfassbarem wegfällt, dann ist es ganz einfach nur noch ‚Dies' ohne jede Vorstellung. Auch die Beschreibung von Form und Leere als Einheit ist obsolet – gibt es doch in nondualer Betrachtung keine derartigen Begrifflichkeiten, sondern nur dieses ‚Eine'.

In einem so verstandenen nondualen Zen gibt es keinen Weg, nicht etwas, was zu tun oder zu erreichen wäre. Wenn im Soto-Zen mit „reines Sitzen ist schon alles" dies gemeint ist, dann ist es stimmig. Gehen, Laufen, Liegen, Arbeiten, Kaffee-Trinken ist es aber ebenso, und insofern braucht es bei einem klaren Verständnis auch kein Sitzen als spezifische Form des reinen Seins. Alles ist dieses reine Sein. (Sitzen ‚hilft' nur auf der Ebene eines als getrennt wahrgenommenen ‚Ich'). Die Vertreter des Rinzai-Zen streben demgegenüber etwas an: die Erkenntnis der Einheit (Kensho), die Wahrnehmung der ‚Wesensnatur' allen Seins. Insofern die ‚Wesensnatur' als von der Erscheinungswelt ungetrennt verstanden wird, entspricht dies einer nondualen Erkenntnisweise. Das berühmte Koan Mu, das den meisten Zen-Schülern als erstes Koan vorgelegt wird, („Hat ein Hund Buddhanatur?") verweist mit der Antwort „Mu" auf die Leere (Mu bedeutet japanisch: ‚nicht' oder ‚nichts'). Diese muss allerdings erfahren und nicht nur theoretisch verstanden werden. Da ist nur ‚nichts' (Mu); nur Leere, und das ist alles und alle Erscheinungen – Sein und Nicht-Sein ungetrennt. Der Unterschied zu Soto-Zen besteht darin, dass das, was immer ist, noch erkannt werden will. Wird mit Kensho das ‚Ich' im besten Fall als Illusion erfahren, fällt damit auch das Bild einer aus vielen Einzelteilen bestehenden Welt dahin, und es zeigt sich ein neuer Zustand. Zugleich verändert sich dabei aber nichts wirklich – alles bleibt, ‚was und wie es ist'.

Ein tief verstandenes Zen ist nondual. Wege und Erfahrungen betreffen nur die Erscheinungswelt, und im Zen geht es im Grunde um etwas ganz anderes. Es geht um reines Sein, jenseits von Zeit und Raum, und es geht um ein Bewusstsein, das dauerhaft darin verankert ist. Oder vielleicht besser gesagt: es geht um ein Sein oder Bewusstsein, das einfach sich selber ist. Dies kann aber niemand gewinnen oder erreichen, weil dieses eine Sein immer schon ist und den Menschen mit einschließt. Einzig die Vorstellungen des Verstandes stehen der Wahrnehmung der Einheit allen Seins entgegen. Das Ganze erscheint schwierig und unerklärlich, wenn man es zu erklären versucht. Abgesehen davon ist es aber einfach.

Im Folgenden gehen wir den Spuren der Nondualität in den Sutren und den Schriften der späteren Zen-Meister nach.

---

[1] Zitiert nach www.univie.ac.at
[2] Zitiert nach www.marschler.at
[3] Zitiert nach der Koan-Sammlung Hekiganroku, Yamada Koun Roshi, Kösel Verlag München 2002, Bd. 1, Fall 1, S. 21
[4] Siehe das entsprechende Kapitel im 2. Teil dieses Buches

Teil I

Sutren und alte Meister

Der erste Teil dieses Bandes ist den alten buddhistischen Sutren aus den ersten Jahrhunderten unserer Zeitrechnung und den Lehren bedeutender Meister aus der Entstehungszeit des Zen in der chinesischen Tang-Dynastie (617-907) gewidmet. Die Inhalte dieser für Zen zentralen Lehren werden in konzentrierter Form dargestellt, und der Fokus soll dabei auf die Frage gelenkt sein, inwieweit darin ein nonduales Weltverständnis zum Ausdruck kommt. Dabei soll auch erwogen werden, ob diese Sicht als verbindliches Gedankengut des jeweiligen Textes gelten kann.

Zunächst werden einige Inhalte von sieben zentralen buddhistischen Sutren dargelegt. Der Lehre nach beziehen sich diese Texte auf Aussagen von Buddha Shakyamuni und wurden vor ihrer Verschriftlichung über einige Jahrhunderte mündlich tradiert. Selbst wenn es damals üblich war, Texte in wortgetreuer Rezitation weiterzugeben, kann daraus natürlich nicht geschlossen werden, dass alle Aussagen so von Buddha getätigt wurden. Sie stellen aber die zentrale buddhistische Lehre dar und haben in diesem Sinne Gültigkeit.

Im Anschluss daran kommen vier buddhistische Weisheitslehrer aus Tibet zu Wort, welche ebenfalls dem Vorfeld des Zen zugerechnet werden können. Hier geht es vorwiegend um die Mahamudra-Lehre (das große Siegel), womit die Grundlage allen Seins angesprochen wird.

Schließlich werden sieben Zen-Meister aus der Entstehungszeit des Zen zitiert, das seine Wurzeln sowohl in der buddhistischen Überlieferung aus Indien und Tibet wie auch im chinesischen Taoismus hat. Von einigen Meistern liegt bereits eine gewisse Klassifizierung des Gedankengutes vor, das klar nonduale Züge zeigt. Im Anschluss daran werden die zwei wichtigsten Meister des frühen japanischen Zen mit einigen Textausschnitten vorgestellt.

Allen Texten sind einige für das Verständnis notwendig erscheinende Interpretationen beigefügt. Daran schließt sich jeweils eine Würdigung im Gesamtzusammenhang der

Entwicklung des Zen an, wobei auch die Frage der Nondualität ihrer Aussagen behandelt wird.

Gleichzeitig vermögen diese Texte und Darlegungen auch einen gewissen Überblick über die wichtigsten Grundlagen des Zen-Buddhismus zu geben.

Das ‚Eine' in den buddhistischen Sutren

Kein Selbst und keine Person – Diamant-Sutra

Das Diamant-Sutra zählt zu den wichtigsten Texten des Mahayana-Buddhismus und wurde etwa im 1. Jahrhundert n. Chr. verfasst. Die erste Druckversion des Sutra stammt aus Tibet, wurde als Holztafeldruck hergestellt und ist vom 11. Mai 868 datiert. Dieses Dokument gilt als das erste mit Sicherheit zu datierende Buchdruckerzeugnis der Menschheitsgeschichte und ist fast 600 Jahre vor der Gutenberg-Bibel entstanden. Der Titel Diamant-Sutra bedeutet „Die Vollkommenheit der Weisheit, die (so scharf ist, dass sie) selbst einen Diamanten spalten kann". Das Diamant-Sutra beinhaltet im Wesentlichen einen Diskurs zwischen Buddha und seinem Schüler Subhuti, in welchem die wichtigen Thesen des Buddhismus erörtert werden.

Im Folgenden werden einige Textstellen aus dem Diamant-Sutra dargelegt und kurz interpretiert. Das Diamant-Sutra beginnt gleich mit einer fundamentalen Aussage Buddhas.

Der Buddha sprach zu Subhuti: „Wenn, Subhuti, ein Bodhisattva an der Vorstellung festhält, dass ein Selbst, eine Person, ein Lebewesen oder eine Lebensspanne existiere, dann ist er kein echter Bodhisattva."

Ohne hier auf die breite Bodhisattva-Thematik einzugehen, kann unter dem Begriff Bodhisattva nebst den transzendenten und den historischen Bodhisattvas auch ein spirituell entwickelter Mensch verstanden werden, der die Lehren Buddhas verinnerlicht hat. Um ein Bodhisattva zu sein, darf man nicht an den oben genannten Vorstellungen festhalten. Angesichts des Umstandes, dass im Buddhismus oft zwischen dem ‚Wahren Selbst' als dem Wesenskern des Daseins und dem ‚Selbst' unterschieden wird, kann das Selbst in diesem Zusammenhang als kongruent mit dem ‚Ich' angesehen werden, so wie es im Westen verstanden wird. Die ‚Person' wird durch die Identifikation mit den Vorstellungen über sich selbst erst geschaffen. Als ‚Lebewesen' erscheint der individuelle Mensch, der von ‚seinem Leben' spricht, und von einer ‚Lebensspanne' kann die Rede sein, wenn die Zeitdimension als wesentlich angesehen wird. Der Körper, der sterblich ist, wird allgemein als Referenzpunkt des Seins verstanden, und deshalb hält sich der Mensch für sterblich. Im buddhistischen Sinne verstanden ist er jedoch eine Erscheinung des reinen Seins. Ohne ‚Ich' und ‚Person' kann es auch so etwas wie ‚mein Leben' nicht geben, weil das Leben dann als allumfassender Prozess gelten muss. Damit gibt es auch keine (individuelle) Lebensspanne – wohingegen sich die Erscheinungen in einem unendlichen zeit- und formlosen Raum zeigen.

Das Problem, das hier angesprochen wird, ist also die Identifikation mit der äußeren Person. Sie basiert auf der Vorstellung eines von anderen Menschen abgegrenzten ‚Ich'. Dieses besteht bei genauer Betrachtung aber lediglich aus einer Ansammlung von Ansichten, Erinnerungen und Identifikationen. Womit sich jemand identifiziert, macht ‚ihn' zur Person, die ohne Identifikation entfällt. Sie existiert demnach nicht in Realität, sondern nur fiktiv als Vorstellung.

Das Neugeborene ist reines Sein, vor jeder Identifikation. Dann folgt die Entwicklung, die ganze Sozialisierung, die einen zur Person macht. Der individuelle Charakter kann dabei als Ansammlung von Lebensstrategien verstanden werden. Stirbt man, dann verschwindet mit der Form die Person, und es ist wiederum nur noch reines Sein. Spätestens beim physischen Tod erübrigen sich alle Identifikationen. Das reine Sein besteht dagegen zeitlos (was etwas anderes ist als ‚ewig', verstanden als endlose Zeit). Wenn Hinterbliebene um einen Verstorbenen trauern, geht es auch um jene ‚Person', die nur durch Identifikationen entstanden ist und nie wirklich war. In der Gewohnheit, Menschen und sich selbst als Personen zu sehen, werden die Verstorbenen auch als ‚Personen' vermisst.

Damit stellt sich die Frage: Wer sind wir jenseits der Person? Ist die Form das Entscheidende?

Der Buddha sagte zu Subhuti: „Wo es etwas gibt, das durch Zeichen unterscheidbar ist, da gibt es Täuschung. Wenn du die zeichenlose Natur der Zeichen sehen kannst, dann kannst du den Tathagata sehen."

Betrachtet man das ‚reine Sein' als real, dann ist die vermeintliche Realität der Erscheinungen eine Täuschung. Erscheinungen sind ihrem ‚Wesen' nach das eine Sein, formlos, unbeschreiblich, und es ist damit letztlich nicht einmal wissbar, was sie sind. Wo nicht unterschieden wird, besteht die grenzenlose Einheit des Seins. Dieses allumfassende Sein ist der Tathagata, der mit der richtigen Einstellung gesehen werden kann.

Wenngleich das Absolute (die zeichenlose Natur) in den Erscheinungen der Welt (das durch Zeichen Unterscheidbare) erkannt werden kann, sind diese doch allesamt vergänglich – keine einzige Erscheinung hat Bestand. Somit stellt sich die Frage: Was vergeht nicht? Sie wird aber nur indirekt beantwortet, denn das Unvergängliche ist nicht beschreibbar.

„Wenn du der Vorstellung von einem Dharma verhaftet bist, dann bist du auch der Vorstellung von einem Selbst, einer Person, einem Lebewesen und einer Lebensspanne verhaftet. Bist du in die Vorstellung verstrickt, dass es keine Dharmas gebe, dann bist du noch immer in der Vorstellung von einem Selbst, einer Person, einem Lebewesen und einer Lebensspanne gefangen. Alle Lehren müssen aufgegeben werden, ganz zu schweigen von den Nicht-Lehren."

Selbst die Kenntnis des Dharma kann sich als irreführend erweisen. Dharma (wörtlich ‚Gesetz') bezeichnet im Buddhismus die Lehren Buddhas, kann aber auch für das allumfassende Sein stehen, das ja der letzte Gehalt von Buddhas Lehren ist. Weil Lehren aber nicht die Sache selbst sind, auch nicht die Lehren Buddhas, ist die Anhaftung an ihre Inhalte ebenfalls aufzugeben – so etwa auch die These über die Substanzlosigkeit der Erscheinungen.

„Was denkst du, Subhuti, hat der Tathagata höchsten, vollkommen erwachten Geist erlangt? Gibt der Tathagata irgendwelche Belehrungen?" – Der Ehrwürdige Subhuti antwortete: „So weit ich die Lehren des Erhabenen verstanden habe, gibt es kein unabhängig existierendes Objekt des Geistes, das höchster, vollkommen erwachter Geist heißt, noch gibt es irgendwelche unabhängig existierenden Belehrungen, die der Tathagata gibt."

Subhuti bestätigt hier, dass letztlich alles völlig unfassbar ist, selbst ein vollkommen erwachter Geist. Ebenso verhält es sich mit den Belehrungen, die wie alles andere nur Erscheinungen und damit nicht ‚absolut' sind. Vergleichsweise könnte man in diesem Zusammenhang sagen, dass der leere Raum (das ‚Absolute') nicht von dem betroffen ist, was darin erscheint (die Lehren). Was ‚alles' ist, kann allenfalls auch reines Bewusstsein genannt werden, das nichts und alles und jenseits von allem ist.

„Was glaubst du, Subhuti, denkt ein Nie-Wiederkehrender: ‚Ich habe die Frucht der Nie-Wiederkehr erlangt'?" – Subhuti erwiderte: „Nein, Weltverehrter. Warum? Nie-Wiederkehr bedeutet nicht in diese Welt zurückkehren; aber in Wirklichkeit kann es so etwas wie Nie-Wiederkehr nicht geben. Das meinen wir, wenn wir Nie-Wiederkehrender sagen."

Wiederkehren kann nur, wer in Dimensionen von Zeit und Raum denkt. Und auch Nicht-Wiederkehren geht nicht darüber hinaus. Wirkliche Nie-Wiederkehr ist jenseits von Sein und Nicht-Sein.

Der Buddha fragte Subhuti: „In alten Zeiten, als der Tathagata unter dem Buddha Dipankara übte, hat er da irgend etwas erlangt?" – Subhuti antwortete: „Nein, Weltverehrter. In alten Zeiten, als der Tathagata unter dem Buddha Dipankara übte, da erlangte er nichts."

Subhuti bestätigt, dass es nichts zu erlangen gibt. Jedes Erlangen läge in einer Welt der vergänglichen Formen, und darum geht es gerade nicht. ‚Nichts' ist nicht vorstellbar, denn dann wäre es schon etwas, und so verhält es sich auch mit dem ‚reinen Sein'. Selbst zu sagen, es sei ‚alles', ist eine Aussage zu viel, und es ‚unermesslich' zu nennen ist nur ein Name und nicht ‚es'. Es ist wirklich jenseits aller Worte.

„Wenn, Subhuti, ein Bodhisattva den unübertrefflichen Geist des Erwachens entwickeln will, muss er alle Vorstellungen aufgeben. Er kann sich nicht auf Form stützen, will er diesen Geist entwickeln, noch auf Klang, Ton, Geruch, Geschmack, Berührbares oder ein Objekt des Geistes. Nur den Geist kann er entwickeln, der an nichts verhaftet ist."

Alle Erscheinungen, alle sinnlichen Eindrücke, alle Meinungen von sich selbst, der Welt und des reinen Daseins, alle Charakterisierungen, alle Fixierungen – was immer man in konventioneller Weise erfahren oder sich ausdenken kann – sind Hindernisse, die aufgegeben werden müssen. Mit keinen Sinnesorganen ist ‚es' wahrnehmbar.

„Der Tathagata hat erklärt, dass alle Vorstellungen Nicht-Vorstellungen sind und alle Lebewesen Nicht-Lebewesen. Subhuti, der Tatagatha spricht von den Dingen so, wie sie sind, er sagt, was wahr ist und mit der Wirklichkeit übereinstimmt."

Vorstellungen einschließlich der Vorstellung von Lebewesen sind nicht wirklich. ‚Lebewesen' sind Erscheinungen dessen, was nicht benannt werden kann, und sie sind deshalb auch ‚Nicht-Lebewesen'. Die ‚Person', das ‚Ich' hat jedoch keinen Zugang zu dieser Sicht. Jedes ‚Zuordnen' und ‚Verstehen' entspringt und dient dem Verstand. Über das

‚Eigentliche' kann nichts gesagt werden, und als Zeitloses kann es in der Zeit auch nicht erreicht werden.

„Subhuti, du musst wissen, dass die Bedeutung dieses Sutras jenseits von Gedanken und Worten liegt. Und ebenso liegt die Frucht, hervorgebracht durch das Annehmen und Praktizieren dieses Sutras, jenseits von Gedanken und Worten."

Gedanken und Worte vermögen das Unbeschreibliche nicht zu erfassen, und was es ist, kann wiederum nicht in Worten beschrieben werden. Das unerklärliche, unergründliche zeitlose Sein – oder wie immer man es nennen will – ist nicht erklärbar. „Und das bist du", sagen spirituelle Lehrer. Die Person kann es nicht erreichen, aber es zeigt sich als Friede und Freude.

Der Buddha sagte: „Subhuti, der vergangene Geist kann nicht erfasst werden, noch der gegenwärtige oder der zukünftige Geist."

Der japanische Zen-Meister Dogen[1] erzählt dazu die schöne Geschichte einer Reisverkäuferin[2], welche den Gelehrten des Diamantsutra Tokusan fragte, mit welchem Geist er ihre Reiskuchen essen wolle, wenn es doch keinen vergangenen, gegenwärtigen und zukünftigen Geist gebe. Dieser wusste keine Antwort darauf, und so bekam er auch keine Reiskuchen. Schade für ihn. Er wurde später aber ein bekannter Zen-Meister, nachdem er alle seine klugen Erörterungen verbrannt hatte.

„Subhuti, behaupte nicht, der Tathagata hege die Vorstellung: ‚Ich werde eine Belehrung geben'. Denke nicht in dieser Weise. Warum? Wenn jemand sagt, der Tathagata habe etwas zu lehren, so verleumdet diese Person den Buddha, denn sie versteht nicht, was ich sage. Subhuti, einen Dharma-Vortrag zu halten bedeutet in Wirklichkeit, dass kein Vortrag gehalten wird. Das ist wahrhaft ein Dharma-Vortrag."

Keinen Dharma-Vortrag zu halten bedeutet, in das Unsagbare vorgestoßen zu sein. Da gibt es keine Vorträge. Und davon zu zeugen, ist der wirkliche Dharma-Vortrag.

Subhuti fragte den Buddha: „Weltverehrter, ist der höchste, vollkommen erwachte Geist, den der Buddha erlangt hat, das Nicht-Erlangbare?" – Der Buddha sagte: „Das ist richtig, Subhuti. Bezüglich des höchsten, vollkommen erwachten Geistes habe ich überhaupt nichts erlangt. Und darum wird er der höchste, vollkommen erwachte Geist genannt."

Die Leere kann nicht gefasst werden. Da gibt es auch nichts zu erlangen. (Warum nur machen wir uns so viel Mühe damit?)

„Darüber hinaus, Subhuti, ist dieser Geist überall gleich."

Es gibt nur das Eine, das alles beinhaltet. Das sich Verändernde wäre nicht möglich ohne das Unveränderliche. Wenn man das Veränderliche sieht, ist das Unveränderliche zugleich da.

„Subhuti, das, was der Tathagata ein Selbst nennt, hat seinem Wesen nach kein Selbst in dem Sinne, in dem gewöhnliche Menschen denken, dass es ein Selbst gebe."

‚Gewöhnliche Menschen' stellen sich das Selbst als ‚etwas' vor. Das ist es aber nicht. Es ist kein Ding, keine Erscheinung. Nichts, das sich verändern kann.

„Subhuti, für den Tathagata ist niemand ein gewöhnlicher Mensch. Und darum kann er sie gewöhnliche Menschen nennen."

Alle Menschen sind dieses ‚es'. Weil sie es sind, sind sie ‚nicht gewöhnlich', und weil es alle sind, sind sie gewöhnlich.

„Subhuti, denke nicht, dass jemand, der den höchsten, vollkommen erwachten Geist in sich erweckt, alle Objekte des Geistes als nicht-existent, als vom Leben abgeschnitten, betrachten müsse. Bitte, denke nicht in dieser Weise. Jemand, der den höchsten, vollkommen erwachten Geist in sich erweckt, behauptet nicht, dass alle Objekte des Geistes nichtexistent und vom Leben abgetrennt seien."

Hier wird darauf hingewiesen, dass die Erscheinungen nicht gering zu achten seien, aber man sollte sie auch nicht rein äußerlich verstehen, wie es im Allgemeinen geschieht. Der Punkt ist, dass die Erscheinungen nicht von jener Oberflächlichkeit sind, als die sie von den meisten angesehen werden, sondern von unfassbarem Wesen. Jede Erscheinung ist das unendliche Sein.

„Subhuti, die Bedeutung von Tathagata ist ‚Der von nirgendwoher kommt und nirgendwohin geht.' Und darum wird er ein Tathagata genannt."

Er ist das Unfassbare, das keinen Ort hat. Der Tathagata ist keine Person, die irgendwo hingehen könnte, und auch wir alle sind so. Das Leben ist nicht eine Ansammlung von Daten aus der Vergangenheit, sondern ein lebendiger Prozess. Diesen haben wir nicht geschaffen, aber er wird erlebt. Darüber können wir uns bewusst werden.

Betrachten wir die hier zitierten Stellen des Diamant-Sutra bezüglich der Nondualität, so lässt sich sagen, dass dieses Sutra klar auf den nondualen Charakter allen Seins hinweist. Zunächst ist die Rede davon, dass ein Selbstverständnis als Person, die als Ich eine Lebensspanne durchläuft, lediglich eine dualistische Vorstellung ist und nicht den tieferen Tatsachen entspricht. Selbst die Vorstellung eines unabhängigen Geistes ist ein Produkt von Unterscheidung und damit von dualer Weltwahrnehmung. Alle Erscheinungen sind ungetrennt (nondual) das Dharma, was im konventionellen Sinne aber unvorstellbar ist und nur in einem unpersönlichen Geist erfahren werden kann. Auch der Kern der Sutren liegt jenseits von Gedanken und Worten und kann mit dem trennenden Verstand nicht erkannt werden. Das Diamantsutra stellt ‚das Höchste' ins Zentrum, das allumfassend ist. Damit wird der eigentlich nonduale Charakter des Seins proklamiert, der auch den Menschen einschliesst.

Die Welt mit all ihren Erscheinungen ist nach dem Diamant-Sutra nichts anderes, als das eine Sein, das vollkommen unfassbar ist. Einzelne Gegenstände können nur dann beschrieben werden, wenn sie gegeneinander abgegrenzt werden, aber genau dadurch werden sie zu oberflächlichen Objekten, und ihr tiefes Sein wird nicht mehr erfasst. Das ist die Situation des westlichen Bewusstseins und Weltverständnisses, welchem der Buddhismus etwas entgegensetzt.

Zen, das seinen Ursprung in den buddhistischen Sutren hat, versucht eine Wahrnehmung des umfassenden Seins zu ermöglichen, die aber unpersönlich nicht ‚von jemandem' gemacht werden kann. Würde es auf eine Person bezogen, wäre das dualistisch, und hier geht es um ein viel tieferes ‚Wissen', gewissermaßen ein Wissen des Formlosen über sich selbst.

Unermesslichkeit – Lotos-Sutra

Das Lotos-Sutra ist eine weitere sehr bedeutende Schrift des Mahayana-Buddhismus. Nichiren Shonin, ein japanischer buddhistischer Reformator (1222-1282), machte das Lotos-Sutra sogar zur Grundlage seiner Lehre. Der volle Name des Lotos-Sutra lautet: „Sutra von der Lotosblume des wunderbaren Dharma" (in Sanskrit Saddharma Pundarika Sutra). Es wird berichtet, dass es etwa im Zeitraum 200 vor bis 200 nach Chr. in Indien niedergeschrieben worden sei. Die Lotosblüte steht dabei als Symbol für das ganze Sutra und für den Buddhismus überhaupt. Die Lotospflanze wächst im Morast, aber die Blüte erhebt sich auf einem schlanken und hohen Stängel leuchtend weiß und unberührt über den Morast. Sie ist Symbol für den Menschen, der die Buddhanatur in sich verwirklicht hat und doch in der staubigen Welt, im Samsara lebt.

Das Lotos-Sutra enthält Predigten, die Buddha zugeschrieben werden. Die heute verwendeten Texte gehen auf die Übersetzung des zentralasiatischen Mönchs Kumarajiva zurück, der den Text im Jahr 406 aus dem Sanskrit in die chinesische Sprache übersetzt hatte. Das Sutra ist in 28 Kapitel eingeteilt, die in zwei Teile gegliedert sind: die Lehre von der irdischen Erscheinung Buddhas, und die Lehre vom ursprünglichen (überirdischen) Wesen Buddhas.[3]

Sein umfassendes, zeitloses Wesen drückte Buddha mit folgenden Worten aus[4]: „Ihr guten Söhne, seitdem ich in Wahrheit Buddha geworden bin, sind unermesliche, unbegrenzte Hunderte von Tausenden von Zehntausenden von Millionen von Weltzeitaltern vergangen. (Hunderte von Tausenden von Zehntausenden Kotis [10^7] Nayutas [10^8] von Kalpas). Aber in Wirklichkeit ist das Leben unermesslich, unzählige Weltzeitalter: beständig bleibt es, nicht erlischt es. Ihr guten Söhne alle, das Leben, seit ich ursprünglich den Bodhisattvaweg ging und vollendete, ist heute noch nicht erschöpft. ... Buddha offenbart hier sein Wesen, sein unvergängliches ewiges Leben."

Hier wird die Zeitlosigkeit des Seins in poetischer Sprache umschrieben, die ein Gefühl für die Unendlichkeit gibt. Zugleich predigt Buddha auch, dass alle Menschen ohne Ausnahme die Erleuchtung erlangen und Buddha werden können.[5] Alle Menschen auf der Erde haben die Buddha-Natur, den Samen zum ewigen Leben, in sich.

Das Sutra enthält im Weiteren drei Gleichnisse. Das Gleichnis „vom brennenden Haus"[6] (der Welt der Leidenschaften) handelt davon, wie Menschen mit den richtigen Mitteln gerettet werden können. Die „Parabel vom reichen Mann und seinem armen Sohn"[7] behandelt die Thematik des Menschen, der von seinem Erbe (seiner wahren Natur) nichts weiß und von seinem wohlhabenden Vater wieder aufgenommen wird (sich über seinen wahren inneren Reichtum bewusst wird). Und das „Gleichnis von den Kräutern"[8] zeigt, wie alle „ausgetrockneten Lebewesen" vom Tathagata begossen und damit von den Leiden befreit werden.

In einem weiteren Kapitel wird die Leere der Erscheinungen behandelt: „Ein Bodhisattva Mahasattva betrachtet alle Daseinselemente als leer, als die wahren Erscheinungen, wie sie sind; sie sind weder verkehrt noch bewegen sie sich; sie gehen nicht zurück noch drehen sie sich vorwärts; wie der leere Raum sind sie, keine natürlich existierenden Dinge. Sie schneiden den Weg jeglicher Worte ab; sie entstehen nicht, kommen nicht hervor und erheben sich nicht. Ohne Name und ohne Form sind sie in Wahrheit keine existierenden Dinge. Sie sind unermesslich, unbegrenzt, ohne Hindernis und ohne Abgrenzung. Sie sind nur auf Grund von Ursache und Wirkung; folgend dem verkehrten Weg entstehen sie. Deshalb sage ich: Beständig soll er (der Bodhisattva Mahasattva) die derartige Erscheinungsform des Dharma betrachten wollen."[9]

Eindrücklich wird hier die Unfassbarkeit der Erscheinungen beschrieben, unbegrenzt sind sie, sie bewegen sich nicht, sie sind wie leerer Raum, ja sie existieren überhaupt nicht. Deshalb sind sie auch nicht beschreibbar („schneiden den Weg jeglicher Worte ab"). Andererseits wird gesagt, dass sie auf dem verkehrten (vermeintlichen) Grund von ‚Ursache und Wirkung' in Erscheinung treten. Damit wird zum Ausdruck gebracht, dass die Welt mit ihren Erscheinungen und Kausalitäten nur ‚scheinbar' existiert, dass es also den Anschein macht, als wäre sie hier. Ihrem Wesen nach ist sie nach buddhistischer Auffassung aber leer, d.h. unfassbar und absolut unbeschreiblich. Auch das Kausalitätsprinzip gilt nur in der ‚scheinbaren Welt'. Dieser Umstand wird dann sichtbar, wenn man sich von der Vorstellung löst, dass die äußere Welt das Eigentliche sei. Üblicherweise wird die Welt im dualistischen Sinne als ‚real' verstanden, was ihre Trennung in einzelne Elemente, also die Wahrnehmung in Gegensätzen voraussetzt. Dem gegenüber wird hier gesagt, dass alles als Einheit ohne tatsächliche Gegensätze ist und nicht beschrieben werden kann. Die Gegensätze existieren nur scheinbar. Dies ist eine nonduale Betrachtungsweise.

Im Sutra befindet sich außerdem eine Abhandlung über die drei Daseinsbereiche (Begierden, Form, Formlosigkeit): „Der Tathagata weiß und sieht wahrhaftig die Gestalt der drei Welten. Sie werden nicht geboren und sterben nicht, sie gehen nicht zurück und kommen nicht hervor. Auch besteht die Welt nicht, und sie vergeht nicht. Sie ist nicht wahr und ist nicht falsch (leer), sie ist nicht so und ist nicht anders. Nicht wie die Lebewesen in den drei Welten sehe ich auf die drei Welten. So ist es. Des Tathagata helles Sehen hat nichts Falsches und Irrtümliches."[10]

Hier wird gesagt, dass letztlich alles unfassbar ist. Sowohl Form (die Erscheinungswelt) wie auch die Formlosigkeit (die grundsätzliche ‚Leere' allen Seins) kommen und gehen nicht. Selbst die Form wird dabei (ihrem Wesen nach) als nondual charakterisiert – sie ist jenseits von leer und nicht-leer, d.h. jenseits von allem, was gedacht werden kann. Die Sprache hat ja die Schwierigkeit, dass sie als duales Medium Allumfassendes, Nonduales nicht direkt auszudrücken vermag. Im besten Fall kann sie durch die Formulierung von Annäherungen oder auch von Widersprüchlichkeiten etwas spürbar machen, das hinter aller Formulierungsmöglichkeit liegt.

Eines der letzten Buchkapitel[11] ist dem Bodhisattva Avalokiteshvara (Kanzeon) gewidmet, der alle Leiden zu besiegen weiß. Dieses Kapitel wird sogar als eigenes Sutra behandelt.

Alles in allem ist das Lotos-Sutra ein großer Hymnus auf Buddha und seine unermessliche Weisheit. Viele Textteile sind reine Lobgesänge, die einen in eine bewegte Stimmung versetzen, und in denen sich auch etwas jenseits aller Worte mitteilt. Da ist es nicht verwunderlich, dass schon beim reinen Anhören des Dharma unzählige Menschen Befreiung erlangten: „Nachdem Buddha in der großen Gesamtheit von Devas und Menschen dieses Gesetz gepredigt hatte, wurde jenen sechs Millionen Kotis Nayutas [insgesamt 6×10^{21}] von Menschen auf der Stufe, daß sie keine Daseinselemente angenommen hatten, die Befreiung von den Unruhedharmas im Herzen zuteil."[12] Als ‚befreit' kann gelten, wer sich aller Vorstellungen von Sein und Nicht-Sein, von Gegebenheiten (Daseinselemente) und daher auch von allen Identifikationen entledigt hat. Diese schaffen nur Unruhe. Weiter heißt es: „Alle erlangten die tiefe, wunderbare Versenkung, die drei Einsichten (alles ist leer, alles ist vergänglich, alles ist weder leer noch vergänglich), die sechsfache Durchdringung (himmlisches Auge, Ohr, Gedanken anderer, frühere Existenzen, Macht über Materie, Ende der Fehler) und alle acht Befreiungen (von Begierden, von Begehren, Reinheit, unbegrenzter Raum, Wissen, Nicht-Existenz, weder bewusst noch nicht-bewusst, Erlöschen von Bewusstsein)".

Das Lotos-Sutra, verweist mit immensen Zahlen und manchen Vergleichen auf die unvorstellbare Größe des

Buddha-Reiches[13] und die Zeitlosigkeit des Buddha-Lebens[14], und damit direkt auf die Unendlichkeit, die nur als nondual charakterisiert werden kann. Das Sein ist von nicht fassbarem Wesen und kann nicht einmal als existent beschrieben werden, weil auch dies eine Einschränkung wäre. Indem das Eigentliche sowohl Sein als auch Nicht-Sein umfasst und zugleich weder das eine noch das andere ist, ist es allumfassend. Diese Eigenschaft kommt wie allem anderen auch dem Wesen des Menschen zu, der damit so unfassbar ist wie Buddha selbst. In diesem Sinne ist er wahrlich nondual.

Form und Leere sind eins – Herz-Sutra

Das Herz-Sutra, das auch unter dem japanischen Namen „Hannya Shin Gyo" bekannt ist, ist ein sehr bedeutender buddhistischer Text. Der Begriff Shin bedeutet Herzgeist und weist auf die Essenz der buddhistischen Lehre hin, die in diesem Sutra zum Ausdruck kommt. Es ist Teil der Prajnaparamita-Literatur, die 400-700 n.Chr. in rund 600 Bänden gefasst wurde. Der Sanskrit-Begriff Prajna bedeutet Weisheit, und die Paramitas sind die Tugenden Freiheit, Ethik, Geduld, Bemühen, Meditation und Weisheit. Es geht also um Weisheit und die Tugenden, um Weisheit zu erlangen. Weisheit bedeutet dabei nicht fachliches Wissen, sondern tiefes Erkennen des Seins. Wie andere Sutren hat auch dieses Sutra eine Herkunft, die sich in den Tiefen der Geschichte verliert, und es wird wie andere bedeutende Sutren dem 1. Jh. zugeschrieben. Von Kumarajiva, dem erwähnten Übersetzer des Lotos-Sutra, liegt auch eine Umschrift des Herz-Sutra ins Chinesische vor, welche wiederum die Grundlage für weitere Übersetzungen bildet.

Das Sutra nahm und nimmt bis heute in japanischen und westlichen Zen-Klöstern eine bedeutende Stellung ein und wird in der Regel täglich rezitiert. Im Westen wird dieses Sutra auch oft in Japanisch vorgetragen, und es wird gesagt, dass es wie ein Mantra wirke und im Menschen auf diese Weise vieles anrege. Jedenfalls ist es für den Westler schön, in japanischen Tempeln mit der Rezitation des vertrauten Herz-Sutras empfangen zu werden, womit man sich gleich heimisch fühlt. Im Vergleich zu anderen Sutren ist das Herz-Sutra kurz gefasst und konnte sich auch deshalb gut verbreiten. In wenigen Zeilen wird das Wesentliche der Botschaft Buddhas in konzentrierter Form vermittelt. Es sei deshalb hier zusammenhängend im gesamten Wortlaut zitiert. Im Herz-Sutra spricht Avalokiteshvara, der Bodhisattva des Mitgefühls, Buddhas Schüler Shariputra an:

„Der tiefes Prajnaparamita praktizierende Avalokiteshvara sah klar, dass alle fünf Skandhas leer sind, und verwandelte so jegliches Leid und jeglichen Schmerz.

Shariputra, Form ist nichts anderes als Leere und Leere nichts anderes als Form; Form ist identisch mit Leere und Leere identisch mit Form; Empfindung, Denken, Impulse, Bewusstsein – sie alle sind nichts anderes als ebendies.

Shariputra, aller Dinge Kennzeichen ist die Leere – sie werden nicht geboren, nicht zerstört, nicht befleckt und nicht gereinigt, sie gewinnen nichts, sie verlieren nichts.

Deshalb gibt es in der Leere weder Form noch Empfindung, noch Denken, Impulse, Bewusstsein; weder Augen noch Ohren, noch Nase, Zunge, Körper, Geist; weder Farbe noch Klang, noch Geschmack, noch Berührung, noch einen Gegenstand des Denkens; weder einen Bereich des Sehens noch einen Bereich des Denkens; weder Unwissenheit noch ein Ende der Unwissenheit, weder Alter noch Tod, aber auch kein Ende des Alterns und des Sterbens; kein Leiden, keine Ursache des Leidens, kein Erlöschen, keinen Weg; keine Weisheit, keine Erleuchtung.

Da es nichts zu erlangen gibt, leben die Bodhisattvas Prajnaparamita, und kein Hindernis ist in ihrem Geist. Kein Hindernis, keine Furcht. Jenseits allen selbsttäuschenden Denkens erlangen sie vollständiges Nirvana.

Alle vergangenen, gegenwärtigen und zukünftigen Buddhas leben Prajnaparamita, und erlangen so Anuttara-Samyak-Sambodhi (Himmelswelt und höchste Erleuchtung). Wisse daher, dass Prajnaparamita das große Mantra ist, das Weisheitsmantra, das unübertroffene Mantra, das höchste Mantra, das alles Leid vollständig auslöscht. Dies ist die Wahrheit, keine Täuschung. Lass daher das Prajnaparamita-Mantra ertönen, lass dies Mantra erklingen und sprich: ‚Gate, gate, paragate, parasamgate, Bodhi svaha!'[15]."

Zum Herz-Sutra gibt es zahlreiche Kommentare von bedeutenden Buddhisten und Kennern des Textes, und es wäre vermessen, hier eine gültige Interpretation versuchen zu wollen. Es kann daher nur bei einigen Hinweisen bleiben.

Avalokiteshvara ist der Bodhisattva des Mitgefühls, der in China unter dem Namen Guanyin und in Japan als Kanzeon (der den Klang der Welt hört) oder Kannon (der den Klang hört) verehrt wird und auch als weibliche Gestalt erscheint. Er nimmt das ganze Leid der Welt auf und bringt den Menschen Erlösung mit der Botschaft, dass alle fünf Skandhas (Körper und Sinne, Gefühle und Empfindungen, Wahrnehmungen und Identifikationen, Interessen und Willenstätigkeiten, sowie das Bewusstsein) leer sind. Es wird also gesagt, dass die Art und Weise, wie wir Menschen die Welt erfahren und in ihr leben, nicht das Wirkliche ist, sondern dass die Wahrnehmungsformen allesamt leer sind. Gemeint ist damit nicht, dass sie bedeutungslos wären, sondern vielmehr, dass Mensch und Welt ihrem Wesen nach etwas anderes sind, als wie sie erscheinen. Dies wird im Buddhismus unter anderem damit begründet, dass kein Phänomen in der Welt für sich allein bestehen kann, sondern nur im Kontext von allen anderen Erscheinungen. Die Phänomene haben daher keinen eigenen Kern, und in diesem Sinne hat auch der Mensch keine abgeschlossene Persönlichkeit.

Nach dem einführenden Passus folgt sogleich die Hauptaussage des Herz-Sutra: Form ist Leere und Leere ist Form. (Shiki soku se ku – ku soku se shiki). In den Erscheinungen (Form) zeigt sich das Unermessliche (Leere), das selbst die Kategorien von Sein und Nicht-Sein transzendiert. Die Menschen sehen die Welt im Allgemeinen aber nur in der Qualität der äußeren Erscheinung und haben die ursprüngliche Einheit allen Seins, ihr ‚wahres Wesen', verloren. Dadurch fehlt etwas, was als unbefriedigend erlebt wird und Anlass dafür bieten kann, auf die Suche zu gehen

– auf die Suche nach der Weisheit, von der das Herz-Sutra spricht.

Auf die grundlegende Feststellung der Einheit von Erscheinungswelt und tiefem Wesen folgt eine eigentliche Litanei auf die Leere: es wird aufgezählt, was alles leer ist: die Sinnesorgane und ihre Wahrnehmungen, das Sehen und das Denken (die Skandhas) sind leer. Und in der großen Leere, im unfassbaren Sein gibt es auch keine Zeit und keinen Weg, nicht einmal Weisheit und auch keine Erleuchtung. Da ist einfach ‚Nichts'. Deshalb gibt es auch nichts zu erlangen und Furcht zu haben ist nicht möglich. Für die Weisheit muss alles ‚selbsttäuschende Denken' aufgegeben werden – alle Ansichten, die wir über uns und die Welt haben. Und das ist eben das große Weisheitsmantra. „Gate, gate, paragate" – durch alle Wirrnisse falschen Denkens hindurchgegangen, gibt es an Stelle der Ich-Verhaftung ein Wissen um das ungetrennte Sein.

Es geht im Herz-Sutra um das wahre Wesen der Welt, der Menschen und aller Erscheinungen. Dieses kann nicht mit den Sinnesorganen wahrgenommen werden, denn sie sind leer. Sie sind leer wie alles andere – reines Sein. Gelegentlich wird dieses umfassende Sein auch Geist oder Bewusstsein genannt. Ein solcher Geist ist in jedem Falle ohne Anhaftung an irgendwelche Dinge oder Vorstellungen, ohne Ego und von unermesslicher Weite. Das ‚Ich', das sich eigenständig und von der Welt getrennt wähnt, wird als ebenso nichtexistent beschrieben wie alles andere.

Solange diese Trennung vom eigentlichen Wesen aber besteht, gibt es die Suche nach Aufhebung dieses Zustands. Oft wird zuerst versucht, die Trennung im Äußeren aufzuheben, indem mehr Güter, Ansehen, Geld oder ähnliches erworben werden. Erweist sich dies als letztlich nicht befriedigend, so kann es später um eine spirituelle Suche gehen. Jetzt wird mehr Erkenntnis, Wissen, tiefe Erfahrung und vielleicht Erleuchtung angestrebt. Da sich das Ich aber nur im Gegensatz zu anderem erfahren kann und damit selbst Trennung ist, führt auch dieses Bemühen nicht wirklich weiter. Befreiung, ‚Erwachen' ist erst dann, wenn das Ich sich aufgelöst hat, indem die eigene Leere erkannt worden ist, wenn sich das vermeintliche Ich als Illusion erwiesen hat. Erst ein ungetrenntes Dasein als Absolutes kann als befreit gelten, aber auch der Begriff Befreiung ist darin aufgelöst und daher ohne Bedeutung.

Auch das Herz-Sutra versteht die Welt als Erscheinung, die zugleich unendlicher, unfassbarer Geist ist, der auch als Leere beschrieben werden kann. Darin erweisen sich alle Erscheinungen als mit dem unendlichen Sein identisch. Selbst der Mensch ist davon nicht ausgeschlossen – auch er eine Manifestation des unfassbaren nondualen Seins. Das Sutra beschreibt die Welt in der Sichtweise erkennenden Bewusstseins. Darin erfährt sich der Mensch als Form und Leere zugleich, sowohl existent (formhaft) als auch nicht-existent (leer). Diese Wahrnehmung ist ganz anders ist als diejenige eines Menschen, der sich als getrennte Person und als ‚Ich' erfährt. Wird das erkannt, „Bodhi svaha" – welch wunderbares Erwachen!

Keine Unterscheidungen – Lankavatara-Sutra

Das Lankavatara-Sutra hat seinen Namen vom Herrscher Ravana von Lanka, der Buddha um Belehrungen bittet. Der Autor des Textes ist unbekannt, und es ist wie bei anderen Sutren anzunehmen, dass der Text über lange Zeiträume gewachsen ist. Seine Entstehung wird in die Zeit zwischen 1. und 4. Jahrhundert datiert. Inhaltlich beschäftigt sich das Sutra nebst der direkten Belehrung des Herrschers von Lanka mit der wahren Natur der Dinge, dem Wesen des Geistes und den Mitteln der Befreiung. Im Weiteren geht es um Leben und Werk eines Bodhisattva sowie soziale Fragestellungen.

Im Kern handelt das Lankavatara-Sutra von der Priorität des Bewusstseins. Danach ist Bewusstsein die einzige Realität; alle Erscheinungen der Welt sind bloße Manifestationen des Geistes. Deshalb können die Erscheinungen der Welt als leer bezeichnet werden; sie sind ohne Selbst und illusionär. Geburt und Tod sind daher ebenfalls nicht real, und die Menschen verfügen nicht über ein ‚Ich'. In der Welt des Geistes oder Bewusstseins gibt es kein wirkliches Kommen und Gehen; nur die Gewohnheit lässt die Welt als ‚real' erscheinen. Die Erscheinungen sind aber ohne Substanz, lediglich traumhaft, und selbst der eigene Geist ist leer.

Aus dem sehr langen Lankavatara-Sutra können hier nur einige Abschnitte dargestellt werden. Sie entstammen hauptsächlich dem 2. Kapitel, das sich mit der Natur der Dinge und mit dem Wesen des Geistes befasst.

„Zu dieser Zeit trug der Erhabene jene Verse vor: Wie Wellen, die im Ozean entstehen, angetrieben vom Wind, tanzend und ohne eine Unterbrechung zu kennen, wird der Alaya-Ozean (umfassendes Bewusstsein) ständig von den Winden der objektiven Welt aufgewühlt und tanzt mit der

Vielfalt, wobei die Vijnanas (weltliches Wissen) die Wellen sind. Körper, Besitz und Existenz gehören zum Vijnana; daher sieht man sie auf die gleiche Weise entstehen wie die Wellen. Wie die Wellen auf dem Ozean gleichzeitig erscheinen oder Bilder in einem Spiegel oder Traum, so erscheint der Geist in seinem eigenen Sinnesbereich."

Das ursprüngliche Sein oder Bewusstsein wird hier mit einem vollkommen stillen Ozean verglichen. Erst Eindrücke von der äußeren Welt einschließlich des eigenen Körpers wühlen diese Stille auf. Das Unbewegte wird dabei als grundlegend verstanden, und Formen, die sich darin zeigen, erscheinen als ‚Spiegelbilder'. Gegenüber anderen Sutren betont das Lankavatara-Sutra die Leere etwas mehr, wenngleich alle das Sein als ‚absolut' und die Erscheinungen als ‚relativ' verstehen.

„Wenn ich mich in den Dharmas (Gesetz, Lehre) manifestiere, lehre ich die Yogins die Wahrheit. Die Wahrheit ist der Zustand der Selbstverwirklichung und jenseits der Kategorien der Unterscheidung. Was als Vielfalt angesehen wird, ist eine Täuschung, die nicht existiert. Die sichtbare Welt existiert nicht, die Vielfalt der Dinge entsteht aus dem Geist. Das Tor der höchsten Wirklichkeit ist frei von dualistischer Erkenntnis."

Hier wird wiederum die ‚Leere' als ‚höchste Wirklichkeit' postuliert, und die Einheit allen Seins hat Priorität gegenüber der ‚Vielfalt' der sichtbaren Welt. Zugleich enthält aber der leere Geist die Erscheinungen der Welt. ‚Die Welt in mir' zeigt sich als Gegenposition zur üblichen Auffassung einer objektiv bestehenden Welt.

„Das Sein und Nichtsein von Dingen durch Verursachung besitzt keine Wirklichkeit; die Dreiwelt (Himmel, Erde, Unterwelt) ist entstanden durch den Geist, der durch Sinneseindrücke verwirrt wurde. Wenn sie nicht existieren, wie sind Dinge dann entstanden? Es gibt nichts, was entstanden ist und nichts, was entstehen ließ, selbst Verursachung gibt es nicht. Nur aufgrund des weltlichen Gebrauchs sagt man, dass Dinge existieren. Alle Dinge haben keine Eigennatur, sie sind nur Worte der Leute. Das, was unterschieden wird, hat keine Realität; (sogar) Nirvana (unterscheidungsloser Geisteszustand) ist wie ein Traum. Es wird nichts im Samsara gesehen, und nichts geht ins Nirvana ein."

Was unterschieden werden kann, sind die Formen der Welt. Nach der allgemeinen Auffassung ‚des weltlichen Gebrauchs' hält man die Verschiedenheit und selbst Nirvana für existent. Der Weise geht aber über Existenz und Nicht-Existenz hinaus und kennt das Unbeschreibliche, das mit diesen Kriterien nicht zu fassen ist. Deshalb die Empfehlung:

„Mache keine Unterscheidung! Wie eine Luftspiegelung im Frühling findet man den Geist verwirrt. Die Vielfalt ist eine Illusion, ein Traum; sie ist ein Feuerbrand, etwas Nichtseiendes, nur eine Erscheinung für die Leute.

Ewigkeit und Nichtewigkeit sowie Einssein, Zweiheit und auch Nichtzweiheit unterscheiden die Törichten, die verwirrt und seit anfangslosen Zeiten mit Fehlern behaftet sind. Wenn all dies abgeschüttelt und die Truglosigkeit erreicht ist, dann streicheln die leuchtenden Hände der Buddhas, die aus allen Ländern zusammengekommen sind, den Kopf ihres Wohltäters in einem Zustand, der der Soheit entspricht."

Das Lankavatara-Sutra entführt uns in eine ganz unbeschreibliche Welt, die weder eins noch zwei noch nicht-zwei ist, die weder existiert noch nicht existiert, und die damit ganz unfassbar ist. Indem es die vielfältige Welt einschließlich der Vorstellungen von einer Persönlichkeit, von Wahrnehmung und von Verursachung von Ereignissen mehr als andere Sutren negiert, gibt es dem ‚ganz Anderen' ein besonderes Gewicht, das nur jenseits von allem erahnt, aber nie gefasst und beschrieben werden kann.

Im Gehalt nicht anders als andere Sutren, wohl aber in der Wortwahl akzentuiert, zeugt dieses Sutra von den

Grenzen der Beschreibbarkeit. Insofern als auch Begriffe wie ‚Einssein', ‚Zweiheit' und ‚Nicht-Zweiheit' keinen Realitätscharakter haben, ist natürlich auch die Bezeichnung Nondualität ohne wirklichen Gehalt. Selbst Worte wie ‚unergründliches Sein' sind nur Worte, und als solche haben sie nichts zu tun mit dem Unnennbaren, wofür wiederum auch das Wort ‚unnennbar' zu viel ist. Worum es letztlich geht, ist vollkommen unbeschreiblich. Dazu bedarf es auch nicht der Vorstellung eines Geistes – vielmehr ist auch dieser Begriff nur ein ungelenker Hinweis auf etwas Allumfassendes. Gemäß dem Lankavatara-Sutra löst sich all dies auf in ein reines ‚Sosein'. Jenseits von allen Vorstellungen ist einfach das, was absolut unbegreiflich ist. Aber auch das sind nur Worte.

Befreiung durch Selbstaufgabe – Avatamsaka-Sutra

Die Entstehung des Avatamsaka-Sutra wird ins zweite Jahrhundert. datiert, wobei zwei der vierzig Kapitel noch im originalen Sanskrit erhalten sind. Sein Name bezieht sich auf eine Blume namens Vatamsaka, welcher Begriff auch für Blumenkranz verwendet wird. Dies begründet den deutschen Namen „Blumengirlanden-Sutra", unter dem es ebenfalls bekannt ist. Das Sutra beschreibt acht Versammlungen von Bodhisattvas[16], denen Buddha meist schweigend beiwohnt. Der Buddha Vairocana, dessen bekannteste, 15 Meter hohe Statue im Tempel Todaiji in Nara/Japan steht, stellt die zentrale Symbolfigur des Avatamsaka-Sutra dar und verkörpert das formlose Weltprinzip, die gleichzeitig transzendente und immanente absolute Wahrheit und Wirklichkeit. Vairocana und das Sutra sind zentrale Elemente der buddhistischen Kegon-Schule, die auf einen koreanischen Mönch zurückgeht.

Eines der wichtigsten Kapitel des Avatamsaka ist das vorletzte Kapitel, das „Buch vom Eintreten in den Kosmos der Wahrheit", dem die folgenden Textstellen entnommen sind. Dieses Kapitel handelt von der Reise eines jungen Pilgers namens Sudhana, der auf dem Weg zum Wissen 53 weise Ratgeber und Ratgeberinnen[17] aufsucht, deren Lehren als Stufen auf dem Bodhisattva-Weg verstanden werden können. Es sind dies Priester, Einsiedler, Brahmanen, Knaben, Mädchen, Könige, Reiche und Bodhisattvas verschiedenster Couleur. Die 31. bis 39. Ratgeberinnen sind „Nachtleute-Himmelsmädchen". Zunächst soll hier die 34. Ratgeberin als Station des Sudhana zitiert werden, der schon einen längeren Weg gegangen ist:

Das Nachtleuchte-Himmelsmädchen namens ‚Wunderbare Tugend der Errettung aller Lebewesen' sprach[18]: „Buddha All-Erhellend (Vairocana) strahlt in jedem Augenblick die großen, den ganzen Kosmos bedeckenden Strahlungen aus und erhellt das ganze Meer aller Wesen. – Diese Herrlichkeit ist weder zu nennen noch zu messen, weil sie den ganzen Kosmos bedeckt. Diese Herrlichkeit ist allgemein und alldurchdringend, weil sie in eine einzige Gestalt alle Energien der grenzenlosen Freiheit aufnimmt. Diese Herrlichkeit ist die erste Sache, weil alle Wesen leiblos (d. h. substanzlos) und alle Handlungen nichtzwei sind. Diese Herrlichkeit entsteht nicht, weil alle Dinge gleichsam leer wie Illusionen sind. Diese Herrlichkeit ist gleichsam wie ein Blitz, weil sie sowohl die große Weisheit als auch das große Verlangen (nach Befreiung) in sich aufnimmt. Diese Herrlichkeit ist gleichsam wie der Raum der Leere, weil sie ebenso wie die göttliche Kraft von allen Buddhas aller Zeiten und Generationen über allen Dingen steht."

Eindrücklich wird hier das Prinzip des Allumfassenden geschildert, das alles Sein in sich birgt. Nicht nennbar durchdringt es den Kosmos, wobei sich die letztendliche Substanzlosigkeit der Lebewesen zeigt und so ihr eigentliches Wesen zum Ausdruck kommt. Unfassbar ist es herrlich, und dies betrifft auch alle Menschen. Erkennen wir uns selbst als dieses Eine, so erscheint die eigene Gestalt wie der Schatten von etwas viel Größerem, das wir sind.

Das Nachtleuchte-Himmelsmädchen sprach nun also: „Der tiefsinnige Bereich der vielen Buddhas ragt unendlich hoch über alles Verständnis der neidischen, leidenschaftlichen und trügerischen Wesen empor. Der Bereich Buddhas bleibt ewig unbekannt für solche, die an der Materie, an dem Selbst oder an Verkehrtheiten haften Der Bereich Buddhas ist zu rein und zu tief, um von solchen erkannt zu werden, die im Kreislauf von Geburt und Tod bleiben. Nur diejenigen können diese Lehre hören und dadurch von unermesslichen Freuden erfüllt werden, die die Schatzkammer der heiligen Lehre und den Bereich des Weisheitsauges durchdringen."

In der Fixierung auf die äußeren Erscheinungen dieser Welt, der Vorstellung von einem individuellen fassbaren ‚Selbst' und anderen unzutreffenden Ansichten lässt sich das eigentliche allumfassende Sein nicht erkennen. Vielmehr braucht es dazu das ‚Weisheitsauge', wovon alle Lehren sprechen. Es geht dabei um eine andere Form von Wahrnehmung, die nicht persönlich ist und worin doch dieses eine Sein erahnt wird, das keine äußere Form hat und zugleich in allem liegt, ja das alles ist.

Später kommt Sudhana zu Maitreya, dem kommenden Weltlehrer. Er ist sein 51. Ratgeber. Sudhana singt über Maitreya: „Er ist es, der die grenzenlose Weisheit hat, die ist wie der Raum der Leere, und damit alle Zeiten und alles Seiende erleuchtet und begreift! Das ist der Palast, wo er friedlich wohnt! Alles Seiende ist leer und substanzlos, wie es keine Spur gibt, wenn der Vogel in der Luft vorüberfliegt. Er ist es, der alles so durchschaut! Er ist es, der die Verkehrtheiten und Grund-Leidenschaften, Begierden, Zorn und Torheit, vernichtet und immer freudig in der stillen Leere spielt. Das ist der Palast, wo er friedlich wohnt! Er ist es, der mit dem Geist der Gleichheit alle Lebewesen und alle Länder betrachtet und die Substanzlosigkeit alles Seienden begreift. – Er ist es, der tief in das tiefe Meer von Geburt und Tod hineintaucht, die Drachen der Leidenschaft niederschlägt und den Schatz der Weisheit Buddhas herausschöpft! – Ich rühme die grenzenlose Wunderkraft des ältesten Sohnes Buddhas und des Bodhisattva Maitreya! Ich grüße ihn mit gefalteten Händen und bitte ergeben um seine Gnade!"

Hier wird nochmals die Leerheit und Substanzlosigkeit thematisiert, die ‚alles Seiende erleuchtet'. Wer sich dessen wirklich bewusst wird, findet in der stillen Leere Befreiung von Anhaftungen und falschen Vorstellungen. Darin wird ersichtlich, dass alle Lebewesen letztendlich das gleiche Prinzip verkörpern und Ausdruck des allumfassenden Seins sind. Dies ist die Weisheit Buddhas. Die Schwierigkeit ist allerdings, dass ein rein theoretisches Verständnis nicht genügt. Erst in tiefem Erkennen, das niemals angelernt sein kann, und das damit auch nicht gelehrt werden kann, ist der Schatz ‚herausgeschöpft'. Niemand kann dies bewirken, aber der Schatz ist stets da.

Sudhanas letzter und 53. Lehrer ist Samantabhadra, einer der acht großen Bodhisattvas des Mahayana-Buddhismus, der die Weisheit verkörpert. In Sudhanas Lied auf Samantabhadras Erleuchtungsgeist drückt sich die letzte Stufe des Bodhisattva-Weges und damit abschließendes Erkennen aus:[19] „Die reine und grenzenlose Weisheit begreift in einem Augenblick alle Generationen, dass diese nach den Wirkungszusammenhängen entstehen und deshalb keine eigene Wesenheit haben. Der Heilige gelangt in einem Land zur heiligen Erhellung und erscheint doch in allen Buddha-Ländern. Er bringt eine Welt hervor und verwandelt diese in die unermesslichen Welten. Er bringt unermessliche Welten hervor und verwandelt diese in eine Welt. Der Heilige wohnt in der höchsten Weisheit und in der Furchtlosigkeit. Er begreift das Leiden, die Ursache des Leidens, die Vernichtung des Leidens und den Weg zur Vernichtung. Kein Ich, kein Eigentum, keine Selbstheit, kein Entstehen und kein Vergehen, kein Kommen und kein Gehen. Alles ist so wie der Raum der Leere. Die mannigfaltigen Werke werden dennoch nie zunichte gemacht. – Der Heilige vollendet die Weisheit und die Tugend, und doch folgt er gehorsam dem weltlichen Leben. Er ist wie der Raum der Leere von der Welt gereinigt und erscheint doch immer in der Welt. Wenn er auch in seiner Weltlichkeit die Leiden von Geburt, Altern, Krankheit und Tod erträgt und eine bestimmte Lebensdauer hat, ist er im Grund doch so rein und ewig wie der Raum der Leere."

Nichts kann unabhängig von allen anderen Umständen in Erscheinung treten, weshalb niemand und nichts eine eigene Substanz aufweist. Dies ist eine der grundlegenden Lehren des Buddhismus. Da alle Erscheinungen zutiefst miteinander verknüpft sind, sind sie letztlich Eines. Dieses Allumfassende kann aber nicht mit unseren Sinnen wahrgenommen werden – und es geht hier um etwas ganz anderes, als um eine logische Schlussfolgerung. Der ‚Heilige', von dem hier die Rede ist und womit Samantabhadra gemeint ist, „vollendet die Weisheit": Kein Ich, kein Eigentum, keine Selbstheit, kein Entstehen und kein Vergehen, kein Kommen und kein Gehen. Und zugleich folgt der ‚Heilige' gehorsam dem weltlichen Leben. Im unendlichen Sein beheimatet geht er durch die Welt, selber innerlich leer.

Dieser Sutra-Text widmet sich einerseits den Erscheinungen in ihrer Substanzlosigkeit, und andererseits geht es um das allumfassende Sein, um das grundlegende Prinzip, das allen Erscheinungen innewohnt und das hier durch Vairocana verkörpert wird. Die Natur des unergründlichen formlosen Wesens aller Welt in ihren vielfältigen Erscheinungsformen zeigt sich in einem unbeschreiblichen einzigen Sein. Diese Natur wird durch den formlosen Heiligen versinnbildlicht, der – in seinem Kern leer – durch die Welt geht. Wir alle sind so, denn es gibt keine gesonderten Wesen. Wir sind dieses eine Sein, das sich wiederum in vielfältig interagierendem Handeln zeigt, welches seinerseits aber einfach ein Geschehen ist. Dieses wird sichtbar, wenn das Schwergewicht nicht auf die Unterschiede der Erscheinungen und Gestaltungen gelegt wird, sondern auf das allumfassende Sein.

Erkenntnisse der Weisheit – Akashagarbha-Sutra

Der Bodhisattva Akashagarbha ist einer der acht großen Bodhisattvas, ebenso wie Samantabhadra, von welchem eben die Rede war. Er gilt als Bodhisattva des ‚unendlichen Raumes', der Weisheit und des Glücks und ist für den Shingon-Buddhismus zentral. Wie in der erwähnten Kegon -Schule wird auch im Shingon das kosmische Prinzip in Vairocana verehrt. Akashagarbha verkörpert dieses Prinzip der unendlichen Weite und soll helfen, die Hindernisse zur entsprechenden Wahrnehmung zu beseitigen.

Im Akashagarbha-Sutra wird von einer Versammlung von Bodhisattvas anlässlich der Rede Buddhas auf dem Berg Khalatika berichtet, wozu auch Akashagarbha in hellem Licht erschienen war. Er sah die Zeit gekommen, auf der Erde das Sutra zu lehren, das alle Hindernisse zerstört. Als er sich mit Zustimmung des Buddha zusammen mit „achtzig Millionen Bodhisattvas" auf den Weg machte, hatten die übrigen Anwesenden eine Erscheinung[20]:

„Man erblickte zahllose Bodhisattvas Mahasattvas, die in den Zehn Erkenntnissen der Weisheit verweilten:

1. mit reiner Weisheit die letztendliche Seinsweise alles Existierenden, die Leerheit von inhärenter Existenz, erfassen;
2. mit dem Verständnis der Leerheit von inhärenter Existenz allen Phänomenen Beachtung schenken;
3. alle guten Handlungen praktizieren;
4. in völlig reinem Gewahrsein aus dem Schlaf der Unwissenheit zur Buddha-Natur erwachen;
5. die wunderbaren geschickten Methoden praktizieren;
6. in befreiender Weisheit ohne falsche Gedanken in der tiefgründigen Wahrheit verweilen;

7. die Leerheit von inhärenter Existenz aller Phänomene, die letztendliche Seinsweise alles Existierenden, verstehen und nicht mehr davon abweichen;
8. um der Erleuchtung willen mit dem Geist achtsam im Nicht-Denken verweilen, in kindgleicher Reinheit;
9. mit dem Verständnis, dass alle Phänomene keinerlei eigene Natur besitzen, der Lehre Buddhas folgen, um so Buddhaschaft zum Wohle aller Lebewesen zu erreichen;
10. die Leerheit praktizieren, die Qualität des befreienden Wissens und der Weisheit erlangen, um die Fesseln von Geburt und Tod zu lösen."

Hier erscheint die Lehre Buddhas in Gestalt von zehn Weisheitslehren, worin es um die Leerheit als Seinsweise alles Existierenden geht, und um das Verständnis, dass alle Phänomene keinerlei eigene Natur haben. Nach dieser Vision der Anwesenden erhob Buddha seine Stimme, wandte sich an die Schüler und sprach zu den Bodhisattvas mit dem aufstrebenden Erleuchtungsgeist:

„Gute Kinder, ihr habt die Bedeutung der Leerheit recht erkannt, die in der Abwesenheit eines Ichs oder Selbst besteht und zum völlig offenen Geisteszustand ohne Ichbezogenheit führt. Kein entstandenes Phänomen verweilt für einen einzigen Augenblick, sondern entsteht und vergeht jeden Moment neu. Die Erscheinungen wie die Erde, das Wasser, das Feuer und der Wind, unser Körper, unsere Gedanken, unser Bewusstsein ändern sich stets. Das Leben ist vergänglich wie der Tau auf der Spitze eines Grashalms. Gebt alle sinnlosen Unterscheidungen auf, trennt euch von falschen Ideen und folgt dem Weg der Wahrheit. Unterscheidet nicht zwischen lang und kurz, zwischen Existierendem und Nichtexistierendem. Wenn ihr die vollkommene Wahrheit verstanden habt, werdet ihr keine Angst mehr haben und nicht mehr an Existenz oder Nichtexistenz festhalten."

Ein Geisteszustand ohne Ichbezogenheit meint hier nicht etwa einen durch wenig Egoismus geprägten Geist, sondern vielmehr die vollständige Abwesenheit eines Ich oder Selbst. Alle Dinge entstehen und vergehen gleichzeitig, weshalb nichts als beständig angesehen werden kann. Auch unsere Wahrnehmungen ändern sich ständig – was gestern wichtig war, ist heute bedeutungslos. Selbst Unterscheidungen wie ‚die Welt existiert' und ‚sie existiert nicht' sind unwichtig und sind zu vermeiden. Sie hindern daran, das Alles-Übergreifende zu erkennen.

Weiter schildert das Akashagarbha-Sutra: Der Buddha erhob seine Stimme und wandte sich an die große Versammlung: „Endet das Nichtwissen, endet karmisches Handeln. Endet karmisches Handeln, endet das Bewusstsein. Endet das Bewusstsein, enden Name und Form. Enden Name und Form, enden die sechs Sinnesorgane. Enden die sechs Sinnesorgane, endet die Berührung. Endet die Berührung, endet die Empfindung. Endet die Empfindung, endet das Verlangen. Endet das Verlangen, endet das Ergreifen. Endet das Ergreifen, endet das Dasein. Endet das Dasein, endet die Geburt. Gibt es keine Geburt mehr, enden Krankheit, Leiden, Alter und Tod. Das allumfassende Leiden ist erloschen."

Der buddhistische Erlösungsweg, der von den Leiden Alter, Krankheit und Tod befreit, wird hier als Ende von Nichtwissen, karmischem Handeln, Bewusstsein, Form sowie Sinnesorganen und deren Wahrnehmung beschrieben, womit auch das Verlangen nach der Welt aufhört. Hier geht es aber nicht um eine Weltflucht, wie sie Buddha auch an anderer Stelle verneint[21], sondern vielmehr um eine Durchdringung der Erscheinungswelt, indem ihr grundsätzliches leeres Wesen erkannt wird.

Wie in anderen Sutren kommt auch im Akashagarbha-Sutra klar zum Ausdruck, dass es um eine Wahrnehmung geht, in welcher die äußere Welt einschließlich der Leiden auf dem Hintergrund eines zeitlosen Seins als ‚relativ' erscheint. Entsprechend ist dieser allumfassende Hintergrund das entscheidende Element, der deshalb in den buddhistischen Lehren das ‚Absolute' genannt wird. In dieser Sichtweise ist die Bedeutung von Einzelereignissen zufolge ihrer Vergänglichkeit gering. Bedeutungen sind Zuordnungen, welche vom Verstand gemacht werden, der ‚Ich'-Sphäre angehören und einen Dualismus kreieren, der so nicht existiert.

Nicht-Zweiheit – Vimalakirti-Sutra

Vimalakirti ist kein Bodhisattva, sondern ein begabter Laie, der sich durch tiefes Verstehen der Lehren Buddhas auszeichnete. Das Sutra wurde erst 1999 von einer Forschungsgruppe im Potala-Palast in Lhasa entdeckt. Die Niederschrift wird auf die Zeit zwischen 11. und 13. Jh. datiert, womit es ein vergleichsweise junges Sutra ist. Es enthält Gespräche, Erklärungen und Lehrreden von Vimalakirti. Zu Beginn wird berichtet, dass sich zahlreiche Laienschüler trotz Buddhas Geheiß weigerten, zum erkrankten Vimalakirti zu gehen, weil sie von ihm früher wegen mangelnden Verständnisses der Buddhalehre zurückgewiesen worden waren. Schließlich erklärte sich Manjushri, der Bodhisattva der Weisheit, bereit, zu Vimalakirti zu gehen. Ihm folgten viele Laienschüler und Bodhisattvas, die sich das Treffen dieser beiden weisen Männer nicht entgehen lassen wollten.

Im achten der insgesamt zwölf Kapitel fordert Vimalakirti die Zuhörer auf, sich über das „Dharma-Tor der Nicht-Dualität" zu äußern und ihr Verständnis davon darzulegen[22]: „Dann fragte der Licchavi Vimalakirti jene Bodhisattvas: ‚Ehrenwerte Herren, bitte erläutert, wie die Bodhisattvas in das Dharma-Tor der Nicht-Dualität eintreten!' " Daraufhin äußerten sich 30 beim Namen genannte Bodhisattvas, wovon hier einige Antworten zitiert seien. Schließlich nimmt Manjushri zu diesen Antworten Stellung und das letzte Statement gilt der Reaktion von Vimalakirti.

„Der Bodhisattva Dharmavikurvana erklärte: ‚Edler Herr, Entstehen und Vergehen sind zwei, was aber nicht entstanden und erschienen ist, kann auch nicht vergehen. Daher ist das Erlangen des Zustandes, in dem das Bewusstsein die Entstehungslosigkeit aller Dinge mit Gewissheit gelten lässt, der Eintritt in Nicht-Dualität.'

Der Bodhisattva Shrigandha erklärte: ‚Ich und Mein sind zwei. Wenn die Voraussetzung (der Existenz) des Selbst nicht gemacht wird, kann es kein Mein (Besitzstreben) geben. Die Abwesenheit der Bejahung des Selbst ist deshalb der Eintritt in Nicht-Dualität.'

Der Bodhisattva Shrikuta erklärte: ‚Verunreinigung und Reinigung sind zwei. Wenn (das Wesen der) Verunreinigung klar verstanden wird, kann die Idee der Reinigung nicht entstehen. Der Pfad, der zur vollkommenen Überwindung aller Gedankenkonstruktionen führt, ist der Eintritt in Nicht-Dualität.'

Der Bodhisattva Tisya erklärte: ‚Gut und Böse sind zwei. Sucht man weder Gut noch Böse und versteht, dass Bestimmung und Bestimmungslosigkeit nicht-zwei sind, ist das der Eintritt in Nicht-Dualität.'

Der Bodhisattva Narayana erklärte: ‚Zu sagen, ‚dies ist weltlich' und ‚dies ist überweltlich', ist Zweiheit. Diese Welt hat die Natur der Leere, darum gibt es weder Überwinden noch Verstricktsein in die Welt, weder Bewegung noch Stillstand. Darum gilt: Weder zu überwinden noch verstrickt zu sein, weder zu gehen noch anzuhalten – das ist der Eintritt in Nicht-Dualität.'

Der Bodhisattva Priyadarshana erklärte: ‚Die Materie selbst ist leer. Leere entsteht nicht durch Zerstörung von Materie, sondern das Wesen der Materie selbst ist Leere. Darum ist es völlig dualistisch, von Leere auf der einen Seite und von Materie (Form) oder Empfindung, Wahrnehmung, Wille oder Bewusstsein auf der anderen Seite zu sprechen. Bewusstsein selbst ist Leere. Leere entsteht nicht durch die Zerstörung von Bewusstsein, sondern das Wesen des Bewusstseins selbst ist Leere. Ein solches Verständnis der fünf Daseinsgruppen (Skandhas) und sie in dieser Weise durch Weisheit zu erkennen ist der Eintritt in Nicht-Dualität.'

Der Bodhisattva Punyaksetra erklärte: ‚Es ist dualistisch, Handlungen als heilsam, unheilsam oder neutral anzusehen. In Wirklichkeit sind heilsame, unheilsame und neutrale Handlungen aber nicht-zwei. Das innere Wesen all solcher Handlungen ist leer (shunya); da gibt es (im letztgültigen Sinn) weder Heilsames noch Unheilsames, noch Neutrales, noch Handeln überhaupt. Das Nicht-Vollziehen solchen Handelns ist der Eintritt in Nicht-Dualität.'

Als die Bodhisattvas ihre Erklärungen gegeben hatten, wandten sie sich alle an Manjushri: ‚Manjushri, was ist der Eintritt des Bodhisattva in Nicht-Dualität?'

Manjushri antwortete: ‚Ehrenwerte Herren, ihr habt alle gut gesprochen. Aber dennoch, alle eure Erklärungen waren selbst dualistisch. Alle Worte zu vermeiden, nichts zu sagen, nichts auszudrücken, nichts zu erklären, nichts anzukündigen, auf nichts hinzuweisen, nichts zu bezeichnen – das ist der Eintritt in Nicht-Dualität.'

Dann sagte Manjushri zu dem Licchavi Vimalakirti: ‚Edler Herr, wir haben alle unsere Lehren kundgetan. Mögest du nun die Lehre vom Eintritt in Nicht-Dualität für uns aufklären!'

Daraufhin schwieg der Licchavi Vimalakirti und sagte nichts.

Manjushri lobte den Licchavi Vimalakirti. Da traten fünftausend Bodhisattvas in das Tor des Dharma der Nicht-Dualität ein."

Die Antworten der Bodhisattvas legen die Mahayana-Lehre in komprimierter Form dar. Grundthema ist die Nondualität: alle Erscheinungen sind letztlich leer und können daher nicht dualistisch sein. Jede dualistische Betrachtungsweise ist ein Konstrukt und entspricht nicht der Tatsache einer einheitlichen Welt einschließlich ihrer Wahrnehmung. Dualität existiert nicht wirklich.

Nebst der Reaktion von Vimalakirti, der nichts sagte – weil es nicht in Worte zu fassen ist – ist die Antwort von Priyadarshana für die Meditationsanleitungen unserer Tage im Westen bedeutungsvoll: Nach ihm ist es dualistisch, von

Leere auf der einen Seite und von Form und deren Wahrnehmung auf der anderen Seite zu sprechen. Bei uns ist manchmal aber genau in diesem Sinn die Rede davon, dass man nach spiritueller Erfahrung nicht in der Leere hängen bleiben dürfe und dass der ‚Weg zurück' in die Welt notwendig sei. Dies entspricht einer dualistischen Betrachtung, und es wird übersehen, dass ein Verharren im tiefen Sein (Leere) nicht von der äußeren Erscheinungswelt (Form) getrennt ist, welche wiederum Ausdruck des Einen ist. Vielmehr geht es im Erkennen der Nondualität darum, dass die Identität von Sein und Daseinsformen ein Grundprinzip ist, das sich in allen Lebenslagen zeigt. Dies betrifft in gleicher Weise die Realisierung der Unfassbarkeit des reinen Seins und aller Erscheinungen wie die Tätigkeiten in der äußeren Welt. Da ist kein Unterschied, und so gesehen geht niemand weg und es kehrt keiner zurück. Einzig das Bewusstsein mag mit tiefer Erfahrung verändert sein, indem der Umstand der Einheit ganz klar ist. Kein vermeintliches ‚Ich' ist dann in der Welt mehr tätig, sondern es wird wahrgenommen, dass das Leben sich selbst gestaltet.

Tatsächlich ist es eine Gefahr, dass die nonduale Weltbeschreibung des Buddhismus und damit auch der Geist des Zen nur theoretisch verstanden wird, durchaus auch trotz vieler Meditationsübungen. Wichtig ist aber, dass die grundlegende Einheit allen Seins existenziell verstanden und verwirklicht ist. Dennoch kann sie nicht mit Worten ausgedrückt werden, weshalb auch Vimalakirti geschwiegen hat.

[1] vergl. das Kapitel über Dogen zu Ende dieses ersten Buchteils
[2] Dogen Zenji, Shobogenzo, Angkor Verlag, Frankfurt 2008, S.135
[3] Die Zitate in diesem Kapitel entstammen der Übersetzung von Margaretha von Borsig, Lotos-Sutra, Herder Verlag, Freiburg i.Br. 2003
In Anlehnung an die Edition von Tenzin Tharchin und Elisabeth Lindmayer mit einem Vorwort vom Dalai Lama, ohne Verlagsangabe Wien 2008, wird anstelle von „Gesetz" aber der ursprüngliche Begriff „Dharma" verwendet.
[4] Auszug aus Kapitel XVI, Borsig, ebd. S. 282
[5] Kapitel II
[6] Kapitel III
[7] Kapitel IV
[8] Kapitel V
[9] Auszug aus Kapitel XIV
[10] Auszug aus Kapitel XVI
[11] Kapitel XXV
[12] Kapitel VII, Borsig S. 178
[13] Kapitel XVI, Borsig S. 282
[14] Kapitel XVI, Borsig S. 283
[15] Es gibt verschiedene Übersetzungen dieses Textes, z.B. ‚Gegangen, gegangen, hindurchgegangen, über alles hinausgegangen, großes Erwachen, große Verehrung'. Der Text bedeutet aber mehr, als in den einzelnen Worten zum Ausdruck kommen kann.
[16] Kegon-Sutra / Avatamsaka-Sutra, Angkor-Verlag, Frankfurt a. M. 1978/2008, Band 2, S. 613
[17] ebd. S. 614f.
[18] vergl. ebd. S. 465ff.
[19] vergl. ebd. S. 599ff.
[20] Diese und die folgenden Textstellen sind zitiert aus: Das Akashagarbha-Sutra, übersetzt von Tenzin Tharchin und Elisabeth Lindmayer, Diamant Verlag München (ohne Datumsangabe)
[21] z.B. im Diamant-Sutra: „Subhuti, denke nicht dass jemand, der den höchsten, vollkommen erwachten Geist in sich erweckt, alle Objekte des Geistes als nichtexistent, als vom Leben abgeschnitten betrachten müsse".
[22] Auszüge aus dem 8. Kapitel des Vimalakirti Nirdesa Sutra, zitiert nach: Von Brück, Dalai Lama, Weisheit der Leere, Heyne Verlag, München, hier 9. Kapitel.

Die Mahamudra-Lehre in Tibet

Jenseits aller Worte und Symbole – Tilopa

Mahamudra ist eine Lehre über die eigentliche Natur des Geistes, die im 8. Jahrhundert. in Indien entstand und vor allem in Tibet große Bedeutung erlangte. Wörtlich bedeutet Mahamudra das „große Siegel". Es verweist auf das Faktum, dass alle Phänomene zwangsläufig den Stempel der untrennbaren Leere auf sich tragen. Mit dem Begriff Mahamudra werden nebst der nichtdualistischen Lehre auch Meditationsformen bezeichnet, die sich in Tibet in den zwei großen Schulen Kagyü und Gelug etwas unterschiedlich entwickelt haben. In der Kagyü-Tradition wird über den Geist meditiert, der frei von Begrifflichkeit die Leerheit erkennt, wohingegen in der Gelug-Schule (deren Oberhaupt der Dalai Lama ist) direkt über die Leerheit des Geistes meditiert wird. In beiden Fällen geht es um die Leerheit einer in sich selbst begründeten Existenz.[1] Diese Auffassung entspricht auch weitgehend den Lehren des Zen, weshalb die Mahamudra-Lehre hier anhand von vier Vertretern der Kagyü-Tradition näher behandelt werden soll.

Tilopa gilt als Überbringer der Mahamudra-Lehre von Indien nach Tibet und ist ein erster Vertreter dieser Tradition in Tibet. Er lebte von 988-1069, war Halter verschiedener, auf Buddha zurückgehender Traditionslinien und gehörte der Kagyü-Schule an. Deren Angehörige werden entsprechend ihrer Tracht auch als die ‚Rotmützen' bezeichnet, im Gegensatz zu den ‚Gelbmützen' der Gelug-Linie. Wie berichtet wird, entstammte Tilopa einer Brahmanenfamilie, wurde unter besonderen Umständen großen Lichts geboren und erfuhr eine lange Schulung durch

Dakinis (weibliche indische Geistwesen, welche Dharma-Praktizierende auf dem spirituellen Weg ermutigen und unterrichten). Sie belehrten ihn zuerst über seine wahren Eltern, welche nicht die leiblichen sind, sondern Vater ‚Höchste Freude' und Mutter ‚Rote Weisheit'. Nach vielen Stationen gelangte er schließlich vor die Weisheits-Dakini des Wahrheitszustandes und erklärte dort: „Es gibt nichts, auf das man schauen müsste; es gibt nichts zu hören; es gibt nichts zu sagen. Die Welt der Täuschung ist bedeutungslos, die Wahrheit ist in der Dakini, der höchsten Weisheit."[2]

Später in seinem Leben lehrte Tilopa ‚Mahamudra', und es wurde von ihm ein Text hinterlassen, der als „Tilopas Gesang des Mahamudra" bekannt ist. Darin richtet sich Tilopa an seinen Schüler und Nachfolger Naropa. Der Text beinhaltet im Grunde eine Meditationsanleitung. In etwas abgekürzter Form lautet er:

„Mahamudra ist jenseits aller Worte und Symbole - aber dir, Naropa, aufrichtig und treu, sei dennoch so viel gesagt:

Die Leere braucht keine Stützen, Mahamudra ruht im Nichts, ohne jede Anstrengung, einfach nur, indem du gelöst und natürlich bleibst, kannst du das Joch zerbrechen und Befreiung erlangen.

Wenn du mit wachen Augen nach Nichts suchst und dann mit deinem eigenen Geist den eigenen Geist betrachtest, verschwinden alle Unterscheidungen, und du gelangst zur Buddhaschaft.

Die Wolken ziehen durch den Himmel, sie haben weder Wurzeln noch Heimat; genau so auch die Gedanken, die durch deinen Geist ziehen. Sobald der Geist sich selber erkannt hat, hört jede Unterscheidung auf.

Formen und Farben bilden sich im Raum, aber weder Schwarz noch Weiß hinterlassen in ihm Spuren. Aus diesem Geist des Geistes, dem Selbst, entstehen alle Dinge. Weder Tugend noch Laster beflecken ihn. Die Finsternis von Jahrtausenden kann nichts gegen die glühende Sonne ausrichten; die langen Zeitalter des Samsara können das helle Licht des Geistes nicht verbergen.

Obwohl wir Worte brauchen, um die Leere zu erklären, ist doch die Leere selbst nicht sagbar. Wir sagen zwar: ‚Der Geist, das reine Bewusstsein ist ein helles Licht‘, doch lässt es sich mit Worten und Symbolen nicht erfassen, Bewusstsein ist in seinem Wesen leer, und doch umfasst und hält es alle Dinge.

Tu nichts mit dem Körper – entspanne dich nur, verschließe fest den Mund und sei still. Entleere deinen Geist und denke an nichts. Lass deinen Körper leicht wie einen hohlen Bambus ruhen. Kein Geben und Nehmen: lass ruhen deinen Geist, Mahamudra ist wie ein Geist, der sich an nichts klammert. Wenn du dich darin übst, wirst du bald von der Buddhaschaft erreicht.

Kein Üben von Mantras und Paramitas, kein Unterricht in Sutras und Geboten, kein Wissen aus Schulen und Schriften, führt zur Erkenntnis der eingeborenen Wahrheit. Denn wenn der Geist nach etwas strebt, erfüllt von Sehnsucht nach dem Ziel, verhüllt er damit nur das Licht.

Gib alles Tun und Wünschen auf, lass die Gedanken steigen und verebben wie sie wollen, wie die Wellen des Meeres. Wer die Vergänglichkeit niemals vergisst, noch das Prinzip der Urteilslosigkeit, der richtet sich nach Tantrischem Gebot.

Wer alles Sehnen und alle Begierden aufgibt, sich nicht an dieses oder jenes heftet, erkennt den wahren Sinn der Schriften.

Die königliche Sicht geht über alle Dualität hinaus. Die königliche Methode überwindet alle Ablenkungen, der Weg der Nicht–Methode ist der Weg aller Buddhas, wer diesen Pfad betritt, wird von der Buddhaschaft erreicht.

Ohne Geben und Nehmen, verbleibe natürlich, denn Mahamudra liegt jenseits von Hingabe und Weigerung.

Weil Alaya (das reine Bewusstsein) nicht geboren wird, kann niemand es behindern oder beflecken; wer im ungeborenen Reich verweilt, dem löst sich aller Schein ins Dharma auf, und Eigenwille und Stolz verschwinden im Nichts.

Die höchste Einsicht verlässt die Welt von Diesem und Jenem. Das höchste Handeln vereinigt große Schöpferkraft mit Ungebundenheit. Die höchste Vollendung erkennt das ‚so Sein' ohne jede Hoffnung."

Mahamudra beschreibt die Leerheit allen Seins, zu deren Wahrnehmung Tilopa in seinem Gesang eine Meditationsanleitung gibt. Diese bildet wiederum eine wesentliche Grundlage der Meditationspraxis aller tibetischen Schulen. Die Leere, das Nichts und Mahamudra erscheinen dabei deckungsgleich, nicht sagbar, ohne Stütze, ohne Tugend und Laster. Die Erscheinungswelt wiederum wird als eine Angelegenheit des Geistes dargestellt, der seinerseits aber unfassbar, unberührt und zeitlos ist (vergl. das Dharmakaya, den ‚Dharmakörper', womit die eigentliche Natur des Seins gemeint ist[3]). Dies deckt sich mit den grundlegenden buddhistischen Lehren. Deutlich schildert Tilopa in seinem Gesang: „Die königliche Sicht geht über alle Dualität hinaus." Solange wir in der Welt der Unterscheidungen verharren, und also auch uns selbst von der Umwelt unterscheiden, ist das wahre Verständnis nicht zu gewinnen. Indem Leere und Erscheinungswelt eins sind, kann auch nicht davon gesprochen werden, dass man durch Übung oder Unterricht zur „Erkenntnis der eingeborenen Wahrheit" finden könnte, oder dass man nach dem Erkennen in die Erscheinungswelt ‚zurückgehe', wie das manchmal gesagt wird. Vielmehr ist die eigene Existenz wesensmäßig leer, und es gibt damit niemanden, der von etwas weggehen oder dahin zurückkehren könnte. Der Gesang schließt mit dem Hinweis, dass höchste Vollendung keine Hoffnung kennt. Dies weist auf die schlichte Tatsache hin, dass jede Hoffnung eine Trennung von Jetzigem und erhofftem Späterem bedeutet und damit dualistisch ist. Es geht aber um reine Gegenwart als umfassendes Sein.

Tilopas Nachfolger Naropa erklärte die Lehre des Mahamudra später wie folgt: „Alle Erscheinungen sind dein eigener Geist; die Wahrnehmung äußerer Objekte ist eine Gestaltung des Geistes; wie ein Traum sind sie leer von einer wahren Natur. Auch der Geist ist nur ein Fluss von Wahrnehmungen und Gedanken, er ist ohne eine wahre Natur, (wie) die Kraft des Windes, er ist leer von einem Selbst, wie der Himmelsraum. Alle Erscheinungen sind so, gleich dem Himmelsraum. Das, was Mahamudra genannt wird, sein Wesen, kann nicht gelehrt werden. Daher ist die unwandelbare Natur des Geistes die Natur von Mahamudra. Wenn jemand diese Wirklichkeit erkennt, dann sind alle Erscheinungen Mahamudra, der große, alldurchdringende Dharmakaya."[4]

Gewissheit – Milarepa

Der Nachfolger von Tilopas Schüler Naropa war Marpa Chokyi Lodro (1012-1097), welcher wiederum der Lehrer des später berühmt gewordenen tibetischen Yogi Milarepa war. Dieser stand damit in der Mahamudra-Übertragungslinie. Er wurde 1040 in Tibet geboren und lebte bis 1123. Nachdem er anfänglich durch schwarzmagische Praktiken schlechtes Karma angehäuft hatte, musste er dieses bei Marpa durch harte Arbeit abtragen, bevor er die tantrischen Lehren Naropas übertragen erhielt. Milarepa lebte viele Jahre als Einsiedler, legte aber nie ein formelles Mönchsgelübde ab. In völliger Abgeschiedenheit erlangte er das große Siegel Mahamudra. Er gilt als bedeutender tibetischer Yogi und Lehrer und wird als Mitbegründer der Kagyü-Linie des tibetischen Buddhismus betrachtet.

Seiner Geschichte nach muss Milarepa als reale Gestalt des tibetischen Buddhismus verstanden werden, dessen Erscheinung mit Mythen überlagert wurde. Seine spätere Bekanntheit und Bedeutung mag sowohl damit zusammenhängen, dass er viel zur Verbreitung des Buddhismus in Tibet beigetragen hat, als auch mit dem Umstand, dass er als Projektionsträger für kollektive Themen geeignet war. Dazu mag seine Beschäftigung mit schwarzer Magie beigetragen haben, die vielleicht einfach einer Auseinandersetzung mit der vorbestehenden Bön-Religion entspricht, die kollektiv zunehmend negativ bewertet wurde. Es wird auch berichtet, dass Milarepa zeitweilig ein absonderliches Verhalten zutage legte, weswegen er sich (wie später auch manche Zen-Meister) als ‚Narr' bezeichnete und von andern auch so gesehen wurde. Dies mag auf einen „von der Erfahrung des Absoluten trunkenen Narren hinweisen, dessen Augen nur in den gleissenden Glanz des Seienden starren und der darüber, zumindest scheinbar, den Massstab für das sogenannte normale Leben verloren hat."[5]

Auf dem archetypischen Hintergrund von Milarepas Geschichte, die Anklang findet, weil sie Grundprinzipien des menschlichen Seins ausdrückt, erscheint seine Botschaft des Mahamudra umso heller. Wie Tilopa verfasste auch er ein Gedicht über Mahamudra, dies mit dem Titel „Gewissheit des Mahamudra". Es lautet:

„Wenn jemand im eigenen Geist sich besinnt auf den ursprünglichen Zustand seines Geistes, lösen sich alle trügerischen Gedanken in das Reich der letzten Wirklichkeit wie von selber auf. Niemand ist mehr zu finden, der Leiden verursacht, und niemand, der leidet. Das erschöpfendste Studium der Sutren lehrt uns nicht mehr als das Eine.

Ich, der Yogi Milarepa, sehe das Wesen; hüllenlos liegt es vor meinem staunenden Blick. Ich sehe, was jenseits aller Worte ist, klar wie den reinen Himmel.

Indem ich alles loslasse, sehe ich die Wirklichkeit. Indem ich gelöst im Frieden ruhe, erkenne ich die Leere von Allem und Jedem.

Ich entspanne und löse mich und gelange in das Reich des Selbst; ich lasse los, und im Vorüberfliessen des Gewahrseins werden das Reine und Unreine eins.

Weil ich nach nichts mehr suche, sind alle Gedanken und Vorstellungen abgeschnitten; seit ich erkannt habe, dass Buddha und mein Geist eins sind, sehne ich mich nicht länger nach Vollendung.

Wie die Sonne die Finsternis vertreibt, so schwinden, wenn die Verwirklichung sich herniedersenkt, alle Leidenschaften und Begierden wie von selbst.

Wer seinen Geist, ohne abgelenkt zu werden, zu erschauen vermag, der bedarf keiner Worte mehr und keines Geredes.

Wer in das Selbst-Gewahrsein versinken kann, der hat es nicht nötig, steif dazusitzen, gleich einem Leichnam.

Wer das Wesen aller Erscheinungen erkennt, dem schwinden die Begierden von selber ins Nichts. Wer kein

Begehren und keinen Hass mehr im Herzen trägt, der braucht nicht zu heucheln oder aufzutrumpfen.

Die große Weisheit der Erleuchtung, die Samsara und Nirvana weit hinter sich lässt, der Wille erzwingt sie nicht, sie kann nur errungen werden mit dem Segen und der Hilfe des Wahrers der echten Überlieferung.

Ob du gehst, sitzt oder schläfst, immer blicke auf deinen Geist, pausenlos und ohne Unterbrechung; das ist eine Übung, die die Mühe lohnt."

Inhaltlich unterscheidet sich dieser Text nicht wesentlich von demjenigen Tilopas. Er verstärkt aber die Botschaft, dass alles zu lassen sei, bis ‚niemand' mehr zu finden ist – keiner der Leiden verursacht und keiner der leidet. Das kann leicht im Sinne einer behaupteten Nicht-Existenz von Leiden und damit einer Verleugnung von Leiden interpretiert werden. Es ist damit aber wohl im buddhistischen Sinne gemeint, dass Leiden als Folge der Anhaftung an die Erscheinungen der Welt entsteht. Mit dem vollständigen Dahinfallen dieser Anhaftungen verschwindet auch diese Art von Leiden. Die neue Sicht wird von Milarepa in erfüllter Weise geschildert. Klar wie den reinen Himmel sieht er das Wesen, das hüllenlos vor seinem staunenden Blick liegt. Die Leere in allem erkennend, gibt es nichts mehr zu suchen, und so erlangt man inneren Frieden. Auch die Unterscheidung von Samsara und Nirvana entfällt in der Einheit. Ohne Vorstellungen, Leidenschaften und Begierden ist alles erfüllt und es bedarf keiner weiteren Vollendung.

Wie Tilopa spricht auch Milarepa von einem Meditationsweg, wobei er die Sehnsucht in den Mittelpunkt stellt: „Im Meditieren muss die allererste Anstrengung in einer Stimmung des Mitgefühls unternommen werden, in der Sehnsucht, die Verdienste der eigenen Mühen dem All-Guten hinzugeben. Dann muss das Ziel der Sehnsucht erhaben über alle Bereiche des Denkens klar umrissen und bestimmt werden. Endlich ist auch ein Beten im Geiste notwendig, und ein so tiefer Wunsch nach dem Heil aller

Wesen, dass auch die eigenen Bewusstseins-Vorgänge über das Denken hinausreichen. Dies habe ich als den höchsten Pfad erkannt."[6]

Milarepa betont hier die Sehnsucht als entscheidende Voraussetzung für eine spätere spirituelle Einsicht. Die Frage ist allerdings: woher kommt diese Sehnsucht? Können wir sie machen? Oder erscheint sie einfach, so wie alle anderen Erscheinungen dieser Welt? „Die große Weisheit der Erleuchtung .. kann nur errungen werden, mit dem Segen und der Hilfe des Wahrers der echten Überlieferung", sagt Milarepa im Mahamudra-Gedicht. Und auch: „seit ich erkannt habe, dass Buddha und mein Geist eins sind, sehne ich mich nicht länger nach Vollendung." In der Einheit allen Seins gibt es nichts mehr zu tun, und alle Sehnsucht und alles Bemühen sind Erscheinungen – nichts weiter als Wellen auf dem Ozean, der immer Ozean ist.

Die sieben Schätze – Rechungpa

Gehen wir in der Tradition des tibetischen Buddhismus noch etwas weiter, so gelangen wir zu Milarepas Schüler Rechung Dorje Drakpa, kurz Rechungpa genannt. Er verfasste nicht nur einen ausführlichen Lebensbericht über seinen Lehrer Milarepa, sondern erlangte auch wesentliche eigene Bedeutung. Von Rechungpas Leben (1084–1161) gibt es verschiedene Darstellungen, worin er auch unterschiedlich charakterisiert wird. Nach den Berichten, traf er Milarepa erstmals mit 12 Jahren in einer Höhle, wobei er in einen Versenkungszustand geriet. Dem Vernehmen nach machte er später eine oder mehrere Indienreisen, deren Ziele auch unterschiedlich geschildert werden. Darunter fallen etwa Heilung von Lepra, schnelle Fortbewegung, Langlebenspraxis, schwarze Magie sowie Dakini-Belehrungen. Die Ergebnisse, die Rechung zurückbrachte, wurden von Milarepa offenbar wenig geschätzt. Nach intensiver Schulung einschließlich mancher Aufträge und Zurechtweisungen gewährte er ihm aber schließlich alle Übertragungen, die er selber erhalten hatte. Nebst Gampopa gilt Rechungpa als wichtigster Nachfolger von Milarepa.

Rechungpa verehrte seinen Lehrer Milarepa offenbar sehr, und er spricht ihn in seinen Texten auch direkt an. So schildert er in „Rechungpas Lied" alle seine Verfehlungen wie Ewigkeitsglauben, Nihilismus, Dumpfheit, Wildheit des Geistes, Ergreifen und Ablehnen, Lug und Trug, Haften an Samsara und Nirvana, Hoffnung und Furcht. Dadurch habe er die Klarheit der Meditation, yogische Handlungsweisen, Gelübde in Hinblick auf Erwachen und Erkenntnisse verloren. Indem er dies aber alles beschreiben kann, bezeugt er zugleich sein Wissen, worum es geht. So kann in seinem Hinweis auf seinen früheren Ewigkeitsglauben und den Nihilismus vermutet werden, dass er die tradierten Lehren über die Existenz und Nicht-Existenz durchaus kannte.

Danach existieren die Dinge (Ewigkeitsglaube, reines Samsara), und sie existieren nicht (Nihilismus, nur Nirvana). Und im Weiteren: sie existieren sowohl als auch existieren sie nicht, weder existieren sie noch existieren sie nicht, und zu allem gibt es keinen Standpunkt (die Existenz eines Ich wird damit nicht bestätigt). Wie auch immer es sich damit verhalten mag, erlangte Rechungpa schließlich großes Wissen, wie er in seinem Text „Die sieben Schätze" schildert[7]:

„Mein Vater-Lama, durch deinen Segen habe ich sieben Schätze gefunden.

In den Erscheinungen fand ich Offenheit (Leerheit); nun glaube ich nicht mehr, dass Materie wirklich existiert.

In der Offenheit fand ich den Dharmakaya (das ursprüngliche, unfassbare Sein); nun glaube ich nicht mehr, dass man ihn durch Anstrengung erschafft.

In der Vielfalt der Erscheinungen fand ich Nicht-Dualität; nun glaube ich nicht mehr, dass Erscheinungen und Offenheit (Leerheit) getrennt sind.

In der Verschiedenheit fand ich die Gleichheit; nun glaube ich nicht mehr, dass es etwas zu vermeiden oder zu erreichen gibt.

In meinem illusorischen Körper fand ich die große Glückseligkeit; nun glaube ich nicht mehr, dass Leiden wirklich existiert.

In den relativen Erscheinungen fand ich die letztendliche Wirklichkeit; nun glaube ich nicht mehr, dass trügerische Erscheinungen wirklich sind.

Im eigenen Geist fand ich Buddhaschaft; nun glaube ich nicht mehr, dass Samsara wirklich existiert."

Dieser Text erscheint wie ein Urtext späterer bedeutender Zen-Schriften und enthält alle wesentlichen Elemente tiefer Erkenntnis. Die ersten Verse mit den Beschreibungen ‚in den Erscheinungen die Leere', ‚in der Leere der Dharmakaya' und ‚in den Erscheinungen die Nicht-Dualität' (das unfassbare Sein) erinnern an die im Kapitel über Tozan Ryokai darzulegende Weisheit der „fünf Stände". In der Mahamudra-Thematik zeigt sich eine große Verwandtschaft zum Zen, wobei die Mahamudra-Texte der Entwicklung des Zen nicht historisch vorangegangen sind, sondern eher wie ‚Brüder und Schwestern' aus gleicher Quelle anzusehen sind. Darin zeigt sich allerdings die Bedeutung, welche die letztlich nonduale Seinserfahrung im gesamten asiatischen Raum hatte, und die mit ihrem Verständnis heute die westliche Kultur bereichert.

Die „sieben Schätze" sind letztlich ein Schatz: die Sicht, dass alle Dinge lediglich Aspekte einer unbeschreibbaren Wirklichkeit sind. Erscheinungen haben danach keine wirkliche Substanz; die Materie keine wirkliche Existenz. In der Vielfalt ist alles dieses Eine, ohne Subjekt, Objekt, Zentrum oder Peripherie. Erstaunlicherweise kann die Welt tatsächlich so erscheinen. In diesem Schatz liegt Glückseligkeit – er ist die Buddhaschaft. Immer geht es in solchen Texten um das ‚große Eine', das sich jeder Zuordnung und Beschreibbarkeit entzieht, und das doch erfahren werden kann – wenn auch nicht von ‚jemandem', der sich als Person versteht, die eine Erfahrung macht. Sein, Welt, Person und Erfahrung fallen in Eines zusammen; nichts kann unterschieden werden – da ist nur dieses Eine.

Alles ist leerer Geist – Rangdjun Dordje

Rangdjun Dordje ist der 3. Karmapa der Kagyü-Linie und lebte von 1284-1339. Der Überlieferung gemäß war er von großer Gelehrsamkeit, verfasste zahlreiche philosophische Abhandlungen und war Halter verschiedener Linien des tibetischen Buddhismus. Er soll dabei Texte mehrerer buddhistischer Schulen miteinander verschmolzen und so zur Konsolidierung des Buddhismus in Tibet beigetragen haben. Ein bedeutender Text von ihm ist das „Mahamudra des Wahren Sinnes". Er lautet in einer auf die zentralen Aussagen verkürzten Fassung (Verse 9-19 von insgesamt 25 Versen) wie folgt[8]:

„Alle Phänomene sind Manifestationen des Geistes und was den Geist angeht, so ist da kein Geist – Geist ist leer von einer Selbstnatur. Leer, erscheint er zugleich ungehindert in jedweder Form. Dies gründlich untersuchend, mögen wir die zugrunde liegende Wurzel durchtrennen.

Spontane Erscheinungen ohne jegliche Existenz werden verwirrt für Objekte gehalten und spontane Bewusstheit hält sich aufgrund von mangelndem Gewahrsein für ein Ich. Dieses dualistische Haften lässt uns in der Sphäre samsarischer Existenzen kreisen. Mögen wir die Täuschungen der Unwissenheit unmittelbar an der Wurzel durchtrennen.

Geist ist nicht existent, denn selbst die Siegreichen sehen ihn nicht. Er ist auch nicht nichtexistent, denn er ist die Basis von ganz Samsara-Nirvana. Er ist weder beides zugleich, noch keines von beiden, sondern der Mittlere Weg der Einheit. Mögen wir, frei von Extremen, die wahre Natur des Geistes erkennen.

Man kann sie durch nichts zeigen und sagen: ‚Das ist sie' und man kann sie durch nichts widerlegen und sagen: ‚Das ist sie nicht'. Die wahre Natur ist jenseits vom Verstand, durch nichts bedingt. Mögen wir Gewissheit in Bezug auf das wahre Letztendliche erlangen.

Ist dies nicht verwirklicht, kreisen wir im Ozean von Samsara. Ist es verwirklicht, ist Buddha nicht woanders. Alles ist das – nichts ist nicht das. Mögen wir die wahre Natur erkennen, die versteckte Dimension der Basis von allem.

Erscheinen ist Geist, doch auch Leerheit ist Geist, Erkenntnis ist Geist, aber auch Täuschung ist der eigene Geist, Entstehen ist Geist und Vergehen ist Geist. Mögen alle Zuschreibungen im Geist durchtrennt werden.

Unverdorben durch absichtsvolles, angestrengtes Meditieren und nicht vom Wirbel gewöhnlicher Beschäftigungen aufgewühlt, mögen wir es lernen, ungekünstelt in natürlicher Gelöstheit zu ruhen und meisterhaft die Praxis des Geistes zu wahren, so wie er wirklich ist.

Die Wellen der groben und feinen Gedanken kommen von selbst zur Ruhe und der Strom des unaufgewühlten Geistes sammelt sich natürlicherweise. Frei vom trübenden Schlamm der Dumpfheit und Trägheit möge der Ozean geistiger Ruhe unbewegt und stabil sein.

Immer wieder in den nicht zu sehenden Geist schauend entsteht intuitive Einsicht, dass, so wie es ist, nichts zu sehen ist, und durchtrennt alle Zweifel darüber, was ist oder nicht ist. Frei von Verwirrung, möge die eigene Natur sich natürlicherweise erkennen.

In die Objekte schauend, gibt es keine Objekte – sie werden als Geist erkannt. In den Geist schauend, ist da kein Geist – er ist von Natur aus leer. In beides schauend, ist dualistisches Haften in sich selbst befreit. Mögen wir den Geist verwirklichen, wie er wirklich ist: erhellende Klarheit.

Frei von geistigem Erschaffen, ist dies das Große Siegel (Mahamudra). Frei von Extremen ist es der Große Mittlere Weg. Dies alles vereinend, wird es auch Große

Vollendung genannt. Eines erkannt, ist der Sinn von allem verwirklicht – mögen wir darin Gewissheit erlangen. "

Die hier zitierten Verse weisen inhaltlich zwei verschiedene Teile auf. Im ersten Teil (die ersten sechs hier zitierten Verse) entsprechen einer Beschreibung der Einsichten, um die es beim Mahamudra geht. Dabei kommt dem ersten zitierten Vers eine Sonderstellung zu, ist darin im Grunde doch die gesamte Botschaft enthalten: Phänomene (die Erscheinungen der Welt) sind Manifestationen des Geistes, und dieser ist seinerseits leer. Dies wird im Folgenden weiter ausgeführt. Das ‚Ich' entsteht dadurch, dass diese Erscheinungen für äußere reale Objekte gehalten werden, denen das Ich gegenübersteht. Das aber ist eine dualistische Betrachtungsweise, welche die ursprüngliche und wesensmäßige Einheit allen Seins aus den Augen verliert – eine große Täuschung. Wenn Leerheit, Erkenntnis und Täuschung als Geist beschrieben werden, so ist auch der Geist selbst eine leere Erscheinung – nicht wirklich existent.

In den folgenden Versen werden Schritte zu solcher Einsicht resp. Aspekte davon beschrieben: Ruhen in Gelöstheit, die Gedanken kommen von selber zur Ruhe, in den nicht zu sehenden Geist schauend verschwinden alle Zweifel, die Objekte werden als leer erkannt, und dies ist das ‚große Siegel'. Der Begriff Mahamudra wird dabei wie auch ganz allgemein in doppelter Weise verwendet: als Beschreibung des einen Seins und als Meditationsweg – beides nicht unähnlich der Verwendung des Zen-Begriffes. Dabei fallen letztlich auch reines Sein und Weg in Eines zusammen. Man kann daher im Grunde nur von einem ‚scheinbaren' Weg als Aspekt des reinen Seins sprechen.

Auch bei Rangdjun Dordje finden wir eine ganz deutliche Beschreibung des nondualen Charakters allen Seins. Solange aber dualistische Ansichten bestehen, wird man in der äußeren samsarischen Welt festgehalten und kann nicht zu innerer Freiheit gelangen. Diese findet sich vielmehr in der intuitiven Einsicht über die Leerheit der Objekte und auch diejenige eines vermuteten Geistes. Das Mahamudra ist unbeschreiblich, in sich geschlossen, von nichts unterschieden, weit und groß und zugleich jenseits aller Begriffe – das ist die Welt, das sind wir, dies ist das wahre Sein.

---

[1] vergl. Was ist Mahamudra? www.studybuddhism.com
[2] vergl. Tilopa, Artikel von Wolfgang Poier, www.buddhismus-heute.de
[3] Lama Tilmann Lhündrup, Milarepas gesammelte Vajra-Lieder, Publikation Meditationszentrum Beatenberg, 2015, S. 25
[4] zitiert nach Peter Alan Roberts und M.B. Schiekel, 2011
[5] Milarepa, Tibets großer Yogi, O.W. Barth Verlag / Fischer Verlag Frankfurt a. M. 2. Auflage 2006, S. 9
[6] ebd. S. 112, leicht gekürztes Zitat
[7] zitiert nach Lama Tilmann Lhündrup, Milarepas gesammelte Vajra-Lieder, Publikation Meditationszentrum Beatenberg, 2015, S. 27f.
[8] zitiert nach der Übersetzung von Sönam Lhündrup, Dhagpo Kündröl Ling, September 2009, www.buddhistarchives.org

Themen der alten Zen-Meister

Dualistische Ansichten sind Träume – Kanchi Sosan

Kanchi Sosan (chin. Seng-ts'an) war der 3. chinesische Zen-Patriarch. Sein Geburtsdatum ist nicht genau bekannt, verstorben ist er im Jahr 606. Er ist Verfasser des berühmt gewordenen Textes Shinjinmei (Inschrift vom Vertrauen in den wahren Geist), der in Zen-Schulen neben dem Herzsutra eine zentrale Stellung einnimmt. Er gilt als ältester eigentlicher Zen-Text und enthält in komprimierter Form die wesentlichen Elemente des Zen.

Über das Leben von Sosan ist wenig bekannt. Er soll an Lepra gelitten haben und mit über 40 Jahren zum zweiten Patriarchen Eka (chin. Hui-k'o) gekommen sein. Von dieser Begegnung wird in der Sammlung Denkoroku berichtet, in welcher die „Übertragung des Lichtes" von einer Generation auf die nächste geschildert wird, angefangen von Buddha bis zum 53. Patriarchen. Danach soll Sosan Eka gebeten haben: „Mein Körper ist von Krankheit zerfressen, bitte heile mich von meinen Sünden". Eka bat ihn daraufhin, ihm die Sünden zu bringen, doch Sosan konnte sie nicht finden. In diesem Fall habe er die Sünden ausgelöscht, antwortete Eka daraufhin und empfahl ihm, in Einheit mit Buddha, Dharma und Sangha zu leben.[1]

Weiter wird (außerhalb des Denkoroku) berichtet, dass Sosan Eka fragte: „Ich weiß, dass du zur Sangha gehörst, aber was sind Buddha und Dharma?" Darauf soll Eka geantwortet haben: „Geist ist Buddha, Geist ist Dharma, Buddha und Dharma sind nicht zwei. Dasselbe gilt für die Sangha." Das hat Sosan offenbar befriedigt, und seine Antwort sei gewesen: „Jetzt verstehe ich zum ersten Mal, dass Sünden weder innen, noch außen, noch in der Mitte sind; wie der Geist ist Buddha, ist Dharma; sie sind nicht zwei".

Es gibt aber auch andere Legenden von dieser ersten Begegnung zwischen Sosan und seinem Lehrer Eka. Eine berichtet, dass ihn Eka mit den Worten empfangen habe: „Du leidest an Lepra, was willst du von mir?". Sosan soll daraufhin geantwortet haben: „Auch wenn mein Körper krank ist, ist der Geist einer kranken Person nicht verschieden von deinem Geist.". Diese Antwort habe Eka überzeugt und er hätte ihn deshalb als Schüler akzeptiert.

Allen diesen Berichten ist gemeinsam, dass Krankheit wie alle anderen Dinge als eine Erscheinung beschrieben wird, und dass es im ‚ursprünglichen Geist' – dem allumfassenden Sein ohne jede Form – keine Unterscheidungen gibt. Dieser ursprüngliche Geist ist auch Buddha und Dharma. Die Krankheit und das Leiden daran gehören der Erscheinungswelt an, und in der Wohnstatt des Buddha-Dharma existieren sie nicht. Eka löschte Sünden und Krankheit dadurch aus, dass er Sosan auf die Ebene des reinen Daseins verwies. In der Wahrnehmung des ursprünglichen Geistes liegt Heilung. Das schließt nicht aus, dass Sosan weiterhin körperliche Beschwerden hatte, aber nach seinem Bericht muss er die Anhaftung daran verloren haben.

Für das Verständnis des von Sosan verfassten Hauptwerkes Shinjinmei sind diese Schilderungen seiner Begegnungen mit Eka deshalb von Bedeutung, weil sie die später dargelegten Einsichten in gewisser Weise bereits vorwegnehmen. Der Titel des Werkes Shinjinmei wird gelegentlich auch mit „Verse über den Glaubensgeist" übersetzt, wobei zu beachten ist, dass das erste sino-japanische Zeichen Shin mit Glaube, Wahrheit, Treue und Vertrauen übersetzt werden kann. Weil der Begriff Glaube im Westen stark besetzt ist, scheint die Übersetzung „Inschrift vom Vertrauen in den wahren Geist" unbefangener.

Sosan wurde von Eka zu seinem Nachfolger und zum dritten Patriarchen ernannt und gilt als einer der ganz großen Zen-Meister. Sein Text shinjinmei wird hier in abgekürzter Form wiedergegeben und mit einigen zwischengelagerten Kommentaren versehen.

„Der höchste Weg ist nicht schwer, wenn Du nur aufhörst zu wählen. Wo weder Liebe noch Hass, ist alles offen und klar. Aber die kleinste Unterscheidung bringt eine Distanz wie zwischen Himmel und Erde. Soll ES sich dir offenbaren, lass Abneigung wie Vorliebe beiseite. Der Konflikt zwischen Neigung und Abneigung ist eine Krankheit des Geistes. Wird diese tiefe Wahrheit nicht verstanden, versuchst du deine Gedanken vergeblich zu beruhigen.

Der Weg ist vollkommen wie leerer Raum, ohne Mangel und ohne Überfluss. Nur wenn du wählst und zurückweist, geht das Sosein verloren. Jage nicht äußeren Erscheinungen nach, verharre auch nicht in der Erfahrung der Leerheit. Bleibe gelassen im Einen, und alle Verwirrung verschwindet von selbst. Stellst du das Tätigsein ein und kehrst zur Ruhe zurück, ist dieses Bemühen selbst nur wieder Tätigkeit."

Der Anfang des Shinjinmei weist darauf hin, dass es keine Wahl gibt. Mit Wählen soll aufgehört werden, weil eine Wahl nur innerhalb einer dualistisch verstandenen Welt möglich ist. Darin glaubt die sich als separiert erlebende Person, eigenständig zu handeln. Dies ist im buddhistischen Sinne aber eine große Illusion, aus der weitere Schwierigkeiten erwachsen. Da ist niemand, der wählen könnte, weil alle Dinge zusammenhängen und sie keine eigene, unabhängige Substanz haben. Wo dies aber geglaubt wird, entsteht „eine Distanz wie zwischen Himmel und Erde". Dies wird im Folgenden weiter ausgeführt:

„Je mehr Worte und Gedanken, desto weiter entfernt von der Wirklichkeit. Schneide Worte und Gedanken ab, und ES durchdringt alles. Kehrst du zur Wurzel zurück, erfasst du die Wahrheit. Kein Grund, die Wahrheit zu suchen, lass all deine Meinungen fahren. Zwiespältigkeit halte nicht fest. Sei achtsam und folge ihr nicht. Auch nur eine Spur von richtig oder falsch, und der Geist ist in Wirren verloren.

Weil es das Eine gibt, existieren die Zwei, doch halte auch nicht fest an dem Einen. Wenn der Geist der Einheit nicht entsteht, sind die zehntausend Dinge nicht schuld. Wo keine Schuld ist, ist auch kein Ding. Das Subjekt vergeht mit dem Objekt. Das Objekt vergeht mit dem Subjekt. Das Objekt ist Objekt wegen des Subjekts. Und das Subjekt ist Subjekt wegen des Objekts. Willst du beide Ebenen kennen, sie sind ursprünglich die eine Leerheit. Die eine Leerheit ist die gleiche in beiden. In gleicher Weise entfalten sich alle Dinge. Unterscheidest du nicht zwischen fein und grob, wie kann es dann Vorurteile geben?"

Hier wird weiter beschrieben, wie es sich mit der Welt verhält. Die Wahrheit – das wahre Sein – ist überall, und sie muss daher nicht gesucht werden. Wenn wir (als Subjekt) statt der Einheit vielfältige Dinge (als vom Subjekt wie auch untereinander getrennte Objekte) wahrnehmen, tragen letztere keine Schuld dafür. Sie sind ihrem Wesen nach ursprünglich Leerheit – dieses Eine. Weiter führt das Shinjinmei aus:

„Alle dualistischen Ansichten kommen aus falschen Schlüssen. Sie sind Träume, Fantasien und Flecken vor deinen Augen. Warum versuchst du, sie zu fassen? Gewinnen und verlieren, richtig oder falsch, lass sie ein für allemal ziehen.

Wenn die Augen nie schlafen, hören die Träume von selbst auf. Wenn der Geist nicht unterscheidet, sind alle Dinge das eine Sosein. Das Wesen dieses einen Soseins ist ein Geheimnis: unbewegt, absolut, alle karmische Bindung vergessend. Siehst du alle Dinge gleich, kehren sie heim zum natürlichen Sein. Ursachen verschwinden, und Vergleiche sind nicht möglich."

Nur unsere Neigung zum Unterscheiden verhindert die Sicht auf das Sosein, auf das ursprüngliche Wesen aller Erscheinungen. Meistens sehen wir das Einzelne und nicht das Ganze. In einem in der Zen-Literatur oft verwendeten Vergleich: wir sehen die Wellen des Meeres, aber nicht den Ozean. In den Unterscheidungen liegen meistens auch Projektionen, indem wir den einzelnen Elementen gewisse Qualitäten andichten. Das eine natürliche Sein ist aber ohne Qualitäten, ein Geheimnis, unbewegt, absolut.

„Alle Dinge sind vergänglich, nicht notwendig, sie sich zu merken. Leer, klar und selbstleuchtend bemüht der Geist sich nicht. Das ist der Platz des Nichtdenkens, schwer auszuloten mit Intellekt und Gefühl.

In der Welt des Soseins ist kein Anderes und kein Ich. Wenn man dich bittet, es sofort zu erklären kannst du nur sagen: ‚Nicht-Zwei'. Wenn ‚Nicht-Zwei', dann ist alles gleich, nichts, was nicht eingeschlossen wäre. Die Weisen der zehn Richtungen sind alle in diese Weisheit eingetreten. Sein ist nichts anderes als Nichtsein, Nichtsein nichts anderes als Sein. Wenn es für dich nicht so ist, bleib keinesfalls in diesem Bewusstseinsstand. Alles ist eins, eines ist alles. Wenn du das erfährst, warum ängstigst du dich dann, Vollendung nicht zu erreichen?"

Wenn die Illusion eines ‚Ich' nicht mehr besteht, erscheint alles in seiner Eigentlichkeit. Sein und Nicht-Sein fallen als reine Beschreibungen oder Begriffe in eins zusammen. Dabei zeigt sich, dass auch das ‚Ich' nur eine Erscheinung im Bewusstsein ist, nicht wirklich existent. Im Einen ist alles eingeschlossen – alles ist dieses Eine. Das Shinjinmei schließt mit den Worten:

„Der Geist ist Nicht-Zwei. Nicht-Zwei ist der Geist. Worte gehen fehl, es zu benennen. Es ist nicht von der Vergangenheit, der Zukunft oder Gegenwart."

Das reine Sein ist namenlos und formlos – wir können es nicht fassen. Man mag es reine Lebensenergie nennen, Licht des Bewusstseins oder wie auch immer – letztlich ist es unbeschreiblich. Das Shinjinmei ermuntert, sich dem hinzugeben, anstatt sich bei Einzelheiten aufzuhalten. Auch nicht bei sich selbst, nicht bei dem, für was wir uns halten, sondern vielmehr im Erkennen dessen, was unbeschreiblich zeitlos ‚ist'.

Kein Spiegel – Daikan Eno

Der 6. chinesische Patriarch Daikan Eno (chin. Hui Neng) ist eine der ganz berühmten Gestalten des Zen-Buddhismus. Er lebte von 638-713. Von ihm ist das sogenannte „Plattform-Sutra" überliefert – der einzige nicht ursprünglich auf Buddhas Lehren zurückgehende Text, dem der Status eines Sutra zuerkannt wurde. Auf Eno als damaligen Vertreter der ‚südlichen Schule' gehen zudem alle heute existierenden Zen-Linien zurück. Im Gegensatz zur nördlichen Schule, die Erleuchtung als Ziel beständigen meditativen Übens verstand, beschreibt die südliche Schule Erleuchtung als (eventuell plötzliches) Verstehen, das seinen Ursprung nicht in einer Übung hat. Nach Berichten soll Eno schon als Junge Erleuchtung erlangt haben, als er jemanden aus dem Diamant-Sutra rezitieren hörte: „Der Geist hat nirgends eine Wohnstatt. Dennoch erscheint er." Später war er beim 5. Patriarchen Daiman Konin (601-674) zunächst als Küchenjunge beschäftigt. Als es um die Nachfolge des Patriarchen ging, qualifizierte er sich mit einem Gedicht[2], das die Leere und Einheit allen Seins zum Ausdruck brachte. Es war besser als dasjenige des Hauptmönches, der in seinem Vers das Bemühen um einen leeren Geist thematisierte, und Konin ernannte Eno zu seinem Nachfolger und 6. Patriarchen.

Das Plattform-Sutra umfasst zehn Kapitel mit Themen wie der Geschichte von Eno; Vorträgen über Weisheit, Meditation, Zeremonien; Gespräche und Lehren. Das fünfte Kapitel trägt den Titel Dhyana, was Meditation oder Versenkung bedeuten kann. Eno unterscheidet aber diese Begriffe:

„Verehrte Zuhörer, was ist das, was man Sitzen in Versenkung nennt? In meiner Lehre bedeutet es Freiheit von Hindernissen und Hemmnissen. Wenn sich nach außen hin in allen guten und schlechten Umständen kein Gedanke im

Geist erhebt, ist das Sitzen. Wenn im Innern das ursprüngliche Wesen, die Unbewegtheit des eigenen Geistes, gründlich erkannt wird, ist das Versenkung.

Verehrte Zuhörer, was ist das, was meditative Versenkung genannt wird? Nach außen hin von Formen losgelöst sein wird ‚Meditation' genannt; im Innern ohne Verwirrung sein wird ‚Versenkung' genannt. Nach außen hin von Formen eingenommen zu werden bedeutet Verwirrung des Geistes im Innern. Nach außen hin losgelöst sein von Formen bedeutet das Unverwirrtsein des Geistes. Das ursprüngliche Wesen ist an sich Reinheit und Ruhe. Nur das Sehen und Abwägen der Umstände verwirrt den Geist. Wenn der Geist in allen mannigfaltigen Umständen nicht verwirrt ist, ist das wirkliche Versenkung."

Eno versteht also unter Meditation die äußere Form des Sitzens, während er mit Versenkung einen inneren Zustand von Klarheit bezeichnet. Dies wird von Eno zu Beginn des 5. Kapitels erklärt[3]: „Bei unserer Art der Meditation (Dhyana) halten wir weder am Geist fest noch an der Reinheit des Geistes, noch heißen wir die Nicht-Aktivität des Geistes gut. Was das Festhalten am Geist anbetrifft: wir wissen, dass Geist primär illusorisch ist, also gibt es nichts festzuhalten. Was die Reinheit anbetrifft, so ist die Natur des Menschen von ihrem Ursprung her rein, doch diese Reinheit wird durch unsere verblendeten Meinungen verschleiert. In Abwesenheit dieser Täuschungen enthüllt die uns innewohnende Natur ihre eigene Reinheit. Wenn man Reinheit des Geistes anstrebt, erzeugt man bloß eine illusionäre Reinheit. Solche Ideen existieren nirgends, außer in unserem Gehirn. Reinheit hat keine bestimmte Form, doch wir Menschen konstruieren eine Form dafür und machen daraus ein Problem. Auf diese Weise unterbindet man den Fluss der Urnatur und hält sich selber im Gefängnis der ‚Reinheit' gefangen."

Für Eno ist ‚Geist' eine illusionäre Vorstellung, weshalb er auch auffordert, weder an Vorstellungen von etwas wie Geist noch an einer Charakterisierung wie ‚reiner Geist' festzuhalten. Wahre Reinheit hat nach Eno keine Form und erscheint damit deckungsgleich mit Leere, reinem Sein, Buddhanatur usw. Ähnlich äußerst sich Eno an anderer Stelle bezüglich des ‚Nicht-Denkens' (jap. Mu-nen), wo er anmahnt, sich unter ‚Nichts' nicht etwas vorzustellen, denn nur jenseits von allen Vorstellungen könne das wirkliche Nichts auftreten.[4]

Im vorliegenden Text ermuntert Eno seine Zuhörer, nicht über andere und nicht über Gegensätzliches wie richtig oder falsch zu sprechen. Das scheint schon damals weit verbreitet gewesen zu sein, und die angedachte Zurückhaltung ist Basis für eine gute Einsicht. So führt Eno weiter aus: „Liebe Freunde, wenn man die Stille des Geistes praktiziert, achtet man bei anderen Menschen, denen man begegnet, nicht auf deren Tugend bzw. Boshaftigkeit, nicht auf richtiges oder falsches Benehmen. Doch ihr, meine Freunde, die ihr Täuschungen und Illusionen unterliegt, haltet zwar euren Körper still, redet aber trotzdem, sobald ihr euren Mund öffnet, über das Richtige und Falsche von anderen, über deren Stärke oder Schwäche. Dadurch handelt ihr dem Gesetz eures Wesens zuwider. Wenn ihr an eurem Geist festhaltet oder an der vermeintlichen Reinheit des Geistes, wird dieses Festhalten zum Hindernis auf dem Weg des Dharma."

Es genügt eben nicht, nur still sitzend zu meditieren, sondern es bedarf auch der richtigen inneren Einstellung. Sokei-an (der Verfasser eines Buches über Eno[5], dem die hier vorliegenden Zitate entnommen sind) schreibt dazu: „Der wahre Weg zum Buddhismus besteht nicht im Lernen, sondern im ‚Verlernen'. Man zieht alle Wissensbekleidungen aus, bis der nackte Geist dasteht, und durch dieses Tor tritt man in den Ozean des Bewusstseins ein"[6]. In diesem Sinne sagte der 6. Patriarch in einem Gatha: „Das Festhalten am eigenen Ich ist ein Irrtum". Es muss also alles dahinfallen, bis das Eine erkannt werden kann. „Wenn man in eine Ecke gedrängt wird und sich von der dualistischen Sicht befreit, stirbt man dort und kann ein Jünger Buddhas werden", so ein weiterer Kommentar von Sokei-an.[7] Es ist das ‚Ich', das stirbt, die Identifizierung mit irgendwelchen Vorstellungen über sich selbst und über die Welt, und in diesem Moment wird das eigentliche wahre Sein sichtbar. Das kann durchaus ein schmerzhafter Prozess sein, weil wir selber dann nicht mehr wichtig sind, aber befreiend ist die Erkenntnis, dass es dieses Ich gar nie wirklich gegeben hat – es war nur eine Illusion. Im weiten Sein erscheint dann alles einfach als das, was es ist – ohne die Verzerrungen, die entstehen, wenn man alles auf sich bezieht. Wie Eno in seinem ersten Gatha als Mönch beim 5. Patriarchen schon geschrieben hat, gibt es keinen Spiegel, da ist nichts, worauf sich Staub niedersetzen könnte. Nichts wird gespiegelt – alles ist einfach wie es ist. Daran ändert selbst unsere Haltung nichts, ob wir uns nun um Reinheit bemühen (Staub wischen), oder ob wir es nicht tun. Der Unterschied macht nur, ob wir über das bewusst sind, was Eno die ‚ursprüngliche Reinheit' nannte.

Erkennen des Tao – Yoka Genkaku

Yoka Genkaku (chin. Yongjia Xuanjue) lebte von 665-713 und war ein Mönch der sich wesentlich auf das Lotos-Sutra beziehenden Tendai-Schule. Er soll sich auch intensiv mit den Lehren von Lao-tse und Kung Fu-tse befasst haben. Wie berichtet wird, war er davon aber nicht vollkommen befriedigt, und er suchte schließlich Zen-Meister Eno auf, von dem im vorangehenden Kapitel die Rede war. Yoka erklärte ihm, dass er keine Zeit zu verlieren habe. „Leben und der Tod sind eine ernste Sache, und der Tod folgt auf das Leben mit einer entsetzlichen Geschwindigkeit". Daraufhin erwiderte Eno: „Warum verwirklicht Ihr nicht das Prinzip der Nicht-Geburt, um das Problem der Unbeständigkeit des Lebens zu lösen?" „Wenn man die Nicht-Geburt verstanden hat und das Hier und Jetzt erfasst hat", sagte Yoka abrupt, „ist nichts mehr da." „Das ist es, das ist es!" rief Eno aus. Eno bestätigte Yoka, der noch eine Nacht bei ihm blieb. Deshalb gab man ihm den Beinamen „Der in einer einzigen Nacht erweckte Mönch".

Yoka ließ sich andernorts nieder und hatte zahlreiche Schüler, doch seine Linie setzte sich nicht fort. Er hinterließ aber das bedeutende Werk Shodoka, den „Gesang vom Erkennen des Tao", das als einer der grundlegenden Zen-Texte gilt. Er umkreist darin das ganz und gar unfassbare Tao, jenes eigentliche ‚ungeborene' Sein, dem er bei Eno begegnet war. In einem Abschnitt des Shodoka schreibt er: „Seit ich das Ungeborene plötzlich erfahren, macht mich Ehre oder Schmach weder glücklich noch traurig. Tief in den Bergen lebe ich still und abgeschieden unter steilen Felsen und alten Föhren. Ruhig und zufrieden sitze ich in meiner Einsiedelei und genieße das einfache und einsame Leben." Darin drückt er seine innere Freiheit aus. Ohne Bedürfnisse nimmt er alles, wie es ist. Im Folgenden seien einige Abschnitte aus dem Shodoka dargelegt und kurz kommentiert. Der Text beginnt mit den Versen 1-5 wie folgt[8]:

„Siehst du nicht jenen gelassenen Menschen des Tao, jenseits von Lernen und Streben. Er meidet nicht eitle Gedanken, noch sucht er die Wahrheit. Er weiß: Die wahre Natur der Unwissenheit ist die Wesensnatur.

Der leere Schein-Leib ist der wahre Dharma-Leib. Wenn der Dharma-Leib voll erwacht, ist nicht ein Ding. Die Quelle der Ich-Natur ist die angeborene Wesensnatur.

Die fünf Skandhas (Körper, Empfindung, Wahrnehmung, Triebkräfte und Bewusstsein) kommen und gehen wie vorüberziehende Wolken am leeren Himmel. Gier, Zorn und Verblendung erscheinen und verschwinden wie Blasen auf der Oberfläche des Meeres.

Erfahren wir die Wirklichkeit, gibt es weder Mensch noch Ding, und alles Karma, das zur Hölle fährt, verschwindet im Nu. Wenn das eine Lüge ist, die Menschen zu täuschen, sei meine Zunge für immer ausgerissen.

Wenn wir plötzlich zum Tathagata-Zen erwachen, sind die sechs Paramitas (Freigiebigkeit, Ethik, Geduld, Bemühen, Meditation, Weisheit) und alle guten Taten bereits vollendet in uns. Im Traum sehen wir klar die sechs Wege; wenn wir erwachen, ist das ganze Universum leer."

Hier wird zu Beginn des Shodoka von einem Menschen berichtet, der den ‚Dharma-Leib', sein eigentliches Wesen erkannt hat und deshalb gelassen und ohne Ziel ist. Sein eigener Leib ist zugleich die angeborene Wesensnatur; er trägt das unergründliche Sein. Ist das erkannt, erscheinen auch die fünf Skandhas als leer, wie dies auch im Herz-Sutra zum Ausdruck kommt. Und in dieser Einsicht sind auch die drei „Geistesgifte" Gier, Hass und Verblendung hinfällig. Menschen und Dinge werden in ihrem unfassbaren Wesen erkannt und ebenso die individuellen Lebensgegebenheiten (Karma) als leer. Damit sind auch alle Bemühungen (Paramitas) erfüllt, und nur das unergründliche Leben bleibt. In den weiteren Versen 8-10 werden Hinweise für den Weg zu diesen Erkenntnissen gegeben:

„Lass die vier Elemente los. Iss und trink nach Belieben in vollkommener Klarheit. Alle Dinge sind vergänglich und leer: das ist die große und vollkommene Erleuchtung des Tathagata.

Die Menschen kennen nicht den Juwel, tief in der Schatzkammer des Tathagata verborgen. Sein wunderbares Wirken in den sechs Sinnen ist leer und nicht-leer. Sein vollkommenes Licht ist Form und Nicht-Form.

Die fünf Augen (das menschliche Auge, das göttliche Auge, das Auge der Einsicht, das Auge der Weisheit, das Buddha-Auge[9]) zu klären und die fünf Kräfte (Vertrauen, Willenskraft, Achtsamkeit, Sammlung, Weisheit) zu erlangen, ist nur in der Erfahrung jenseits der Gedanken möglich. Bilder in einem Spiegel zu sehen, ist nicht schwer. Aber wer kann den Mond im Wasser fassen?"

Indem man auf die Vorstellung von Elementen (d.h. auf Vorstellungen über die Realität der äusseren Welt sowie den getrennten Charakter der Objekte) verzichtet, kann der Schatz des wahren Wesens erkannt werden. Für diese Einsicht bedarf es nicht der Sinnesorgane und ihres Bezuges zur Objektwelt, und selbst die Unterscheidung einer Formenwelt von etwas anderem wie der Wesensnatur macht keinen Sinn – letztlich sind sie dasselbe. Auch das wird im Herz-Sutra beschrieben: Form ist Leere und Leere ist Form. Das geheimnisvolle Sein (hier auch verglichen mit dem Mond) ist überall (im Wasser), in allem, was uns erscheint – ja es ‚ist' alles. Dies ist aber nur jenseits von Gedanken zu erfassen, wofür die fünf Sichtweisen (die körperliche, die überschauende, die Intuition, die Sichtweise des Dharma und diejenige des Buddha) stehen. In den Versen 36-39 wird der Vergleich des Mondes nochmals aufgenommen:

„Ein Mond spiegelt sich in allen Wassern; alle Wasser-Monde haben den einen Mond. Der Dharma-Leib aller Erleuchteten ist in meiner Natur; meine Natur ist eins mit Tathagata.

Der erste Schritt enthält alle Schritte; es hängt nicht ab von Form, von Geist oder Wirken. Ein Schnalzen mit den Fingern, und 80.000 Lehren sind vollbracht; im Nu sind Äonen ausgelöscht.

Alle Zahlen und Begriffe sind Nicht-Zahlen und Nicht-Begriffe. Was haben sie mit meinem inneren Erwachen zu tun? Es ist jenseits von Lob und Tadel, wie leerer Raum kennt es keine Grenzen.

Nie getrennt vom Hier und Jetzt fließt es ständig über. Suchst du es, so kannst du es nicht finden. Du kannst es nicht ergreifen, und doch kommst du nicht los davon. Weil du es schon hast, kannst du es nicht erlangen."

In diesen Zeilen wird das ursprüngliche Sein als Wesen der Erscheinungswelt nochmals thematisiert: Alle Erscheinungen tragen das eine unergründliche Sein (den einen Mond). Damit gibt es auch keinen Unterschied in der Wesensnatur von ‚mir' und von Buddha (Tathagata) – auch hier gibt es nur dieses Eine. In diesem Erfassen sind alle Schritte gemacht und alle Lehren verstanden. Das unfassbare, nicht zu findende und unbeschreibliche, ursprüngliche Sein und Wesen sind wir alle von Anbeginn an.

Deshalb heißt es im Vers 44: „Die Wahrheit muss nicht verkündet werden; im Grunde ist auch das Unwahre leer. Ist beides, Sein und Nicht-Sein, zur Seite gelegt, ist selbst die Nicht-Leere leer." Nichts muss verkündet werden, weil alles schon ist, was es ist. Und weiter in Vers 51: „Die Lehre von der vollkommenen und plötzlichen Erleuchtung hat nichts mit menschlichen Gefühlen zu tun." Auch Gefühle sind Erscheinungen, und darum geht es nicht. Vielmehr geht es um die vollständige Leere, die letzte Formlosigkeit und Unergründlichkeit allen Seins, wie es in Vers 65 zum Ausdruck kommt: „Wenn du klar und deutlich siehst, gibt es nicht ein Ding, weder Mensch noch Buddha. Die zahllosen Welten des Universums sind wie Blasen im Meer. Heilige und Weise nur kurz aufleuchtende Blitze."

In solcher Betrachtungsweise wird der traumartige Charakter des Lebens offenbar. Unsere Bewertungen der Erscheinungen sind ohne wirkliche Bedeutung, und die Ereignisse sind nur Geschichten, an die sich kaum jemand erinnert. So berichtet Taisen Deshimaru: „Als Meister Takuan im Sterben lag, wurde er von seinen Mönchen gefragt: ‚Ihr habt keinen Wunsch? Habt Ihr nichts zu sagen?' ‚Das Leben ist nur ein Traum', antwortete der Meister und verschied."[10]

Das Tao, das von Yoka Genkaku beschrieben wird, ist das reine unbeschreibliche Dharma. Demgegenüber kann der menschliche Leib nur als Erscheinung von leerem Charakter gelten, und auch die menschlichen Empfindungen sind nicht anders zu werten. Immer stoßen derartige Texte auf die Schwierigkeit, dass das eine Sein als reine Nondualität nicht beschrieben werden kann. Die näherungsweise verwendeten Gegensatzpaare leer und nicht-leer, Form und Nicht-Form können es nicht wirklich fassen. Durch die Verwendung von zwei dualen Begriffen kann das Nonduale nicht dargestellt werden – liegt es doch jenseits des diskursiven Denkens und der Sprache. Dennoch geht es hier darum.

Fünf Arten Zen – Keiko Shumitsu

Keiko Shumitsu (chin. Kuifeng Tsung-mi) war in der buddhistischen Kegon-Schule der fünfte Patriarch und ein bekannter Zen-Meister des südlichen Chan. Die Kegon-Schule (chin. Huayan zong) war vor allem auf das Avatamsaka-Sutra konzentriert und wurde deshalb auch „Schule der Buddha verherrlichenden Blumenpracht"[11] genannt. Sie ist den Grundlagen des Buddhismus ebenso verpflichtet wie Zen, indem darin die Buddhanatur als Wesen der Erscheinungswelt wie auch die Einheit der Phänomene betont wird. Shumitsu lebte von 780-841 und schrieb Werke über Buddhismus, die Kegon-Schule, die Lehren von Kung Futse und Lao-Tse wie auch über Zen, und er lehrte später Kegon auf der Basis von Zen.[12] Er setzte die Lehren der „nördlichen Zen-Schule", welche sich mit der These einer graduellen Erleuchtung auf die Fähigkeiten der Übenden bezog, und die Lehren der „südlichen Zen-Schule" mit ihrem Primat der plötzlichen Erleuchtung zueinander in Beziehung, indem er bei beiden keinen Widerspruch zu den Lehren Buddhas sah. In diesem Zusammenhang kann auch seine Charakterisierung von fünf Typen Zen verstanden werden, die hier vorgestellt werden sollen. Sie lauten:

1. *Gewöhnliches Zen (Bonpu)* richtet sich nicht speziell an Buddhisten und entspricht auch den konfuzianischen und taoistischen Lehren. Bonpu-Zen ist heute auch im Westen recht weit verbreitet. Viele Menschen verfolgen mit der Meditation vor allem ein äußeres Ziel: Sie möchten etwas für ihre geistige und körperliche Gesundheit tun. Meditation bringt den Körper und mit der Zeit auch den Geist zur Ruhe. Schon allein die Sitzposition tut dem Leib und der geistigen Verfassung gut; es entwickelt sich eine konzentrierte Haltung und das Bewusstsein über innere Vorgänge entwickelt sich. Dabei bildet sich Vertrauen ins Leben, Verstand und Gefühle harmonisieren sich und psychische

Symptome können verschwinden. Anstelle von Selbstbeurteilungen tritt ein unverstellter Zugang zu den eigenen Kräften und Möglichkeiten. Es gibt treue Besucher von Zen-Hallen, die sich auf diese Weise regelmäßig für das alltägliche Leben ‚justieren'.

2. *Äußeres Zen (Gedo)* war ursprünglich für Buddhisten gedacht, die sich an den Lehren Buddhas orientieren und sich dadurch eine bessere Wiedergeburt erhoffen. Auch heute gibt es im Westen Gedo-Zen, wenn auch nicht auf eine Wiedergeburt bezogen. Es betrifft vielmehr die Praxis, Lehren zu studieren und zahlreiche Bücher über das Thema zu lesen, um so ein Verständnis für die Weisheit zu finden. Auch die Teilnahme an Kursen verschiedener Richtung, die Suche nach der passenden Methode und eventuell der ‚richtigen Kombination' von Lehren entspricht dem Gedo-Zen. Dazu kommt das Sitzen, eventuell angereichert durch Kontemplationsübungen oder Elemente aus der Yoga-Tradition, das Training von Achtsamkeit und Mitgefühl oder andere Ansätze. Indem man ‚richtig übt', soll etwas gefunden werden, was die eigene Persönlichkeit bereichert und zu einem besseren Selbstgefühl führt. Dabei mag man sich mit der Zeit ‚spiritueller' fühlen, wenngleich die tiefe eigene Erfahrung noch nicht im Fokus steht.

3. *Kleines Fahrzeug (Shojo)*. Diese Form der Zen-Meditation wird den Vertretern des Hinayana zugeordnet, welchen es um die Realisierung des leeren Selbst geht. Im Westen könnte man diese Meditationshaltung dem Bemühen um eine wahrhaftige Selbsterforschung und Selbsterfahrung zuordnen. Man öffnet sich für das innere Geschehen, das einem im Sitzen entgegenkommt – sei es nun angenehm oder nicht. Es können sich unbewältigte Lebenssituationen mit den damit verbundenen Gefühlen zeigen, und es werden die zahlreichen individuellen und kulturellen Konzepte und Vorstellungen erkannt, denen wir folgen. In der Meditation löst man sich von derartigen Empfindungen, Bildern und Erfahrungen, und der Geist und das Herz

werden langsam frei von Anhaftungen, Illusionen und Meinungen. Langsam stößt man zur grundsätzlichen Qualität des Seins vor. Die Stille wird als tiefer Zustand erfahren und der innere Friede wächst. Statt das Leben leiten zu wollen, anerkennt man dessen Führung.

4. *Großes Fahrzeug (Daijo)*. Diese Meditationsart wird dem Mahayana-Buddhismus zugerechnet, wofür auch die Erkenntnis der Leerheit aller Erscheinungen und die Wirkung der Meditation für andere eine Rolle spielt. Im Zen, das aus dem Mahayana-Buddhismus hervorgegangen ist, ermöglicht der ganz zur Ruhe gekommene Geist die Erfahrung des tiefen Seins von uns selbst und der Welt. Diese Erfahrung wird Kensho genannt – ‚das Wesen sehen'. Man fühlt klar, dass man etwas anderes ist als das ‚Ich' als vermeintliches Zentrum der Persönlichkeit. Dann tritt eine ‚nicht-phänomenale Welt' in den Vordergrund, und es wird erkannt, dass die bisherige Sicht der Welt in Zeit und Raum der Wirklichkeit zu enge Grenzen setzt. Alle Erscheinungen der Welt einschließlich unserer selbst werden als Ausdruck von etwas Größerem erfahren, das als Urgrund, Leere, Gott oder anders bezeichnet werden kann, wobei kein Begriff das Eigentliche fasst. Zugleich wird klar, dass die Erscheinungen letztlich alle voneinander abhängig und damit ungetrennt sind, und dass es im Grunde nur dieses eine Sein gibt, das sich in verschiedenen Formen manifestiert. Neu zeigt sich die Welt als Einheit, und es wird klar, dass auch die eigenen Handlungen Ausdruck davon sind. In diesem Sinne ist eigenes Erkennen auch ‚für die Welt'; die zahllosen Lebewesen werden gemäß den vier Versprechen ‚gerettet'. Damit befinden wir uns gewissermaßen in einem ‚geistig globalisierten' Zustand.

5. *Unübertreffliches Fahrzeug (Saijojo)*. Dieses unübertreffliche Zen wird von Keiko Shumitsu als eigentliches Zen bezeichnet. Es entspricht der Erkenntnis, dass der Geist ursprünglich allumfassende Weisheit ist – oft als Buddha bezeichnet. Klarheit entsteht, wenn man sich selbst nicht

mehr im Weg steht. Alles hinter sich lassend wird die Vorstellung von einem individuellen ‚Ich' oder ‚Selbst' als Illusion erkannt. Unergründliche Stille, Leere, Weite und Unbewegtheit zeigen sich in jeder Situation. „Körper und Geist fallen gelassen", wie es Dogen nannte, ist die Voraussetzung dafür. Körper und Geist, Zeit und Raum verlieren als trennende Konzepte ihre Bedeutung. Dann zeigt sich das „ungeschaffene immerwährende Sein"[13], worin wir als handelndes ‚Nicht-Ich' erscheinen. Die Meditation wird zum schweigenden Abbild einer ewigen Stille und Leere, die von allem Geschehen ungetrennt ist. Ein so verstandenes Zen zeichnet sich dadurch aus, dass das Bewusstsein nicht mehr Ich-zentriert ist, sondern dauerhaft im ‚Selbst' verankert ist. Damit findet sich tiefe Freiheit, auch Freiheit von allen Lehren, Konzepten und Autoritäten. Dauerndes Bewusstsein des Unermesslichen und Unfassbaren verbindet sich mit tätigem Dasein. Nichts mehr erscheint als getrennt, jedes Sandkorn ist die Welt, und ‚Es' zeigt sich überall. Jenseits von Weg und Ziel ist einfach ‚genau Dies'.

In der westlichen Zen-Praxis finden sich alle diese fünf Meditationsformen parallel. Sie entsprechen verschiedenen Erfahrungshorizonten und Bewusstseinspositionen. Manche Meditierende pflegen zuerst Bonpu-Zen und wechseln mit wachsenden Ansprüchen zu Gedo-Zen. Letzterem entsprechen die zahlreichen Kombinationsangebote unter dem Titel „Zen und…", wozu etwa Yoga, Leibübungen, psychologische Prozesse oder Meditationsübungen mit Vorgaben gehören können. Als echte Zen-Formen können die drei folgenden Meditationsweisen gelten: Shojo-Zen ist deutlich auf tiefere Selbsterfahrung ausgerichtet, Daijo-Zen bezieht sich auf Erfahrungen der unergründlichen ‚Wesensnatur' allen Seins, und Saijojo-Zen bringt einen eigentlichen und dauerhaften Wandel des Bewusstseins mit sich, das nicht mehr als persönlich gelten kann. Während Shojo- und Daijo-Zen in Zen-Zentren von vielen Meditierenden sehr ernsthaft praktiziert wird, sind die Voraussetzungen für

Saijojo-Zen weniger oft erfüllt. Es beinhaltet, dass der illusionäre Charakter des Ich tatsächlich und unwiderruflich erkannt ist, womit auch die Vorstellungen und Anhaftungen dahinfallen. Dies entspricht dem Uranliegen aller bedeutenden Zen-Texte. Diese fünfte Form des Zen ist im eigentlichen Sinne nondual, indem das Leben als reines Sein wahrgenommen wird und sich dies in allen Situationen ausdrückt.

Die fünf Stände – Tozan Ryokai

Die fünf Stände von Tozan Ryokai schließen in wunderbarer Weise an das zuletzt geschilderte Saijojo-Zen an. Tozan Ryokai (chin. Dongshan Liangjie) lebte von 807-869. Er übte schon in jungen Jahren Zen und erlangte Aufsehen, weil er bei der Rezitation des Herzsutra „es gibt kein Auge, kein Ohr, keine Nase, keine Zunge, keinen Körper und keinen Geist" das Dilemma in Hinblick seiner Körperlichkeit zum Thema machte. Nach einem Klosteraufenthalt wurde er später Wandermönch und besuchte zahlreiche bekannte Zen-Meister. Schließlich ließ er sich mit 52 Jahren auf dem Berg Dongshan nieder und gründete die Chadong Zen-Schule, eine der fünf Zen-Schulen, die auf Basis des südlichen Zen von Eno (Hui Neng) entstanden. Diese Schule ging in der 13. Generation mit Dogen in der Soto-Schule auf. Besondere Bekanntheit erlangte Tozan Ryokai bis heute durch seine Verse über die fünf Stände, womit er verschiedene Aspekte der begrifflichen Beziehung und der gleichzeitigen Identität vom absoluten reinen Sein und der Erscheinungswelt charakterisiert. Mit Bezug auf Hoseki Shinichi Hisamatsu[14] und andere[15] sollen sie im Folgenden ihren Grundzügen nach dargelegt werden.

1. Stand: *Im Absoluten die Erscheinungen.* Der erste Stand betont die Erfahrung des Absoluten (des unfassbaren reinen Seins) als Basis aller Lebensformen. Darin sind alle Erscheinungsformen enthalten. Weil das Absolute ohne Dimensionen und daher mit den gewöhnlichen Sinnen nicht fassbar ist, wird es auch als ‚Leere' oder ‚Nichts' beschrieben. In diesem unbeschreibbaren ‚Nichts' ruht die ganze Welt. Wer nun glaubt, dass die „Große Sache" (die Aufgabe, das Dasein sowie die Frage nach Leben und Tod zu ergründen) mit der Erfahrung des allumfassenden ‚Absoluten' verstanden und der Buddhaweg damit abgeschlossen

sei, verfällt allerdings einem Zen des ‚stagnierenden Wassers'.

Tozan Ryokai drückt diesen ersten Stand in einem Vers so aus: „Zur Mitternachtsstunde, bevor der Mond erscheint – wen wundert's, wenn wir uns treffen, doch nicht erkennen. Noch immer bewahrt in meinem Herzen ist die Schönheit vergangener Tage." – In der absoluten dunklen Unbeschreiblichkeit kann nichts erkannt werden. Da denkt man an das normale Leben und das alte Bewusstsein mit seinen schönen Erlebnissen zurück.

2. Stand: *In den Erscheinungen das Absolute.* Diese Beschreibung ist der vorherigen gegenläufig. Bevor in den Erscheinungen das Absolute erkannt werden kann, muss zuerst deren Vergänglichkeit (das Relative) erkannt werden. Und wenn schließlich das Absolute, der Urgrund allen Seins in allem erkannt worden ist, führt man weiterhin sein tägliches Leben in der Welt der Ereignisse. Dabei erkennt man das Wahre – es ist, als ob man in den Erscheinungen sein eigenes Gesicht sieht. Wenn man die Welt lange so betrachtet, werden die Erscheinungen zum Ort des wahren Wesens. Man sieht die Buddha-Natur mit seinen eigenen Augen, und sie geht nie weg. In der Vielheit ist das Eine enthalten – im Vergänglichen findet sich das Immerwährende.

Der Vers von Tozan lautet hierzu: „Eine Großmutter mit verschlafenen Augen erblickt sich in einem alten Spiegel. Klar erkennt sie ein Gesicht, doch ähnelt es ihr nicht im Geringsten. Seltsam! Mit verwirrtem Kopf versucht sie, ihr Spiegelbild zu erkennen." – Man sieht das eigene Leben wie das Spiel eines Schauspielers auf der Bühne. Im Spiegel erkennt man zwar das eigene Gesicht, aber das ist man nicht wirklich, und man versucht, das Wesen zu erkennen.

3. Stand: *Aus dem Absoluten kommend.* Man kann nicht beim Absoluten oder bei den Erscheinungen stehen bleiben, denn das wären Anhaftungen. Der wahre Stand enthält inmitten der Stille die unendliche Tätigkeit. Im Grunde

sind die beiden vorangehenden Stände ein Stand. „Dieser Stand ist der des erhabenen Bodhisattva, der im großen Meer der alltäglichen Tat die grundlose Große Barmherzigkeit hervorruft" (Hakuin). Geht man wieder in die Welt hinaus, besteht allerdings eine gewisse Rückfallgefahr. Man könnte wieder im angestammten Bewusstsein landen, was dann hieße, dass das Verstehen nur eine Erfahrung war, die nicht von Dauer ist. Der Herauskommende soll aber einer sein, der kein Abwischen des Staubes mehr braucht. Kein ‚Ich' bewegt sich mehr in einer dualen Welt.

Dazu der Vers von Ryokai: „Inmitten des Nichts gibt es einen Pfad heraus aus dem Staub der Welt. Selbst wenn du das Tabu beachtest, das auf dem Namen des Kaisers liegt, wirst jenen Redegewandten du übertreffen, der jede Zunge zum Schweigen brachte." – Im Erkennen des Urgrundes ist man bereits vom Staub der Welt befreit, und dennoch ist sie da. Selbst wenn man es nicht benennen kann, drückt es sich durch einen aus.

4. Stand: *Weder am Absoluten noch an Erscheinungen haftend*. Man bewegt sich zwar weiterhin durch alle Konfusionen des Lebens, doch handelt man absichtslos ‚mit leeren Händen'. Für andere kann dies gerade wegen der Absichtslosigkeit eine Wohltat sein. Ohne dass ein ‚Ich' eine Identität aufbaut, wirkt der natürliche Geist. „Ist er ein gewöhnlicher Mensch? Ist er ein Heiliger?", kann da gefragt werden. Gemäß dem Kommentar von Hisamatsu[16] ist dieser Stand „sozusagen sowohl über das Weltliche als über das Heilige, sowohl über den Menschen als über den Buddha erhaben". Bei allen Anlässen kommt dieser Stand den leidenden Wesen frei von Anhaftung entgegen, und so können sie ‚gerettet' werden.

Dazu schreibt Tozan in seinem Vers: „Wenn sich zwei Klingen kreuzen, besteht kein Grund zum Rückzug. Der meisterhafte Fechter ist wie der Lotos, der im Feuer blüht. Solch ein Mensch hat in und für sich einen himmelsstürmenden Geist." – Wenn das Absolute und die Erscheinungswelt in richtiger Weise aufeinander treffen, ist alles gut. Das zeigt sich auch im stimmigen Handeln.

5. Stand: *Alles vergessend*. Sowohl Wesen wie auch Wirken ruhen; es gibt nichts, was Wesen, und nichts, was Wirken genannt werden soll. Form und Leere durchdringen sich in solchem Maße, das keines von beiden mehr bewusst ist. Alle Vorstellungen über Satori und Verblendung sind vollends verschwunden. Das ist das Stadium vollkommener innerer Freiheit. Dies ist „der alle vier Stände enthaltende Eine Stand, der standlos ist; er ist eben das wahre große Nirvana". Hakuin bezeichnet ihn als das erhabene Erwachen.

Tozans Vers dazu lautet: „Wer wagt es, ihm zu gleichen; wer fällt in Weder-sein-noch-nicht-sein? Alle Menschen wollen ihn verlassen, den Strom gewöhnlichen Lebens. Doch er, nach Allem, kehrt zurück zu sitzen zwischen Kohlen und Asche." – Während manche Menschen auch nach tiefen Erfahrungen wieder ins normale Leben und das gewöhnliche Ich-Bewusstsein zurückkehren, lebt der selbstvergessene Weise inmitten der Welt gelassen im Sein.

Die Fünf Stände stellen verschiedene Aspekte des einen Seins dar – einmal in der Sicht des Absoluten (der Erfahrung des Unfassbaren, das alles Sein ist), einmal in der Sicht der Erscheinungen (die allesamt dieses wunderbare Sein verkörpern). So verstanden tritt man in tiefem Bewusstsein des doppelten Charakters aller Erscheinungen in die Welt, und das eigene Handeln ist völlig absichtslos. Da ist kein ‚Ich' mehr, das handelt, und kein ‚Jemand', der die Ereignisse auf sich beziehen würde. Da ist nur noch reines Sein, das sich im und durch den Menschen ausdrückt. Und dieses kann nicht anders sein als selbstvergessen.

Kein Buddha der Stufen – Obaku Kiun

Vom großen chinesischen Meister Obaku Kiun (chin. Huang-po Hsi-yün) ist nur das Todesdatum bekannt: er verstarb im Jahre 850. Schon in jungen Jahren wurde er Mönch auf dem Berg Huang-po, und als viel später einer seiner Schüler ein Kloster für ihn erbauen ließ, nannte er es in Erinnerung an seinen ersten Lehrort Huang-po-shan. Auf Obaku geht die Obaku-Schule zurück. welche zwar nicht die Bedeutung der Rinzai- und der Soto-Linie hat, aber als dritte von den fünf ehemaligen Schulen immerhin noch existiert. Seine Lehre lautet: „Alle Buddhas und alle Lebewesen sind nichts als der eine Geist, neben dem nichts anderes existiert". Er drückt darin die Essenz des Zen aus, ohne begriffliches Denken oder Fühlen zu bemühen. Er sagte auch einmal: „Der Geist kann nicht benutzt werden, um den Geist zu suchen". Man darf sich unter ‚Geist' nichts vorstellen, und dennoch ist er da.

Die „Zen-Lehre des chinesischen Meisters Huang-po" wurde aufgeschrieben vom „gelehrten Staatsschreiber Pei Hsiu" (797-870), der dem Vernehmen nach Präfekt war und eben derjenige, welcher für ihn das Kloster erbauen ließ. Huang-po's Lehre über den „Geist des Zen" lautet in abgekürzter Form[17]:

„Der Meister sagte zu mir: Alle Buddhas und alle Lebewesen sind nichts als der eine Geist, neben dem nichts anderes existiert. Dieser Geist, der ohne Anfang ist, ist ungeboren und unzerstörbar. Er ist weder grün noch gelb, hat weder Form noch Erscheinung. Er gehört nicht zu der Kategorie von Dingen, die existieren oder nicht existieren. Auch kann man nicht in Ausdrücken wie alt oder neu von ihm denken. Er ist weder lang noch kurz, weder groß noch klein, denn er überschreitet alle Grenzen, Maße, Namen, Zeichen und Vergleiche. Du siehst ihn stets vor dir, doch sobald du über ihn nachdenkst, verfällst du dem Irrtum. Er gleicht der unbegrenzten Leere, die weder zu ergründen noch zu bemessen ist.

Der eine Geist allein ist Buddha, und es gibt keinen Unterschied zwischen Buddha und den Lebewesen, nur dass diese an Formen festhalten und im Außen die Buddhaschaft suchen. Durch eben dieses Suchen aber verlieren sie sie. Denn sie benutzen Buddha, um Buddha zu suchen, und benutzen den Geist, um den Geist zu erfassen. Selbst wenn sie ein Äon lang ihr Äußerstes leisten würden, sie könnten die Buddhaschaft doch nicht erreichen. Sie wissen nicht, dass ihnen in dem Augenblick, in dem sie das begriffliche Denken aufgeben und ihre Unruhe vergessen, Buddha erscheinen wird; denn dieser Geist ist Buddha und Buddha ist alle Lebewesen. Er ist nicht kleiner, wenn er sich in gewöhnlichen Dingen, noch größer, wenn er sich als Buddha manifestiert.

Da du im Grunde in jeder Hinsicht vollkommen bist, solltest du nicht versuchen, diese Vollkommenheit noch durch das Üben der sechs Paramitas (Freigiebigkeit, Ethik, Geduld, Bemühen, Meditation, Weisheit) und von unzähligen ähnlichen Übungen sowie das Sammeln von Verdiensten unzählig wie die Sandkörner des Ganges zu ergänzen. Wenn Gelegenheit für Übungen vorhanden ist, führe diese aus; wenn die Gelegenheit vorüber ist, gib Ruhe. Wenn du nicht vollkommen überzeugt bist, dass der Geist Buddha ist, sondern noch an Formen, Übungen und verdienstvollen Taten hängst, ist deine Art zu denken falsch und völlig unvereinbar mit dem Weg.

Der Geist ist Buddha. Es gibt keine anderen Buddhas oder irgend einen anderen Geist. Er ist strahlend und fleckenlos wie die Leere und hat überhaupt keine Form noch Erscheinung. Den Geist für begriffliches Denken zu benutzen, bedeutet die Substanz lassen und sich an Formen binden. Der Ewig-Seiende-Buddha hat keine Gestalt und ist kein Gegenstand der Bindung. Die Übung der sechs Paramitas und Myriaden ähnlicher Übungen, die dazu führen sollen, ein Buddha zu werden, bedeutet ein stufenweises Voranschreiten. Der Ewig-Seiende-Buddha aber ist kein Buddha der Stufen. Erwachst du bloß zum Einen Geist, so gibt es nichts anderes mehr zu verwirklichen. Dies ist der wirkliche Buddha. Der Buddha und alle lebenden Wesen sind der Eine Geist und nichts anderes.

Der Geist gleicht der Leere, in der es keine Verwirrung und kein Böses gibt, wenn die Sonne sie durchkreist und in die vier Himmelsrichtungen erhellt. Denn wenn die Sonne aufsteigt und die ganze Welt erleuchtet, nimmt die Leere nicht an Glanz zu, und wenn sie niedergeht, wird die Leere nicht dunkler. Die Erscheinungen von Licht und Dunkel wechseln ab, das Wesen der Leere aber bleibt unverändert. Das gleiche gilt für den Geist des Buddha und der Lebewesen. Wenn du Buddha für eine reine, strahlende oder erleuchtete Erscheinung hältst, die Lebewesen aber für üble, dunkle und todgeweihte Gestalten, so werden dich diese Vorstellungen, die deinem Haften an Formen entstammen, von der höchsten Erkenntnis fernhalten, auch dann noch, wenn du so viele Äonen durchschritten hast, wie es Sandkörner am Ganges gibt.

Es existiert nur der eine Geist und kein Teilchen von irgend etwas anderem, an das man sich anklammern könnte. Denn dieser Geist ist Buddha. Wenn ihr Schüler auf dem Weg nicht zu dieser Geistessubstanz erwacht, werdet ihr den Geist mit begrifflichem Denken überlagern, den Buddha außerhalb von euch selbst suchen und gebunden bleiben an Formen, fromme Übungen und anderes, was schädlich und keineswegs der Weg zur höchsten Erkenntnis ist.

Das Ansammeln von Gutem wie von Schlechtem hat beides mit dem Haften an der Form zu tun. Wer Schlechtes tut, weil er der Form verhaftet ist, muss zahllose Inkarnationen durchlaufen. Doch jene, die an der Form haftend Gutes tun, laden sich ebenso nutzlose Mühen und Entsagungen auf. In beiden Fällen ist es besser, plötzliche Selbstverwirklichung zu erlangen und den grundlegenden Dharma zu erfassen. Dieser Dharma ist der Geist; jenseits von ihm besteht kein Dharma. Dieser Geist ist der Dharma, jenseits von ihm besteht kein Geist. Geist an sich ist kein Geist, ebensowenig ist er Nicht-Geist. Die Aussage, der Geist sei Nicht-Geist, setzt etwas Existierendes voraus. Mögen wir in schweigendem Begreifen verharren – weiter nichts. Fort mit allem Denken und Erklären! Dann ist der Weg der Worte abgeschnitten, die Bewegungen des Geistes sind ausgeschaltet. Dieser Geist ist die reine Buddha-Quelle, die allen Menschen innewohnt. Alle sich bewegenden Wesen, die vom Leben durchpulst sind, alle Buddhas und Bodhisattvas bestehen aus dieser reinen Substanz und unterscheiden sich nicht voneinander."

Der Text ist so selbstredend klar, dass er nicht kommentiert werden muss. Zusammengefasst nur soviel: Der Geist ist nach Huang-po ungeboren und unzerstörbar, d.h. er ist zeitlos und jenseits von einem Ort. Da er keinerlei Form hat, kann auch nicht gesagt werden, dass er existiert oder nicht existiert. Solche Beschreibungen wären zu einschränkend für das Allumfassende. Buddha und alle Lebewesen sind dieser Geist. Alle Versuche, ihn zu erreichen, sind nutzlos, denn er ist alles. Was alles ist, kann nicht von ‚jemandem' gefunden werden. Ebenso sind Übungen und verdienstvolle Taten „falsch und völlig unvereinbar mit dem Weg". Der Begriff ‚Weg' ist hier wie in manch anderen Texten in einem umfassenden Sinn als ‚Sein' zu verstehen. Was keine Form hat und auch nicht zu den Erscheinungen gezählt werden kann, ist nicht durch ‚etwas' zu erreichen. Das ewig Seiende hat keine Stufen, und daher ist es auch nicht auf einem Weg der Stufen zu erreichen. Irgend etwas zu wollen – selbst Gutes zu tun – ist formverhaftet und deshalb dem allumfassenden Geist nicht entsprechend.

Huang-po erteilt allem Bemühen, den Geist zu gewinnen, eine Absage, denn jedes Bemühen ist zu klein für das, um was es geht. Dies deckt sich mit dem Saijojo-Zen von Keiko Shumitsu. Huang-po verneint die Vorstellung von einem ‚Weg', der gegangen werden und auf dem man Fortschritte machen kann. Alles ist schon da, alles ist umfassend, und deshalb ist es durch nichts zu erreichen. Dies entspricht einem rein nondualen Verständnis des Seins. Der Wahrnehmung dieses einen Geistes stehen allerdings die (dualen) Vorstellungen (von uns selbst, der Welt und von einem Geist) entgegen. Und jede Vorstellung ist falsch – so gut und großartig sie auch sein mag. Der eine allumfassende Geist findet sich jenseits allen begrifflichen Denkens.

Dharma-Geist ist ohne Form – Rinzai Gigen

Rinzai Gigen (chin. Linji Yixuan) ist nicht nur der berühmteste Schüler von Obaku, sondern vor allem als Gründer der heute noch sehr wichtigen und verbreiteten Rinzai-Schule des Zen bedeutungsvoll. Dennoch ist von ihm nur das Sterbejahr bekannt; das war 866. Den Berichten nach studierte er eifrig die buddhistischen Schriften, doch soll er plötzlich geklagt haben, dass diese Rezepte nur für das Heil der Welt seien.[18] Er verbrannte die Texte und ging zu Obaku, um sich dem Zen jenseits der Schriften zu widmen. Schließlich wurde er dessen Dharma-Nachfolger und lehrte in einem eigenen Tempel. Seine Schüler sammelten Rinzais Gespräche, Unterweisungen und Lehren, die unter dem Titel ‚Rinzai-Roku' (‚Aufzeichnungen von Rinzai', chin. Linji-Lu) fungieren. Danach lehrte Rinzai oft mit lauten Ausrufen („katsu"), oder auch mit Stockschlägen. Das war in der damaligen Zeit nicht unüblich, ist für Rinzai aber doch bezeichnend. Er drückte damit die Essenz des Seins jenseits von Worten aus, und manch ein Schüler wurde durch Rinzais unerwartete Reaktion erweckt. Eine seiner pointierten Formulierungen lautet: „Siehst du einen Buddha – töte einen Buddha"[19] womit er die Schüler anwies, nicht irgendwelchen Vorstellungen über Buddha oder über das, was er verkörpern könnte, zu pflegen, denn genau dies verhindert die Sicht auf den wortlosen Charakter des Seins. Im Rinzai-Roku, das erst spät nach Rinzais Tod seine endgültige Form erhalten hat, finden sich allgemeine Zen-Wahrheiten, die allerdings nicht nur von Rinzai vertreten wurden. Im Folgenden kommen einige Aussagen aus dem Rinzai-Roku zum Ausdruck:

Der Meister (Rinzai) sagte zu den Versammelten:[20] „Ihr trachtet nur danach, Buddha zu finden, aber Buddha ist lediglich ein Name. Wisst ihr, wer das ist, der umher rennt und sucht? Die Buddhas und Patriarchen der Drei Zeiten und Zehn Richtungen erscheinen nur, um den Dharma zu suchen. Auch ihr, Wegübende heutzutage, seid hier, um den Dharma zu suchen. Erlangt den Dharma, und alles ist getan. Was ist Dharma? Dharma ist Geist-Dharma. Geist-Dharma ist ohne Form, er durchdringt die Zehn Richtungen, und sein Wirken offenbart sich direkt vor euren Augen. Weil Menschen ohne ausreichendes Vertrauen sind, akzeptieren sie Namen und Phrasen und spekulieren über den Buddha-Dharma in geschriebenen Worten. Dann ist ‚Es' so weit entfernt wie der Himmel von der Erde." – Was wir als Buddhas und Patriarchen bezeichnen, sind vergängliche Erscheinungen in den drei Zeiten (Vergangenheit Gegenwart und Zukunft) und damit nicht das Eigentliche. Im besten Fall dienen sie dazu, die Menschen auf den Weg zu bringen. Das Eigentliche ist formloses ‚Geist-Dharma' (auch nur ein Name), in allen Himmelsrichtungen präsent und direkt vor unseren Augen. Wer aber an Vorstellungen hängt, ist meilenweit davon entfernt.

Weiter wird im Rinzai-Roku berichtet, dass jemand fragte: „Was ist Buddha und was ist Mara?" Der Meister sagte: „Ein Gedanke des Zweifels in eurem Geist ist Mara. Wenn ihr erfasst, dass alle zehntausend Erscheinungen ohne Geburt sind, dass Geist wie ein Phantom ist und es weder ein Staubkorn noch ein Ding gibt und überall Reinheit ist – das ist Buddha. Deshalb sind Buddha und Mara zwei Zustände – der eine rein, der andere befleckt. Nach meiner Einsicht gibt es weder Buddha noch Lebewesen, weder Vergangenheit noch Gegenwart; diejenigen, die es erlangen, erlangen es ohne Zeitverstreichen, ohne Übung, ohne Beweise, ohne Gewinn und ohne Verlust. Für solche Menschen gibt es keinen anderen Dharma und keine andere Wirklichkeit. Das ist alles, was ich lehre.[21]" – Rinzai setzt hier die reine Leere (hier Buddha) zur Gedankenwelt (Mara) in Beziehung, auch wenn sie letztlich eins, nämlich leer sind. Seiner Ansicht nach gibt es weder Form noch Zeit, womit er wiederum auf die Leere und damit den nondualen Charakter allen Seins hinweist. Dieses zu erlangen ist schon zuviel gesagt, denn es ‚ist' einfach. Eine andere Wirklichkeit gibt es nicht, nur dies lehrt er.

„Ihr alle, die Leute sagen, dass es einen Weg gibt, der geübt werden muss, und einen Dharma, der bezeugt werden muss. Sagt, was ist das für ein Dharma, der bewiesen werden muss, und was ist das für ein Weg, der geübt werden muss? Was fehlt in eurem gegenwärtigen Wirken? Was muss geflickt und verbessert werden?"[22] – Hier äußert Rinzai Kritik an einem Weg. Was immer ist, kann nicht auf einem Weg erlangt werden. Nichts ist zu gewinnen, aber zu verlieren sind alle Vorstellungen und Meinungen.

Jemand fragte: „Was ist der Ort, wo Geist und ‚Geist' nicht verschieden sind?"[23] Gemeint ist Geist als Erscheinung und ‚Geist' als Wesen. In einer anderen Übersetzung lautet die Frage: „Was ist das für eine Geisteshaltung, die nicht Unruhe ist?"[24] Der Meister sagte: „In dem Augenblick, in dem du Anstalten machst, mich das zu fragen, ist es bereits verschieden, und das Wesen des Geistes und seine Erscheinung haben sich getrennt. Übende, macht keine Fehler! Alle Dinge in dieser Welt und jenseits davon sind ohne ein eigenes Wesen, und auch ihr Ursprung ist wiederum ohne Wesen. Es sind nur nichtige Namen, und diese Namen sind ebenfalls leer. Aber ihr seht nur eifrig auf diese Namen und haltet sie für das Wahre. Das ist ein großer Fehler!" – Rinzai redet seinen Schülern ins Gewissen: jede Frage ist dualistisch und bringt dem Geist Unruhe. Sie zeugt von einer vermeintlichen Trennung des Fragenden und der Erscheinungen vom Eigentlichen (obwohl sie natürlich auch ‚das' sind). Und nochmals verweist er auf die Nichtigkeit von Namen und was sich damit verbinden mag. Alle Beschreibungen treffen ‚Es' nicht.

„Tugendhafte Mönche, erkennt keine Kleider an! Kleider können sich nicht bewegen, aber Menschen können sie anlegen. Es gibt das Kleid der Reinheit, das Kleid der

Geburtslosigkeit, das Kleid der Erleuchtung, das Nirvana-Kleid, das Patriarchen-Kleid und das Buddha-Kleid. Tugendhafte Mönche, all die verschiedenen gesprochenen Worte und geschriebenen Sätze sind nur Wandlungen der Kleider. Wenn ihr die Kleider, die ‚Es' anlegt, betrachtet und sie als korrektes Verstehen anerkennt, dann werdet ihr, selbst nach unendlichen Kalpas, nur die Kleider verstehen. Ihr werdet in den Drei Reichen (Welt der Begierden, der Form und der Nicht-Form) herumirren und durch den Kreislauf von Geburt und Tod gehen. Viel besser ist es, ohne ein Ding zu sein."[25] – Alles Geschriebene und Gesprochene ist nicht mehr als ein Kleid – ja es bedeckt das Eigentliche, und kann damit zu einer Behinderung der Erkenntnis werden. Die Kleider, die ‚es' anlegt, sind die Formen, in denen sich das ursprüngliche Sein zeigt. Bleibt man an den äußeren Gestaltungen hängen, verpasst man das Wesentliche.

„Sogar die Menschen, die allein auf einem Berg leben, im Morgengrauen nur eine einzige Mahlzeit zu sich nehmen, lange sitzen, ohne sich niederzulegen und Buddha zu den sechs festgesetzten Zeiten des Tages verehren – sie produzieren alle nur Karma. Genauso diejenigen, die Kopf, Augen, Mark und Gehirn, Königreich, Städte, Frau und Kinder, Elefanten, Pferde und die sieben Schätze – alles samt und sonders als Opfer weggeben. Solch eine Auffassung verursacht Leiden von Körper und Geist und lädt nur die Frucht des Leidens ein. Viel besser ist es, ‚ohne ein Ding' einfach und unkompliziert zu sein."[26] – Das ist selbstredend und klar.

„Übende, wenn ihr Buddha werden wollt, dürft ihr nicht den zehntausend Erscheinungen folgen. Wenn sich Geist erhebt, so entstehen die verschiedenen Erscheinungen. Wenn Geist erlischt, dann erlöschen die verschiedenen Erscheinungen. Wenn sich kein Geist erhebt, dann sind die zehntausend Erscheinungen ohne Makel."[27] – Das ist Rinzais Lehre in Kurzform. Die Erscheinungswelt entsteht in unserem Geist, und weil man sich in ihr verlieren kann, sollte man ihr nicht folgen. Ist aber kein Geist, kein Denken und keine Vorstellung da, so sind die Dinge einfach, was sie sind – ohne Makel, und sie sind alles. Nicht als ein Name, sondern als das reine Sein. Wer sich so in der Welt bewegt, ist nicht mehr Person, sondern ein „wahrer Mensch ohne Rang" (Mu i shin nin), als Ausdruck des reinen Seins. Auch dies ein geflügeltes Wort von Rinzai. Als er einmal danach gefragt wurde, wer dieser wahre Mensch sei, packte er den Mönch und sagte „Sag es, sag es". Leider zauderte der Mönch, was zeigt, dass er es nicht begriffen hatte.

Wie schon erwähnt, war Rinzais Lehrstil zupackend, und er war kein Freund der Worte. Alle Erklärungen sind unnütz, ja sie führen einen in die falsche Richtung. Das wollte Rinzai vermeiden, und deshalb ließ er die Mönche das direkte Leben spüren. Konnten sie nicht adäquat, d.h. mit gleicher Lebendigkeit darauf antworten, so waren sie durchgefallen. Auf seine Weise trieb Rinzai seinen Schülern alle Flausen aus dem Kopf, alle Vorstellungen, alle Buddha-Gedanken und was sich der Wahrnehmung des reinen Seins sonst noch in den Weg stellte. Dies ist für uns heute auch nicht anders – auch da finden sich alle möglichen Theorien, Erklärungen und Beschreibungen. Es ist heute aber nicht mehr die Zeit der Schläge, und in unserer Kultur auch nicht der Ort dazu. Dennoch geht es um dasselbe: das unergründliche wahre eine Sein ohne Ablenkung zu erfassen. Es ist – wie von Rinzai gesagt – ohne Form, ohne Namen, ohne Rang.

Sich selbst vergessen – Eihei Dogen

Meister Dogen gehört einer anderen Zeitepoche an als die vorangehend geschilderten alten chinesischen Meister. Er lebte 1200 bis 1253, war Japaner und holte Zen aus China nach Japan. Heute wird er dort als bedeutendster Zen-Meister verehrt. Er war Sohn eines Nachkommen aus dem Herrscherhaus Murakami, der zeitweilig am Kaiserhof eine wichtige Stellung innehatte. Der frühe Tod seines Vaters und etwas später seiner Mutter (1207) machte ihm die Vergänglichkeit aller Dinge deutlich und veranlasste ihn, Mönch zu werden. Sein erstes Kloster gehörte der Tendai-Schule an, wo er auch den Namen Dogen (Ursprung des Weges) erhielt. Nach politisch bedingten Gewalttätigkeiten innerhalb der Mönchsgemeinschaft trat er ins Kloster Kennin-ji ein, das vom Rinzai Meister Eisai geleitet wurde. Mit dessen späterem Nachfolger Myozen reiste er 1223 nach China, um nach der authentischen Buddha-Lehre zu forschen. Dort übte er unter Meister Tendo Nyojo (chin. Tiantong Rujing) und erlangte schließlich Erleuchtung, als der Meister sagte: „Zazen heißt Körper und Geist fallen lassen"[28] (Shinjin datsuraku).

Dogen kehrte daraufhin – wie er sagte – „mit leeren Händen" nach Japan zurück, wo er zunächst in seinem angestammten Kloster Kennin-ji lehrte. Angefeindet von den traditionell orientierten Mönchen verließ er das Kloster und gründete den Tempel Horin-ji, wo er nach chinesischem Vorbild sein erstes Zendo errichtete. Nachdem die Tendo-Mönche eine Verurteilung seiner Lehre durch den Kaiserhof erreichten, zog er sich in die Berge zurück, wo er das Kloster Daibutsu-ji umgestaltete und in Eihei-ji (ewiger Friede) umbenannte. Es besteht heute noch und ist einer der beiden leitenden Tempel der Soto-Linie. In seinem Hauptwerk Shobogenzo stellt Dogen seine Lehre ausführlich dar, in deren Mittelpunkt Zazen steht. Daraus seien hier einige Textstellen zitiert, im Wissen darum, dass dies der Bedeutung und dem Werk Dogens nicht gerecht zu werden vermag. So sagte Dogen:

„Den Buddhaweg zu erfahren bedeutet, sich selbst erfahren. Sich selbst erfahren heißt, sich selbst vergessen. Sich selbst vergessen heißt sich selbst wahrnehmen in allen Dingen. Dies zu erkennen ist das Abfallen von Körper und Geist, von sich selbst und anderen. Wenn du dieses Stadium erreicht hast, wirst du sogar von der Erleuchtung losgelöst sein, du wirst sie jedoch fortwährend ausüben, ohne an sie zu denken."[29] – Dogen bezieht sich hier auf seine eigene Erfahrung, Körper und Geist (oder anders übersetzt auch den ‚Körpergeist') fallen gelassen zu haben. Damit ist die grundlegende buddhistische Weisheit verwirklicht, dass alle Dinge einschließlich unserer selbst eins sind. Wenn die Identifikation mit den Erscheinungsformen des Einen (hier Körper und Geist) nicht mehr besteht, entspricht dies einem Zustand des reinen Seins in völliger Selbstvergessenheit.

„Wenn Menschen beginnen, das Dharma zu suchen (außerhalb ihrer selbst), sind sie sofort weit entfernt von dem wahren Ort. Wenn das Dharma durch die richtige Übertragung erhalten wurde, erscheint sofort das wirkliche Selbst. Wenn du in einem Boot bist und nur auf das Ufer schaust, denkst du, dass sich das Ufer bewegt; wenn du aber auf das Boot schaust, wirst du entdecken, dass es eigentlich das Boot selbst ist, das sich bewegt. Desgleichen, wenn du versuchst, die Natur der Erscheinungen nur durch deine eigene verwirrte Vorstellung zu verstehen, wirst du fälschlicherweise annehmen, dass deine Natur beständig ist. Wenn du jedoch richtig übst und zu deinem Ursprung zurückkehrst, wirst du klar erkennen, dass alle Dinge kein dauerhaftes Selbst haben." – Das Wissen um die offensichtliche Unbeständigkeit aller Erscheinungen bildet die Basis für die Erkenntnis des Unbeschreiblichen, das in vielen buddhistischen Texten als ‚absolut' beschrieben und hier als Ursprung bezeichnet wird. Tatsächlich ist man selber stets in Bewegung und damit unbeständig, so wie das Boot in Dogens Vergleich, und auch nichts anderes hat Bestand. Geschieht es, dass Körper und Geist fallen gelassen sind, dann bleibt der Ursprung – das Wesen, das reine Sein, oder der Urgrund, wie es der früher erwähnte Meister Obaku nannte.

„Wenn menschliche Lebewesen Erleuchtung erlangen, ist dies wie der Mond, der sich im Wasser spiegelt. Der Mond erscheint im Wasser, aber wird nicht nass, und das Wasser wird nicht durch den Mond gestört. Das Licht des Mondes bedeckt die Erde und kann dennoch in einem kleinen Teich, einem winzigen Tautropfen und sogar in einem allerkleinsten Wassertröpfchen enthalten sein." – Das unergründliche, zeit- und raumlose Sein wird hier mit dem Licht des Mondes verglichen, das in allen Erscheinungen liegt. Das ‚Wesen' nimmt in und mit der Größe oder Anzahl der Erscheinungen nicht zu oder ab; es ist einfach überall. Was von Dogen als Erleuchtung bezeichnet wird, ist das Wissen um dieses Wesen in allen Erscheinungen – auch in uns selbst. In der Unbeständigkeit der Erscheinungen liegt zugleich die Zeitlosigkeit als ewiges Sein oder Wesen.

„Sei völlig frei von der Vorstellung der Großen Erleuchtung und suche oder begehre sie niemals. Die Große Erleuchtung ist das tägliche Tun der Buddhas und Patriarchen, aber sie denken niemals darüber nach. Ihre Erleuchtung beherrscht die Zeit, schließt die Zeit ein und wird durch die Zeit beherrscht. Gewöhnliche Leute erfassen diesen Punkt nicht, da sie an zu viele Dinge gebunden sind, doch Buddhas können mit dem Schlüssel der vollständigen Freiheit das Tor zur Erleuchtung öffnen. Trotzdem sind große Buddhas von der Vorstellung der Großen Erleuchtung frei, und die Große Erleuchtung kümmert sich nicht um Buddha oder Nicht-Buddha."[30] – Buddhas und Patriarchen – aber auch wir selbst – sind niemals etwas anderes, als das Wesen, der Ursprung, das hier als die große Erleuchtung bezeichnet wird. Es geht hier nicht um eine Erfahrung, sondern um das eigentliche Sein, das sich im täglichen Tun manifestiert. Die Erkenntnis darüber entspricht dem ‚geöffneten Tor', das im Wirken des Seins aber keine persönliche Bezogenheit erlaubt. Das Sein oder Wesen wiederum kümmert sich wie der Mond im vorangehenden Beispiel nicht um die Erde, Buddha oder Nicht-Buddha. Es ist einfach alles, was es ist, ganz und gar unergründlich. Die Erscheinungen im Licht des Seins zu sehen, bedeutet Freiheit.

„Die Menschen haben jedoch viele verschiedenartige Wege zur Verwirklichung der Erleuchtung. Manche besitzen ein angeborenes Verständnis und sind in jedem Stadium ihres Lebens frei – zu Beginn, in der Mitte und am Ende. Andere befreien sich, indem sie die wahre Bedeutung des Studiums erfassen, d. h. Selbst-Erkenntnis, das Erforschen der eigenen Haut, des eigenen Fleisches, der eigenen Knochen und des eigenen Marks. Andere lernen wie ein Buddha; sie haben das Verständnis nicht von Geburt an und auch nicht vom Studium; sie gewinnen es, indem sie die Welt der Gegensätze transzendieren. Wieder andere kommen zur Selbst-Erkenntnis, ohne Meister, Sutras oder andere Mittel zu benötigen; ihre wahre Natur offenbart sich selbst. Verschiedene Menschen haben verschiedene Mittel, um sich zu verwirklichen, und jeder hat die Möglichkeit, den wahren Sinn und die Bedeutung seiner eigenen Natur zu verstehen." – Es gibt auch heute durchaus Menschen, die ohne Weiteres zu tiefer Erkenntnis gelangen, ohne sich darum bemüht zu haben, ohne einer Lehre gefolgt zu sein oder sich in eine Übung vertieft zu haben. Andere „erforschen Haut, Fleisch, Knochen und Mark"[31], also Schritt für Schritt ihr eigenes Wesen. Oder sie transzendieren die Widersprüche der eigenen Seele und dieser Welt. Es braucht für die Erkenntnis nicht wirklich einen Meister, der einen begleitet – sie liegt in uns selbst, und sie braucht da nur erkannt zu werden. Deshalb macht es auch keinen Sinn, „außen zu suchen", wie andernorts von Dogen erwähnt.

„Denke nicht, dass jemand, der die Große Erleuchtung hat und ein Buddha wird, sich von gewöhnlichen Leuten unterscheidet, oder, dass die Große Erleuchtung die Bodhisattvas veranlasst, zur Welt zurückzukehren, um andere zu retten. Die Große Erleuchtung ist nicht außerhalb, und es gibt keine Täuschung, die sie aufhalten könnte. Die Große Erleuchtung schließt die Täuschung ein und kümmert sich nicht um groß oder klein. Die Große Erleuchtung ist ihre eigene große Erleuchtung; sie ist schneebedeckte Berge, Felsen und Bäume. Nur die Täuschung kann die Große Erleuchtung suchen, außerhalb der Täuschung können wir niemals die Große Erleuchtung finden." – Die ‚große Erleuchtung' erscheint hier wieder als das ursprüngliche Wesen, das alle haben. Insofern unterscheiden sich Menschen mit dem entsprechenden (erleuchteten) Bewusstsein nicht von anderen. Weil alle ‚es' haben, ist es auch nicht notwendig, von jemandem gerettet zu werden oder jemanden zu retten. (Dies kann so verstanden werden, dass Bodhisattvas und Menschen alle nur Erscheinungen des leeren, einen, umfassenden Seins sind und daher nichts wirklich geschehen muss.) Selbst Täuschung liegt innerhalb des Allumfassenden, wo sie auf der Suche sein kann. Im Weiteren werden Erleuchtung und das umfassende Sein mit den schneebedeckten Bergen verglichen, wozu es auch ein Koan gibt. Alle Berge sind ununterschieden weiß und stehen zusammen für die Einheit. Auch Felder, Bäume und selbst täuschende Gedanken – also alle Erscheinungen – sind nichts anderes. Es gibt nichts außerhalb, und es muss auch nichts hinzugefügt werden. Deshalb kann dort auch nichts gefunden werden.

Die Lehre Dogens verursachte in Japan viel Aufruhr, weil er alle strukturierten Lehren ablehnte und ganz zum Ursprünglichen zurückkehrte. Als er nach seiner Ankunft aus China gefragt wurde, was er predige, sagte er: „Die Augen sind waagrecht, und die Nase ist senkrecht". Das soll nicht als törichte Antwort verstanden werden, sondern ist

Ausdruck seiner tiefen Erkenntnis: alles ist einfach, wie es ist. Tief durchdrungen vom ursprünglichen Wesen, das eigentliche Sein verkörpernd, so sind ihm die Erscheinungen. Dazu braucht es keine komplizierten Lehren. Die Sicht auf diese Tatsächlichkeit hat eine befreiende Wirkung. Rosen sind rot, und Blätter sind grün. Ganz tief sind sie das, ganz unergründlich, alle Worte übersteigend.

Buddha in dir – Hakuin Ekaku

Hakuin gilt als Erneuerer des Zen in Japan, das in den Jahrhunderten nach Dogen einen Niedergang erlebt hatte. Er lebte von 1686 bis 1769. Den Berichten nach wurde er schon mit 15 Jahren Mönch, besuchte verschiedene Klöster und erfuhr später bei Meister Shoju Rojin Erwachen. Aufgrund seiner jahrelangen Anstrengungen soll er später in eine tiefe gesundheitliche Krise geraten sein, fand aber Hilfe bei einem Eremiten, der ihn heilte. Daraufhin nahm er seine Lehrtätigkeit auf, kritisierte die laue Haltung der Mönche und forderte eine ernsthafte Meditationspraxis. Von Hakuin gibt es zahlreiche Schriften, welche die Mönche aufrütteln sollten. Als Rinzai-Meister erklärte er die fünf Stände von Tozan Ryokai zur Krone und zum Abschluss der Zen-Schulung mittels Koan, was vielerorts heute noch so gehandhabt wird. Berühmt ist Hakuins Koan „Der Klang der einen Hand". Er hielt es für die Belehrung der Menschen für wirksamer, wenn sie statt auf Lehren auf den Klang der einen Hand hörten, der eben anders ist, als das Klatschen von zwei Händen. Ein sehr bekannter Text ist außerdem Hakuins „Lied auf Zazen", das auch heute vielerorts rezitiert wird.

In einem Text mit dem Titel „Dankesschuld erstatten" sagt Hakuin: „Buddha bezeichnet jemanden, der erwacht ist[32]. Sobald du einmal erwacht bist, ist auch dein eigener Geist Buddha. Wenn du aber außerhalb deiner selbst nach einem Buddha suchst, dem eine Gestalt zu eigen ist, dann entpuppst du dich als ein dummer, irregeleiteter Mensch. Das ist wie bei einem Mann, der einen Fisch fangen will. Er muss damit beginnen, das Wasser zu beobachten, weil Fische nun einmal im Wasser leben und nicht außerhalb davon zu finden sind. Wenn hingegen ein Mensch Buddha finden will, dann muss er in seinen eigenen Geist schauen,

weil Buddha nur dort, und nirgendwo sonst, existiert.³³".
Das ist selbstredend. Weiter erzählt Hakuin:

„Ein Priester aus früheren Tagen, Gao-feng Yuanmiao, sagte: ‚Ein Mensch, der sich der Zen-Übung widmet, muss mit drei entscheidenden Voraussetzungen ausgestattet sein: einer tiefreichenden Wurzel an gläubigem Vertrauen, einer riesigen Masse aus Zweifel und einer festen Entschlossenheit.' Wenn ihm eines davon abgeht, ist er wie ein Dreifuß mit nur zwei Beinen."³⁴ – Das sind wirkliche Voraussetzungen für den Menschen, der sich noch als ‚Person' versteht. Vertrauen bezieht sich dabei auf den Glauben, dass es eine Möglichkeit zur Erlösung gibt. Der Zweifel ist der Stachel im Fleisch, der einen im Bemühen antreibt und auch vorwärts bringt, bis man sich in der aussichtslosen Lage sieht, nichts tun zu können, und doch bleibt man dabei. Ein ursprünglicher Hunger, vielleicht gepaart mit der Frage, „wer bin ich?", kann zum Nicht-Wissen führen. Denn solange man weiß, was Zen ist, hat man keine Ahnung. Und schließlich bedarf es der Entschlossenheit, es wirklich wissen zu wollen. Es ist auch die Entschlossenheit, das ‚Ich' aufzugeben und alles in eine Waagschale zu werfen. Diese Aufforderung richtet sich an Individuen, die sich als getrennt erfahren. Hakuin präzisiert seine Aussagen wie folgt:

„Nur einige hundert Meter von hier entfernt ist eine Küste. Stell dir vor, jemand sei bekümmert, weil er noch niemals Meerwasser gekostet hat, und entschließe sich, etwas davon zu probieren. Und indem er seinen Finger ins Wasser taucht und es kostet, wird er augenblicklich den Geschmack kennen, den alles Meerwasser auf der Welt besitzt, einfach deshalb, weil es überall dasselbe ist, in Indien oder China, im Süd- wie im Nordmeer."³⁵ – So ist es auch mit der Erfahrung des reinen Seins. Hat man es einmal gekostet, sieht man es überall.

Das erwähnte „Lied auf Zazen" von Hakuin Zenji beschreibt die Situation deutlich. Die ersten Verse lauten: „Alles Seiende ist der Natur nach Buddha, wie Eis seiner

Natur nach Wasser ist. Getrennt vom Wasser gibt es kein Eis, getrennt vom Seienden kein Leben des Buddha.

Wie traurig, dass die Menschen das Nahe nicht achten und die Wahrheit in der Ferne suchen: wie einer, der mitten im Wasser aufschreit vor Durst, wie ein Kind aus wohlhabendem Hause, das umherirrt unter den Armen.

Verloren auf des Unwissens dunklen Pfaden zieh'n wir dahin durch die sechs Welten, von dunklem Pfad zu dunklem Pfad. Wann werden wir frei von Geburt und Tod?"

Das ist die Ausgangslage. Zwar ist alles seinem Wesen nach genau das, was gesucht wird, aber dieser nahe Umstand wird nicht geachtet, und deshalb ist man sich seines inneren Reichtums nicht bewusst. So irrt man verloren herum. Die sechs Welten sind die Hölle, die Welt der hungrigen Geister, die Tierwelt, die Menschenwelt, die Welt der Asuras (eifersüchtige und hadernde Götter) und die Welt der Devas (der oberen Götter). In den folgenden Versen wird die Zen-Übung gelobt und darauf hingewiesen, dass dadurch altes Fehlverhalten (das Getrenntsein von der Wesensnatur) gelöscht wird.

„Jene aber, die sich nach innen wenden und die Selbstnatur bezeugen – die Selbstnatur, die eine Nicht-Natur ist – geh'n über bloße Lehren weit hinaus. Das Tor der Einheit von Ursache und Wirkung öffnet sich. Der Weg, der weder zwei noch drei ist, führt geradeaus. Als Form, die Nicht-Form ist, sind wir nie irgendwo anders, ob wir kommen oder gehen," so lautet der Text weiter. – Wer sich wirklich nach innen wendet und das Wesen der Erscheinungen erkennt, übertrifft jede Lehre. Man kommt zur Einheit („das Tor von Ursache und Wirkung öffnet sich"), und jede Form übersteigend ist man immer schon da und braucht nirgends hinzugehen.

„Fehlt noch etwas in diesem Augenblick? Nirvana vor unseren Augen. Das Lotus-Land an diesem Ort. Dieser Leib das Leben des Buddha", so schließt das Lied auf Zazen. Genau hier ist das gesuchte Land, das Nirvana. Und wir selbst sind das Leben, das alles ist.

Hakuin führt seinen Schülern vor Augen, um was es im Zen geht: um das Eine, um das allumfassende Sein, das wir selber sind. Dieses wird hier Buddha genannt, doch geht es weder um Shakyamuni Buddha, noch um Buddhismus – sondern einfach um das Tiefgründige und Unergründliche, das wir sind. Nur in der Innenschau ist es zu erfahren, und das Sitzen im Zen (Zazen) ist eine Möglichkeit dazu. So kann man realisieren, dass nicht fehlt, und dass nie etwas gefehlt hat. Immer ist das Leben, immer ist Erfüllung, immer ist Gegenwart.

Im erwähnten Text über die Dankesschuld berichtet Hakuin von Yuan-wu, der gesagt habe: „Wenn die Alten erst einmal das Erwachen erreicht hatten, gingen sie auf und davon, lebten in strohgedeckten Hütten oder in Höhlen und kochten sich wilde Gemüsewurzeln in Töpfen mit zerbrochenen Ständern. Sie waren nicht daran interessiert, sich einen Namen zu machen oder eine einflussreiche Stellung zu erringen. Vollkommen frei von Bindungen jeder Art, hinterließen sie ihren Nachkommen Wende-Wörter, weil sie auf diese Weise den Buddha-Patriarchen ihre tiefe Schuld erstatten wollten." – Die Botschaften der alten Meister sind der Dank für ihre Erkenntnis. Ansonsten aber brauchen sie nichts – eben weil nichts fehlt. Sie leben in Hütten, wie etwa Meister Ryokan, von dem es zahlreiche schöne Gedichte gibt, die er in der Einsiedelei geschrieben hat. 1831 verstorben weilt er immer noch unter uns.

[1] John Daido Loori, Zen Master Keizans Denkoroku, Wisdom Publications Somerville, USA, 2003, S.158; vergl. auch Keizan Zenji, The Denkoroku, Shasta Abbey, Mt. Shasta, California 1993, S. 158

[2] Bodhi hat keinen Baum, der klare Spiegel keinen Ständer, im Ursprung gibt es nichts, wo kann sich Staub ansammeln?

[3] Sokei-an, Der 6. Patriarch kommt nach Manhattan, Theseus Verlag Küsnacht 1988, S.146

[4] ebd. S. 142

[5] Sokei-an, 1882-1945 gründete 1930 das erste Zen-Institut in den USA und verfasste ein grundlegendes Werk zu Eno (Hui Neng) mit dem Titel: Der 6. Patriarch kommt nach Manhattan, Theseus Verlag Küsnacht

[6] ebd. S. 206

[7] ebd. S. 345

[8] Auszüge aus „Shodoka", Gesang vom Erkennen des Tao. Die kleinen Zahlenangaben verweisen auf die Nummer des Verses in verschiedenen Publikationen, so etwa in Wolfgang Hrapia, Zitate Buddhismus, PoD, Norderstedt, 2008 oder in texte02-st-albert.blogspot.com

[9] vergl. Diamant-Sutra, Abschnitt 18, in Varianten verschiedenerorts zitiert

[10] Taisen Deshimaru, Sodoka, Kristkeitz Verlag Heidelberg 1979/2006, S. 40

[11] vergl. Gerhart Staufenbiel, Im Garten der Stille, Verlag Tredition, 2015, u.a.

[12] Bruno Petzold. The Classification of Buddhism, Harrossowitz Verlag Wiesbaden 1995, S. 988

[13] Max Picard, Die Welt des Schweigens, Neuauflage Piper Verlag München 1991

[14] Hoseki Hisamatsu, Die fünf Stände von Zen-Meister Tozan Ryokai, Verlag G. Neske, Pfullingen, 1980

[15] unveröffentlichte Notizen von Yamada Koun zu den Goi-Koan „Verses on the five Degrees of the Phenomenal in the Real"

[16] Hoseki Hisamatsu, Die fünf Stände von Zen-Meister Tozan Ryokai, Verlag G. Neske, Pfullingen, 1980, S. 65

[17] Huang-po. Der Geist des Zen, O.W. Barth Verlag 2011

[18] Linji, Das Denken ist ein wilder Affe, O.W. Barth Verlag, 2015, s. 234

[19] ebd. S. 121

[20] ebd. S. 64

[21] ebd. S. 72

[22] ebd. S. 101

[23] ebd. S. 105

[24] Rinzai Roku, das Zen von Meister Rinzai, übersetzt von Irmgard Schloegl und Sotetsu Yuzen, Octopus Verlag Wien 1987, S. 52

[25] Linji, Das Denken ist ein wilder Affe, O.W. Barth Verlag, 2015, S147f.

[26] ebd. S. 158f.

[27] ebd. S. 163f.

[28] Denkoroku Fall 51, z. B. in The Record of Transmitting the Light, Wisdom Publications Boston 2003, S. 255

[29] Aus Dogen Zenji, Shobogenzo, Kap. 3. Genjo Koan, Angkor Verlag Frankfurt a.M. 2008

[30] Aus Dogen Zenji, Shobogenzo, Kap. 25 Daigo, Angkor Verlag Frankfurt a.M. 2008

[31] vergl. ebd. S. 342ff.

[32] Zitiert nach Meister Hakuin, Authentisches Zen, Hrsg. Norman Waddell, Fischer Verlag Frankfurt a.M. 1997, S. 108

[33] Auszüge aus Hakuin Zenji, Dankesschuld erstatten

[34] Meister Hakuin, Authentisches Zen, Hrsg. Norman Waddell, Fischer Verlag Frankfurt a.M. 1997, S. 109

[35] ebd. S. 110

Teil II

Meister der Neuzeit

Nachdem der erste Buchteil den Sutren und alten Meistern gewidmet war, sollen jetzt zeitgenössische Zen-Stimmen zu Wort kommen. Sie gehören kürzlich verstorbenen Meistern wie Kodo Sawaki und Yamada Koun Roshi, aber auch gegenwärtigen Zen-Meistern. Mit Klarheit drücken sie aus, um was es im Zen geht – und um was nicht.

Diese Stimmen werden mit den Lehren indischer Meister der Neuzeit ergänzt, welche der Advaita-Tradition zugerechnet werden können. Advaita bedeutet wörtlich „nicht zwei", womit die Advaita-Lehren dem Zen sehr ähnlich sind, und was die Nondualität anbelangt decken sie sich inhaltlich. Beide Traditionen entspringen dem indischen Kulturraum, und während sich Zen in China und Japan gestaltet hat, wähnt man sich im Advaita-Wissen den Ursprüngen des Zen nahe. Die drei hier vorgestellten Meister könnten ihrer Botschaft nach dem Zen zugehören, wenngleich sie sich nicht an Übungen wie etwa Zazen hielten. Weil das Ziel der Gegenwart immer schon inhärent ist, braucht es nicht durch spezielle Übungen angestrebt zu werden. Das schließt aber nicht aus, dass doch meditiert wird – einfach als Erscheinung, nicht mit einem bestimmten Zweck oder Ziel. Die Advaita-Tradition geht auf die letzten Texte der Upanishaden, die Veden zurück, weshalb manchmal auch von Advaita-Vedanta die Rede ist.

Schließlich kommen hier noch sechs moderne Vertreter eines nondualen Verständnisses zu Wort, die sich keiner besonderen Schule zuordnen und in Unabhängigkeit und ohne jedes Guru-Gehabe wirken. Es sind einfach gewöhnliche Menschen, welche die Einheit, die immer schon ist, im Bewusstsein verwirklicht haben.

Zen-Meister der Neuzeit

Was du denkst und glaubst ist falsch – Kodo Sawaki

Kodo Sawaki ist eine beachtenswerte Gestalt der moderneren Zen-Welt. Er spricht mit sehr klaren Worten davon, dass es im Zen keine Ausflüchte gibt und alles auf eine radikale Selbstbegegnung hinausläuft. Er lebte von 1900-1965, war schon mit sieben Jahren Vollwaise und wurde in jungen Jahren Mönch im Daihonzan Eiheiji, dem Haupttempel der Soto-Schule. Später wurde er Wandermönch, der nach seiner Lehrzeit nie mehr auf Dauer in einem Tempel lebte, nicht heiratete, keine eigene Organisation gründete, nie ein Buch verfasste und keine Koan hinterließ. Über lange Zeit reiste er durch ganz Japan, um Zen wieder zu beleben, denn in der Soto-Schule war die Meditation zugunsten der Rituale sehr in den Hintergrund getreten. Damit ist auch zu verstehen, weshalb Sawaki in seiner Lehrtätigkeit intensiv darauf beharrte, sich nichts vorzumachen, das eigene Leben ganz ernst zu nehmen und die Wahrheit in sich selbst zu finden. „Jeder von uns steht absolut nur für sich selbst ein", sagt er, „das bedeutet es, Buddha zu sein"[1]. Als Zen-Meister war er zeitweilig auch Professor an einer buddhistischen Universität. Kurz vor seinem Tod ordinierte er Taisen Deshimaru, der die Soto-Schule in den Westen brachte und in Frankreich ein großes Zen-Zentrum aufbaute. Die Worte, die von Kodo Sawaki überliefert sind, wurden hauptsächlich von seinem Schüler Kosho Uchiyama notiert und veröffentlicht. Darauf basieren auch die zitierten Ausschnitte.

„Du unterscheidest zwischen dem, was du magst, und dem, was du nicht magst. Was du magst, dem läufst du hinterher. Was du nicht magst, dem läufst du davon. Deine Illusion ist wie ein Versteckspiel. Gelassen und unerschrocken zu leben bedeutet, mit diesem Versteckspiel aufzuhören."[2] – „Wir betrachten die Dinge durch unsere gefärbte Brille. Im Buddhismus nennen wir das ‚Karma' oder ‚Illusion'. Die Welt, mit der wir zufrieden sind, und die Welt, mit der wir unzufrieden sind, haben wir selbst fabriziert. – Alles, was du denkst und glaubst, ist falsch. Wenn du auf diese Weise alles negierst, bleibt am Ende nichts mehr übrig. Das bedeutet, dass du deine gefärbten Brillengläser abnimmst. Und dann siehst du die Dinge plötzlich so, wie sie wirklich sind.

Es gibt keine Welt außer deiner eigenen. Dein Selbst ist die Welt. Was du siehst, liegt nicht außerhalb deiner selbst. Deshalb kann man sagen, dass alle Phänomene bloß dein eigener Schatten sind. – Den Buddhaweg kannst Du niemandem nachmachen, du musst ihn selbst gehen, auf deine ganz eigene Weise. Auch Geistesruhe kannst du niemandem nachmachen; wie willst du das Satori der anderen denn imitieren? Es geht um dich selbst, an diesem Ort, in diesem einen Augenblick. Es ist dein Leben, da geht nichts auf die Rechnung Buddhas. Den Buddhaweg zu praktizieren bedeutet, dein eigenes Leben zu schöpfen, es bedeutet, deinen eigenen Weg zu finden, um dieses Leben zu leben.

Buddhismus findest du nur in dir selbst. Doch um Buddha in dir selbst wirklich zu begegnen, musst du aufs Ganze gehen. Du gehst aufs Ganze und bekommst es endlich zu fassen – und bist doch nur ein hungriger Geist. Was bleibt dir da anderes übrig, als einfach dich selbst zu vergessen und Stück für Stück mit der Übung fortzufahren? – Deine tägliche Praxis muss Ausdruck von Ziellosigkeit, Hingabe und Loslassen sein. Von Anfang an spielt es überhaupt keine Rolle, ob es etwas bringt oder nicht. Nichts übertrifft das, was gut für nichts ist. Nur das, was gut für nichts ist, ist absolut.

Nur wenn wir überhaupt nichts tun, füllen wir damit das ganze Universum aus. Dein Körper und deine Kraft sind begrenzt. Beim Buddhaweg geht es darum, über deine

Grenzen hinauszugehen und dich dem Grenzenlosen hinzugeben. – Jede Minute und jede Sekunde lebt dein Menschenkörper dieses universelle Leben, nicht ein Bruchteil davon gehört dir persönlich. Wir glauben, dass wir ganz aus eigener Kraft leben, aber in Wirklichkeit ist es die große Natur, die uns am Leben hält. Dein Leben gehört nicht dir allein, es ist universell. Dieses universelle Leben ist Dein Selbst, es ist der wahre Menschenleib, der den gesamten Kosmos ausfüllt."

Kodo Sawakis Worte sind von seltener Klarheit: Es gibt keine Ausflucht. Die individuellen Ansichten hält er für den Grund der eigenen Probleme und Illusionen. Mögen und Nichtmögen, Zufriedenheit und Unzufriedenheit sind nach Sawaki das Resultat subjektiver Einschätzungen, die er treffend als ‚gefärbte Brillengläser' charakterisiert. Sie verfälschen den Blick auf die Wirklichkeit. Um sich der eigenen Unwissenheit bewusst zu werden ist es notwendig, ganz sich selbst ausgesetzt zu sein. Die Übung des Zazen erscheint hilfreich, um von eigenen Vorstellungen, Glaubensinhalten und Privatangelegenheiten Abstand zu nehmen, auf sein persönliches Selbst (das ‚Ich') zu verzichten und sich dem Grenzenlosen hinzugeben. Dieses wiederum ist in radikaler Weise nur in sich selbst zu finden – nicht als etwas Persönliches, sondern als die eigene Unermesslichkeit, als das Leben an sich, als das ganze Universum. Dazu muss man ‚aufs Ganze gehen', sich selbst vergessen bis nichts mehr übrig bleibt, wie Sawaki sagt. Weil all dies jenseits unserer Gedanken- und Glaubenswelt liegt, ist „alles was du denkst und glaubst falsch"[3]. Alles Denken und Glauben ist dual, wofür es der Gegensätze bedarf, und das Leben an sich, das universelle, unpersönliche Leben, das die ganze Welt ist, liegt außerhalb solcher Betrachtungen. Dafür muss man nach Sawaki die persönliche Brille der eigenen Einschätzungen und Wertungen abnehmen – viel deutlicher könnte man es nicht sagen.

Dualität ist ein großer Irrtum – Yamada Koun

Yamada Koun Roshi wurde im Westen bekannt, weil bei ihm zahlreiche Europäer und einige Amerikaner Zen praktizierten und er später mehrere zu Zen-Lehrenden autorisierte. Dazu gehören etwa Willigis Jäger, Niklaus Brantschen, Robert Aitken, Johannes Kopp und Gundula Meyer. Yamada lebte von 1907-1989, wurde Ingenieur und war in seinen späteren Berufsjahren Leiter einer Klinik in Tokyo, in welcher seine Frau als Ärztin tätig war. Zugleich führte er als Zen-Meister ein Zendo in Kamakura, das er eigens für seine Schüler und Schülerinnen erbaut hatte und das für viele Zen-Übende zu einer Art Heimat wurde.

Yamada hatte bei verschiedenen Meistern Zen studiert, hauptsächlich aber bei Yasutani Roshi. Dieser hatte Zen seinerzeit aus der Klosterumgebung herausgelöst und ermöglichte es auch Laien, unter professioneller Anleitung Zen zu üben. Er gründete eine eigene Zen-Linie, die Elemente des Rinzai- und des Soto-Zen vereinigt. Deren Name Sanbo Kyodan (Drei-Schätze-Vereinigung) bezieht sich auf die drei Schätze Buddha, Dharma und Sangha. Obwohl Yasutani hauptsächlich in Japan wirkte, wurde er im Westen durch Philipp Kapleaus Bestseller „Die drei Pfeiler des Zen" bekannt, in welchem Buch Lehrer-Schüler-Gespräche von Yasutani dokumentiert sind. Yamada wurde von Yasutani 1967 zum Zen-Meister ernannt, und 1970 übernahm er die Leitung der Sanbo-Kyodan-Linie. Er erwirkte deren staatliche Anerkennung und öffnete sie zugleich für Laien ohne explizit buddhistische Zugehörigkeit. Damit wurde Zen aus dem religiösen Hintergrund gelöst, wie es auch einmal Zenkei Shibayama (1884-1974), der ehemalige Abt des bedeutenden Klosters Nanzenji in Kyoto forderte: „Man muss Zen unabhängig von der Zen-Schule des Buddhismus verstehen. Ich halte Zen für eine universale Wahrheit, die wahres Wissen und Frieden in das Leben der Menschen in der Welt bringt". Nach Yamada geht es im Zen um ein „Einbrechen in den immer präsenten und nie verlorenen Ausgangspunkt alles Seienden. Somit ist es in seinem Ursprung transkonfessionell". Wenn sich Zen von seinem buddhistischen Ursprung gelöst hat, heißt dies selbstredend nicht, dass es nun mit einem anderen religiösen Hintergrund versehen werden könnte. Schriftlich hat Yamada vor allem Kommentare zu Zen-Koan hinterlassen, so zu den Sammlungen Mumonkan (Die torlose Schranke) und Hekiganroku (Die Niederschrift vom blauen Fels). In seinem Werk Hekganroku schreibt er:

„Die Unterscheidung zwischen Subjekt und Objekt, diese Dualität, gehört zu den Grundlagen der abendländischen Philosophie. Aber das ist ein großer Irrtum, eine trügerische Illusion. Was geschieht mit einer Kultur und einer Zivilisation, die auf der Dualität von Subjekt und Objekt gegründet sind? Dieser dualistische Gegensatz führt unvermeidlich zu Streit und Konflikt. In neuester Zeit haben auch Staatsmänner begriffen, dass direkte Gewaltkonfrontationen niemandem nutzen, sodass diese Konfrontationen nachgelassen haben. Noch aber sind sie nicht in der Lage, der Menschheit wahren Frieden zu vermitteln. Warum? Weil sie nur die Welt der Dualität, der Konfrontation kennen. Ach, wenn sie es doch realisieren könnten, dass die Welt in Wahrheit eine ist, im wahrsten Sinn des Wortes Eine! Keine Philosophie kann uns das wirklich vermitteln. Durch die Erfahrung der essenziellen Leere aller Dinge realisiert man gleichzeitig die grundlegende Einheit aller Dinge. So ist die Welt der Leere, die Welt des absoluten Nichts, in einem noch tieferen Sinn als die Welt der Einheit die grundlegende Basis für alles was existiert."[4]

Yamada geht es um ein Bewusstsein von der Einheit allen Seins, welches die Voraussetzung für ein friedliches Zusammenleben von Menschen und Kulturen bildet. Und dieses eine Sein ist nach Yamada das eine Leben, das alles ist. So schreibt er:

„Aus dem Blickwinkel des Lebens, das in mir ist, ist alles, was außen und abgetrennt zu sein scheint, in Wahrheit eins. Leben selbst hat weder Farbe noch Form. Aber dass es Leben gibt, ist außer jedem Zweifel. Wenn wir inhaltlich an Leben denken, ist unsere Aufmerksamkeit meist auf Aktivitäten und Bewegungen gerichtet, wodurch Leben für uns manifest wird. Aber das, was diese Bewegungen hervorruft, kann selbst nicht gesehen und wahrgenommen werden. Darum glaube ich sagen zu können, dass das Wahre Selbst nichts anderes ist als einfach Leben. Wir können auch nicht mit dem Finger auf das Leben zeigen und sagen, dass es hier oder dort sei. Das gilt ja auch für die Wirklichkeit, die wir die Wesenswelt nennen. Das sind nicht zwei verschiedene Dinge. Ich bin überzeugt, dass ‚Wesenswelt' eigentlich nur ein anderer Name für ‚Leben' ist. Warum? Weil Leben Zeit und Raum transzendiert, genau wie die Wesenswelt. Nirgends gibt es einen Platz, an dem man sagen kann: Hier ist es, aber dort nicht. Nirgendwo im Universum ist so ein Ort. Leben transzendiert Zeit und Raum."[5]

Yamada verweist bezüglich dieses umfassenden Verständnisses vom Leben an anderer Stelle auf das Herzsutra (Form und Leere sind eins) und vergleicht die Beziehung von Form und Leere mit einem algebraischen Bruch. Dabei entspricht der Zähler den Erscheinungen, wohingegen der Nenner mit dem Zeichen für ‚Unendlich' die Grundlage aller Zähler bildet. Dazu schreibt er: „In der Form unseres algebraischen Bruches würden die unerleuchteten Wesen die Stelle des Zählers einnehmen. Durch unsere Zenpraxis wird die Welt des Nenners, das Null-Unendliche, immer mehr auf die Ebene des Zählers gehoben und dort offenbart. Unsere Buddhaschaft wird immer mehr sichtbar. Alle Lebewesen sind auf dem Weg, das Buddha-Sein auch in der Erscheinungswelt zum Ausdruck zu bringen." Yamada sagt damit, dass alle Erscheinungen letztlich dieses Null-

Unendliche (das eine unfassbare Sein) sind, auch wir selbst, und dass dieser Umstand zunehmend bewusst wird. Der Begriff der Nondualität ist dafür einfach ein anderes Wort. Um diese Einheit zu erkennen (und nicht nur intellektuell zu verstehen) sind nach seinem Lehrer Yasutani fünf Arten oder Stufen von „Blindheit" zu durchlaufen[6]: Unerleuchtete Menschen sind in Bezug auf den Dharma (das allumfassende Sein) blind; Menschen mit Vorurteilen zeigen eine ‚destruktive Blindheit'; suchende Menschen, die noch nicht erfahren haben, sind in Bezug auf die Erkenntnis blind. Von ‚echter Blindheit' ist der Erkennende, der weiß, dass in der formlosen Wesenswelt nichts zu sehen ist, und ‚wahre Blindheit' zeigt schließlich derjenige, der alle Spuren seiner Erfahrungen abgelegt hat und sich als ganz normaler Mensch in der Welt bewegt. Nach Yamada hat Buddha alle diese Stufen durchlaufen, und keinem ernsthaft Suchenden sind sie erspart. Im Grunde sind dies Grade in der Spanne von vermeintlich bestehender Dualität bis hin zu einem tiefen Wissen über die Nondualität aller Erscheinungen.

Das Eine ist meine wahre Natur – Willigis Jäger

Willigis Jäger, Benediktiner mit entzogener kirchlicher Beauftragung, als Priester zu wirken und im Namen der katholischen Kirche zu lehren, war einer der Zen-Schüler von Yamada Koun Roshi. 1925 geboren erhielt er von ihm nach vielen Jahren des Zen-Studiums 1980 die Lehrbefugnis und 1996 von Yamadas Nachfolger Kubota das Siegel der Bestätigung (Inka Shomei). Daraufhin gestaltete er in Würzburg ein Meditationszentrum, dem er rund zwanzig Jahre vorstand. 2003 wurde er spiritueller Leiter des nahe gelegenen Benediktushofes, eines ehemaligen Benediktinerklosters, das er mit Unterstützung aus seiner Schülerschaft zu einem überkonfessionellen Bildungshaus mit Schwergewicht Zen-Meditation ausbauen konnte. In dieser Zeit erhielt er in China auch die Anerkennung als Rinzai Zen-Meister. Derweil hielt Kardinal Ratzinger von der katholischen Glaubenskongregation fest, dass Jäger die Glaubenswahrheiten der persönlichen Erfahrung unterordne und erteilte ihm Rede-, Schreib- und Auftrittsverbot. Jäger selbst versteht Religionen nicht als Hüter von Dogmen, sondern hält sie für Landkarten, die dem Menschen Wege zeigen sollen, mit der letzten Realität in Beziehung zu treten und sich selbst in deren Spiegel zu erkennen. Wenn die religiösen Modelle nicht mehr von innerer Erfahrung belebt werden, würden sie veralten, und es entwickelten sich mystische Bewegungen, welche die verlorene Spiritualität neu anstreben. In diesem Sinne versteht Willigis Jäger auch die zunehmende Bedeutung von Zen als reinem Erfahrungsweg. Er veröffentlichte zahlreiche Bücher, und seine zentralen Auffassungen hielt er in einer kurzen Schrift mit dem Titel „Mein Bekenntnis"[7] fest. Dieses lautet ungekürzt:

„Das EINE ist meine wahre Natur – und die aller Wesen. ES ist zeitlos und unwandelbar, ES entfaltet sich in der Zeit. ES offenbart sich als diese Form, die ich bin.

ES entstand nicht bei meiner Geburt. ES vergeht nicht im Tod. ES ist weder gut noch böse und mit nichts vergleichbar. ES ist wie der Ozean, der unverändert bleibt, auch wenn er Millionen von Wellen wirft.

Dieses EINE ist der Urgrund aller Dinge. ES ist unendlich. ES hat nie angefangen, denn ES kennt keine Zeit. Daher hört ES niemals auf. ES lässt sich nur erfahren. ES ist gleichsam der ‚Zeuge', der hinter allen Handlungen steht. Dieser ‚Zeuge' ist mein wahres Wesen.

ES übersteigt alle Theologie, Philosophie, Theodizee und Metaphysik. ES hat nichts mit Glauben zu tun. ES ist das grenzenlose, absolute Jetzt. Aus diesem absoluten Jetzt steigen die vielen Formen und Wesen des Universums wie aus einem unendlich tiefen, nie versiegenden Brunnen. Immer neue Formen steigen aus dem Einen auf.

ES ist die Ursache der Ursache der Ursache, aber nicht im Sinn von Ursache und Wirkung. ES ist das ‚Nichts', das sich immer wieder neu ausformt. Alle Dinge und alle Lebewesen und auch wir Menschen bestehen aus dem reinen, ursprünglichen Nichts.

Wir sind eine Form des Nichts, so wie ein goldener Ring die Form des Goldes ist. Ring ist nicht Gold und Gold ist nicht Ring. Als Ring aus Gold sind sie eins. Das Gold gibt dem Ring die Existenz, bleibt aber davon unberührt.

So bestehen Menschen, Tiere, Bäume, Blumen, Steine, Wasser, Berge, Planeten, Monde, Sonnen, Spiralnebel und wir selbst, unsere Gefühle, Gedanken und Intentionen aus dem EINEN. Das EINE ist gleichsam unser Familienname. Wir sind alle von dieser einen Familie, ES ist der Nenner, an dem alle Zähler partizipieren.

Da wir dieses EINE sind, sind wir auch nicht entstanden und werden nicht vergehen. Unser wahres Wesen ist ungeboren und unsterblich. ES war immer schon da – nur die Form ändert sich in jedem Augenblick! So wie die Wellen immer ihre Form verändern und doch der gleiche Ozean bleiben. ES ist nicht immer die gleiche Welle, aber immer das gleiche Wasser. Das EINE bleibt immer gleich und wandelt sich nie.

Die äußere Form wird sterben, aber was wir zutiefst sind ist unvergänglich und unzerstörbar. ES entsteht nicht bei unserer Geburt. ES grenzt sich nur ein in diese Form. ES geht im Tod nicht unter, ES verliert nur diese Form.

Auch wenn es Menschen gibt, die Erinnerungen haben, als hätten sie schon einmal oder gar mehrmals gelebt, wäre ES immer nur dieser Urgrund, der die vielen Erfahrungen macht. Die äußere Form wird sterben, aber was wir wirklich sind, kennt keine Zeit.

Wir tragen das Gesicht des EINEN. ES lässt sich auch hinter dem Bösen nicht verbergen. Wenn du im EINEN ankommst, wirst du ES wiedererkennen. ES ist dir urvertraut. Dann wirst du wissen, dass ES immer dasselbe war, schon vor deiner Geburt, vor der Geburt deiner Eltern, vor ewigen Zeiten und am Ende der Welt.

Die Welt mag untergehen, doch auch als Untergang manifestiert sich das EINE. Untergang ist nie Untergang, sondern Fortgang auf einer anderen Ebene, und Neubeginn.

In der tiefen spirituellen Erfahrung werden wir gewahr, dass ES selbst ganz still ist und nur die äußeren Formen kommen und gehen. Dann endlich erkennen wir, dass wir uns immer schon gekannt haben, und entdecken, dass wir wieder gefunden haben, was wir immer schon gewusst und nur vergessen hatten. ES gibt nur das zeitlose Jetzt.

Wer in diese Erfahrung gelangt, erfährt sich als Einheit, Verbundenheit und Liebe. Diese Liebe führt zu Gemeinschaft mit allem und jedem. Sie zeigt sich als Sinn unseres Menschseins. Sie führt zurück zu den Menschen in den Alltag. Sie lässt das Leben neu begreifen und deutet den Sinn unserer kurzen Lebenszeit in diesem zeitlosen Universum. Wer dort ankommt, erfährt nichts als Liebe."

Diese berührenden Verse bedürfen keiner Ergänzung. Sie sind geprägt von tiefer innerer Aufrichtigkeit gegenüber dem zeitlosen reinen Sein, der unergründlichen Urnatur unseres Daseins, dem Urgrund aller Dinge, dem tiefen Wesen, das wir verkörpern. Im Übersteigen von Theologie, Philosophie und Glaubenssätzen ist es unabhängig von allen Konzepten und entspricht dem, was nur mit Großbuchstaben geschrieben werden kann. Formlos und zeitlos erscheint es als unbeschreibliches, unzerstörbares ‚Nichts', dessen Form wir zusammen mit allen anderen Erscheinungen sind. Wir erfahren es als unsere ureigenste vertraute Heimat, und dort angekommen bedarf es nichts mehr. Das Dasein in der Einheit wird dabei als Liebe erfahren.

Zweifellos sind die Schriften von Willigis Jäger als Ausdruck einer nondualen Haltung zu verstehen. Er betont das Eine, das in allem ist, und das sich ihm als Erfahrung und darüber hinaus als reines Sein offenbart, welches seiner gar nicht bedarf. In seinem Bekenntnis zeigt sich die Ergriffenheit darüber, und diese führt ihn verbindlich über kirchlich-religiöse Haltungen hinaus. Während die Glaubenskongregation am Primat von Lehrsätzen festhält, sind diese für Jäger zweitrangig – im besten Fall Ausdruck dessen, um was es geht. Verliert der Ausdruck aber die Unmittelbarkeit, dann werden die Lehrsätze zu Dogmen, die selbst gegen tiefe Erfahrungen aufrecht erhalten werden. Darunter hat schon Meister Eckhart gelitten, dessen Lehrsätze teilweise der Häresie bezichtigt wurden, und dem heute ein wiedererwachtes Interesse gilt. Er wurde für jene Sätze verurteilt, welche die Einheit und seine tiefe Erkenntnis davon darlegen und damit als nondual zu verstehen sind. Willigis Jäger steht da nicht an einem anderen Ort und könnte auch als moderner Eckhart bezeichnet werden.

Zuflucht zu dir selbst – Kobun Otagawa

Kobun Otagawa, geb. 1938, wuchs anfänglich im elterlichen Zen-Tempel in Japan auf, verlor aber schon bald seinen Vater und wurde in der Folge von Chino Roshi aufgenommen und adoptiert. Von ihm erhielt er 1962 Dharma-Transmission. Später war er Schüler von Kodo Sawaki, studierte Buddhismus in Kyoto und ging für drei Jahre zum Zen-Training in den großen Soto-Tempel Eihei-ji. Shunryu Suzuki lud ihn von dort weg als seinen Assistenten in das von ihm neu gegründete Zen-Zentrum Tassajara nach Kalifornien ein, dessen Leiter er nach Suzukis Tod wurde. Daneben lehrte er auch an anderen Orten und gründete eigene kleine Zentren. Kobun war gelegentlich auch in Österreich und in der Schweiz tätig, wo er 2002 verstarb, als er versuchte, seine fünfjährige Tochter aus einem Pool zu retten. In den USA und in Europa gibt es einige Zentren und Meditationsgruppen, die sich auf ihn berufen. Seinem Wesen nach Künstler war Kobun nicht nur Zen-Priester, sondern auch ein begabter Maler und Kalligraph, Bogenschütze und Spieler der japanischen Shakuhachi-Flöte. Von seinen Schülerinnen und Schülern wird er als sanfter zugänglicher Lehrer geschildert, der mit dem Vornamen angesprochen werden wollte. Er lehrte mehr durch seine Präsenz, sein Schweigen und seine Handlungen, als durch Vorträge. Nebst Berichten aus seinem Schülerkreis gibt es auch einige von ihm selbst verfasste Werke und Texte. Hier sei aus den Kapiteln über das Selbst und das Nicht-Selbst zitiert, die sich in einem Buch finden, das von seinen Schülerinnen und Schülern zu seiner Erinnerung geschrieben wurde[8].

„Es ist völlig offensichtlich: Zuflucht zu Buddha, Dharma und Sangha zu nehmen, heißt nichts anderes, als Zuflucht zu nehmen zu deiner eigenen Wahrheit, deinem wahren Selbst, auch wenn du nicht weißt, wer du bist. Du nimmst Zuflucht zu dir selbst. Du spiegelst deine Existenz in die Welt und spiegelst die Welt zurück auf dich selbst, genau so wie die Welt ist. Die äußere Welt ist nicht getrennt von deiner inneren Erkenntnis.[9]

Ein Beispiel ist unser Atem. Wenn du ausatmest, lässt du damit die ganze Welt lebendig werden, und wenn du einatmest, lässt die ganze Welt dich lebendig sein. Was übrig bleibt, ist Nicht-Selbst. Es existiert nur der Atem, und die ganze Welt atmet tatsächlich nur durch sich selbst. Diese ganze Welt wird Buddha genannt, Atem, der sich selbst atmet und damit uns alle, wenn wir sagen, ‚wir' sind Kinder Buddhas, kleine atmende Kinder. Genauso ist es auch mit unseren Körperzellen. Wenn jede einzelne Zelle ‚ich' rufen würde, wäre das ganz schön laut.[10]

Wenn wir von ‚Erwachen' oder ‚Erleuchtung' sprechen, hat es den Anschein, als gäbe es ein substantielles Wesen, das dieses Erwachen erfährt. Aber falls so ein beständig Wissender existierte, könnte das Erwachen nicht auftauchen. Endlose Verblendung taucht dann auf. Wir selbst sind es, unsere Existenz, die kein Selbst hat, die Nicht-Selbst ist. Diese Begriffe, ‚Kein/Nicht', sind einfach nur ein anderer Ausdruck für Maha, was unbegrenzt, unendlich, unermesslich bedeutet. Wenn ihr wisst, was es bedeutet, wenn wir ‚ich bin, du bist' sagen, dann liegt kein Schmutz mehr am Boden. Dann gibt es kein Grün in den Blättern. Ihr versteht dann, dass Geist alles ist, dass Geist das ist, was ihr seid. Und alles existiert, so wie es ist, und es gibt keine Notwendigkeit, es zu kennen, denn ihr kennt es bereits.[11]

Ihr habt kein ewiges Leben. Ewiges Leben ist, was ihr seid. Im Grunde genommen ist es noch nicht einmal euer Leben. Das ewige Leben ist das, was ihr seid, ihr berührt einen Teil davon und nennt ihn ‚30 Jahre!' Wenn wir sagen, dass wir etwas haben oder besitzen, wenn ihr fühlt, dass ihr etwas besitzen könnt, dann ist das nicht richtig. Es gibt niemanden, der besitzt, und niemanden, der verliert.[12]

Ihr fallt nie aus der Wahrheit, die ihr seid. Einsicht zeigt sich als eure individuelle Existenz, aber diese Einsicht ist nicht einfach nur die Einsicht einer Person, es ist die Einsicht aller. Sie ereignet sich so, wie wir auch die kühle, klare Empfindung spüren, wenn die Erde von Schnee bedeckt ist. Die Beziehung ist: Der Mensch wird Frühling, Blumen werden Frühling und die Erde wird Frühling. Dieser Frühling ist es, was wir mit Einsicht meinen."[13]

Kobun Otagawa spricht vom Nicht-Wissen und von der Einheit von Mensch, Erkenntnis und Welt. Im Atem geschehen wir uns selbst, und so lebt die Welt sich selbst. Dazu braucht es kein ‚Ich', das nur viel Lärm macht, während das Leben sich selber gestaltet. Ohne Ich kann auch niemand Erleuchtung erfahren. Erwachen bedeutet vielmehr, dass sich das Unermessliche im ‚Kein' und ‚Nicht' zeigt, das wiederum alles ist. „Ich bin" wird damit zum allumfassenden Sein, und dieses kann keinen Schmutz anhäufen. Vom Leben erfasst kann man nicht mehr von ‚meinem Leben' sprechen, denn nicht wir haben das Leben, sondern es hat uns. Wir sind dieses große allumfassende Leben, sagt Kobun. In seinen Texten steht Kobun für die Einheitswirklichkeit ein, die den individuellen Menschen weit übersteigt. Nach seinen Worten decken sich Nichts und Alles und Maha, das Unermessliche, und davon sind wir ungetrennt. Es ist nicht fassbar, und wir können daher gar nicht wissen, wer wir sind. Aber da ist die Empfindung des ganz Großen, des formlosen Unermesslichen, und dieses kann nicht einfach jemandem zugeordnet werden, der diese Erfahrung macht. Das wäre zu eng gesehen.

Ent-Täuschung – Alexander Poraj

Alexander Poraj, geb. 1964, war Schüler von Willigis Jäger und ist von ihm als einer seiner Nachfolger zum Zen-Meister in dessen Linie „Leere Wolke" ernannt worden. Er ist Theologe und promovierte über die Ich-Struktur bei Eckhart und im Zen, was ihn als Kenner der nondualen Thematik ausweist. Heute ist er in der Leitung des von Willigis Jäger gegründeten Meditationszentrums Benediktushof sowie damit verbundener Organisationen engagiert. Von den Teilnehmenden seiner Zen-Kurse wird er als Lehrer geschildert, der für ein klares Zen einsteht.

Im Wissen um die Belange der Theologie setzt sich Poraj kritisch mit Glaubensinhalten auseinander, die sich oft genug als Konzepte mit Heilsversprechen[14] erweisen, und er warnt davor, Zen in einem solchen Sinne zu verstehen: „Das, was wir glauben, ist nicht; und was ist, muss nicht noch geglaubt werden. Deswegen ist das, was wir glauben, meinen und denken, auch wenn es uns noch so sehr spirituell erscheint, auch nur ein Konzept und damit eine Vorstellung neben vielen anderen. So gesehen ist Spiritualität, natürlich auch Zen, zunächst ein Konzept, wie alle anderen Konzepte auch. Machen wir es uns zu eigen, dann sind wir Zen-Leute. Wir glauben, dadurch wieder ein Etwas zu sein, in diesem Fall natürlich ein Jemand. Eben ein Zen-Mensch, was jedoch, wenn wir die Höflichkeiten beiseite lassen, an der Sache nichts ändert. Ich bin das, was ich zu sein glaube. Das haben wir schon gesehen. Ich bin überhaupt erst dann, wenn ich anfange zu glauben, weil der Glaube nichts anderes ist als eine Variante des Denkens. Sonst gar nichts. Und indem ich denke, bin ich. – Das gedachte Ich und das geglaubte Ich geben sich die Hand. Beide sind, was sie denken oder glauben zu sein, und nur so lange, wie das Bewusstsein dazu in der Lage ist. Ein kleiner

Unfall, Demenz oder Alzheimer, und schon schwindet das so wohl-behütete Ich."[15]

Poraj sagt, „dass das Ich unmittelbares Ergebnis des Denkens ist und ein vom Denken unabhängig existierendes Ich einfach eine fundamentale Täuschung ist."[16] „Unser Ich braucht Ziele. Warum? Weil unser Ich ein ständiger Prozess ist, der entweder an ein und derselben Identität festhält oder sich eine neue verordnet. Unser Ich ist, indem es festhält. – Ein Ich ohne Ziele gibt es genau so wenig wie einen Wald ohne Bäume oder eine Pfütze ohne Wasser."[17]

Die radikale Konsequenz von Poraj ist beeindruckend. Wenn das ‚Ich', unsere konventionelle Identität, als ein Konstrukt erkannt ist, dann sind es auch alle Konzepte, die sich dieses Ich vorstellt. Selbst Spiritualität erscheint damit als Konzept; so fremdartig das dem konventionellen Denken erscheinen mag, so einleuchtend ist es doch. Ohne die Gedankenwelt kann es so etwas wie Spiritualität nicht geben. Dann gibt es einfach nur das, was ist. Sind Katzen (die nichts denken), spirituell? Hat ein Hund Buddhanatur? fragt das berühmte Koan von Joshu, und die Antwort ist nur ohne Denken zu finden. Denken sagt ja oder nein und ist damit dual. Unserem Wesen gemäß sind wir aber nondual – reines Sein, von nichts getrennt.

„Welche Bedeutung hat das für die Zen-Übung?" fragt Poraj. „Es bedeutet, dass wir uns wieder einmal täuschen, wenn wir meinen, auf ein Ziel hin üben zu müssen. Warum ist das so? Ganz einfach, weil wir genau in dem Augenblick, in dem wir uns ein Ziel setzen, immer schon sind. – Zen kann täuschen, wenn es zielgerichtet ist. Also ist Zen auch eine Täuschung? Ja, aber sicher. Zen ist immer dann eine Täuschung, wenn es mit einem Ziel betrieben wird. Denn mit einem Ziel sind wir immer schon und immer nur das, was wir sind, ein geglaubtes Etwas, das aufgrund seiner selbsterschaffenen Begrenzung von der Weite träumt. Und es träumt von der Weite, weil es sich selbst im Wege steht, diese leere Weite als sich selbst zu erfahren."[18]

So wie die gedankliche Tätigkeit ein ‚Ich' kreiert, so bewirkt auch der sprachliche Ausdruck zwingend eine duale Beschreibung der Welt, denn nichts kann beschrieben werden, ohne das Gegenteil davon mit zu kreieren, sagt Poraj. Dieser Dualismus vermag aber die Welt nicht zu fassen, und Zen entzieht sich einer solchen Weltbeschreibung. „Zen lebt aus der Einsicht in die Beschaffenheit der Wirklichkeit und eben nicht aus der sprachlichen Deutung der Wirklichkeit. Genau darin liegt der wichtige Unterschied. Und genau deswegen wird im Zen oft auf die Sprache verzichtet. ‚Es ist unabhängig von Wort und Schrift', so eine der bekanntesten Beschreibungen dessen, was Zen ist. Aber bitte: Denken Sie nicht sofort, Zen ist gegen die Sprache oder das Denken. Dafür- oder Dagegensein bewegen sich gerade innerhalb der Deutungsmöglichkeiten der Sprache und ihrer Vorstellungen."[19]

„Zen ist hier Enttäuschung und Enttäuschung ist dementsprechend Still-Stand. Still-Stand ist weder das Fehlen von Gedanken noch das Auftauchen von angenehmen Gefühlen. Still-Stand ist der eigentliche Stand der Natur des Bewusstseins, völlig unabhängig davon, ob und was in ihm auftaucht. Das Bewusstsein bewegt sich nicht und es ändert sich nicht. Es entscheidet sich auch nicht für ein Gefühl oder gegen einen Gedanken. Es ist immer im Frieden und nicht in Abhängigkeit von dem, was in ihm auftaucht oder wann es verschwindet. – Zufriedenheit ist der unendlich offene Bewusstseinsraum. Sein Frieden hat mit unserer Vorstellung vom Frieden kaum etwas gemein. Diese Zufriedenheit ist bereits Erwachen. Alles andere ist Täuschung und wird früher oder später enttäuscht."[20]

Mit dem Begriff ‚Still-Stand' als Folge des Verzichts auf alle Täuschungen verweist Poraj auf das umfassende nonduale Sein. Dieses kann auch mit dem Bewusstsein gleichgesetzt werden, das unabhängig von seinen Inhalten existiert. Friede erscheint, wenn die Identifikation mit Bewusstseinsinhalten aufgehoben ist und an deren Stelle das leere Bewusstsein selbst tritt.

Alles in allem verwahrt sich Poraj gegen jedes dualistische Zen-Verständnis, indem er sowohl das ‚Ich' als gedanklich bedingte Vorstellung durchschaut und sich damit auch jede Charakterisierung als ‚Zen-Mensch' als reine Konstruktion eines Ich erweist. So gesehen disqualifiziert sich auch eine zielorientierte Zen-Übung, denn auch diese pflegt das Ich und erhofft sich eine Erfahrung, die es ohne Ich gar nicht geben kann. Gegenwart und Vollständigkeit sind ja stets und können nicht erreicht werden. Wahres Zen wird so zur Enttäuschung – dies ganz im positiven Sinne, denn erst im Wegfall aller Täuschungen kann sich das Eigentliche als nicht-duales Sein zeigen.

---

[1] Kodo Sawaki, Zen ist die größte Lüge aller Zeiten, Angkor Verlag Frankfurt a.M., 2005. Dieses und die folgenden Zitate sind diesem Werk entnommen.
[2] ebd. S.64
[3] ebd. S. 70
[4] Yamada Kôun Roshi, Hekiganroku, Kösel Verlag München, 2002, Bd. 2, S. 301
[5] ebd. Bd. 1, S. 495/496
[6] zitiert nach Yamada Koun, Hekiganroku, Kösel Verlag München, 2002, Band 2, S. 231
[7] Willigis Jäger, Ewige Weisheit, Kösel Verlag München, 2010, S. 129 ff.
[8] Erinnerungen an Kobun, Felsentor-Verlag, Vitznau, 2017
[9] ebd. S. 359
10 ebd. S. 360
[11] ebd. S. 361f.
[12] ebd. S. 362
[13] ebd. S. 363
[14] Alexander Poraj, Ent-Täuschung, Kösel Verlag München 2016, S. 101
[15] ebd.S. 43
[16] ebd. S. 139
[17] ebd. S. 121
[18] ebd. S. 122
[19] ebd. S. 87
[20] ebd. S. 164f.

Die Lehren moderner indischer Meister

Die Welt ist in dir – Ramana Maharshi

Ramana Maharshi gilt als der bedeutendste Weise der indischen Neuzeit. Er lebte von 1879-1950 und berichtet, dass mit 16 Jahren ein großer Wandel seines Lebens stattgefunden habe. Im Hause seines Onkels überkam ihn plötzlich eine starke Furcht, und obwohl er vollkommen gesund war, vermeinte er zu sterben. Im Schock habe sich sein Geist nach innen gewendet und es war ihm, dass dieser Körper sterbe. Und er fragte sich, ob auch ‚er' sterbe: „Ist der Körper ‚ich'?" Er fühlte die ganze Kraft seiner Persönlichkeit und davon getrennt die Stimme des Selbst. Er fühlte sich gespalten in den Körper und einen Geist, der diesen transzendiert. „Das bedeutet, dass ich ein unsterblicher Geist bin" durchfuhr es ihn als lebende Wahrheit. Von diesem Moment an habe das Selbst die Aufmerksamkeit mit einer kraftvollen Faszination auf sich gelenkt. Die Todesfurcht verschwand für alle Zeiten, und ab dann wurde alles durch das Selbst absorbiert. Auch wenn er später sprach, las oder andere Dinge tat, sei er in diesem Anderen zentriert geblieben. Vor dieser Krise jedoch habe er keine klare Wahrnehmung eines Selbst gehabt, war auch nicht daran interessiert, und noch viel weniger habe er die Neigung gehabt, permanent darin zu verweilen.[1] Nach diesem einschneidenden Erlebnis ging Ramana zum heiligen Berg Arunachala, den er nie mehr verließ. Von 1899 bis 1917 lebte er dort schweigend in der Virupaksha-Höhle, die heute noch für individuelle Meditation besucht werden kann. Später lebte er im ‚Ramanashram', der am Fuß des Berges entstand. Dort gab er Darshan (Begegnung mit dem Meister), wo er auf Fragen antwortete, jedoch keine Reden hielt.

Ramana Maharshi steht in der Tradition der alten indischen Lehre von der Nicht-Zweiheit (Advaita), welche auf den Veden (Wissen, Heiliges Gesetz und Ritualkunde beinhaltend) basiert und von Shankara (788-820) in die Form des Advaita-Vedanta gebracht wurde. Danach wird die Welt auf ein einziges Prinzip zurückgeführt, und man gelangt auf dem Weg des Vedanta (Übung, Rituale, Kenntnis der Lehren) schließlich zum höheren Wissen der Nicht-Zweiheit (Advaita). Brahman (die unveränderliche, unendliche, immanente und transzendente Realität) zu erfahren, ist dabei etwas ganz anderes als die Ergebnisse von Schriftstudien. Ramana Maharshi ist dieses Wissen offenbar ohne Vorbereitung zugefallen, und er hat es bis zum seinem Tod verkörpert. Im Folgenden seien einige Aussagen von Ramana Maharshi zitiert:

„Wirklichkeit muss immer wirklich sein. Sie hat weder Namen noch Formen, sondern ist das, was ihnen zugrunde liegt. Sie liegt allen Begrenzungen zugrunde, weil sie selbst grenzenlos ist. Sie ist jenseits von Sprache und von Bezeichnungen wie Sein oder Nicht-Sein." [2]

Ramana Maharshi transzendiert hier auch die Begriffe von Sein und Nicht-Sein, was dann ganz jenseits aller Begrifflichkeit liegt. Damit ist aber nichts anderes gemeint, als das unbeschreibliche ‚reine Sein‘, wie es andernorts genannt wird. Kraft der allgemeinen Identität von Sein/Nicht-Sein ist auch die Erscheinungswelt Sein/Nicht-Sein, und nur ein getrennter Geist nimmt die Welt als sogenannt ‚objektive Wirklichkeit‘ wahr, was sie nach Maharshi aber nicht ist.

„Die Welt wird als augenscheinliche, objektive Wirklichkeit wahrgenommen, wenn der Geist veräußerlicht ist und somit seine Identität mit dem Selbst aufgibt",[3] schreibt Maharshi. Nach ihm sollte der Suchende ohne veräußerlichten Geist die phänomenale Welt aber als Traum betrachten. „Die Welt ist nicht außerhalb von dir. Weil du dich fälschlicherweise mit dem Körper identifizierst, siehst du die Welt außerhalb von dir, und ihre Leiden werden augenscheinlich für dich.⁴ Wenn einmal die falsche Vorstellung ‚ich bin der Körper' oder ‚ich bin nicht verwirklicht' abgefallen ist, dann bleibt einzig das höchste Bewusstsein oder das Selbst übrig⁵. Für den universellen Geist, der nicht durch das Ego begrenzt ist, ist nichts außerhalb seiner selbst, und er ist deshalb nur gewahr.⁶"

„Die Ursache Deines Unglücks liegt nicht in Deinem äußeren Leben, sie ist in dir als dein Ego. Du lädst dir Begrenzungen auf und kämpfst dann sinnlos, um sie zu überkommen.⁷ Schwierigkeiten und Vergnügen gibt es nur für das Ego. Wenn du das Ego durch Nichtbeachten verbrennen würdest, dann wärest du frei.⁸ Wenn das Ego aufhört zu existieren, dann werden die Handlungen spontan."

„Das Gefühl der Handelnde zu sein, ist die Fessel, nicht das Tun an sich. Solange ein Mensch der Handelnde ist, solange erntet er die Früchte seiner Taten, sowie er aber das Selbst durch die Frage, ‚wer ist der Handelnde' verwirklicht, verliert er die Empfindung, der Handelnde zu sein, und das Karma ist beendet."

Maharshi macht hier Aussagen über das ‚Wesen der Welt': Da gibt es die ursprüngliche grenzenlose Wirklichkeit, während in unserem Geist der Traum der Welt entsteht. Für das Selbst resp. den universellen Geist ist jedoch nichts außerhalb. Darin geschieht auch Handeln, ohne dass es von jemandem gemacht wird.

„Finde heraus, woher das Denken kommt, dann wirst du im immer gegenwärtigen, innersten Selbst verweilen und von der Vorstellung der Geburt und der Angst vor dem Tod befreit sein. Wirklich, an einem gewissen Punkt muss man alles vergessen, was man gelernt hat."⁹

„Das Selbst kann niemals vergehen. Bewusstsein ist das Selbst, dessen jedermann gewahr ist. Wissen und Unwissen betreffen nur den Verstand und sind in der Dualität, aber das Selbst ist jenseits von beiden. Tatsächlich wird nach der Verwirklichung weder der Körper noch irgend etwas sonst als vom Selbst verschieden erscheinen.

Die Vorstellungen von Gebundensein und Befreiung sind nur Einschränkungen des Geistes. Es gibt nicht so etwas, wie ‚das Selbst verwirklichen'. Wie kann man das, was wirklich ist, verwirklichen oder wirklich machen? Alle Menschen verwirklichen oder betrachten das als wirklich, was unwirklich ist, und sie brauchen nur aufzuhören, das zu tun.

Wenn der Verwirklichte die Welt sieht, dann sieht er das Selbst, das allem zugrunde liegt, das gesehen wird. Das alleine existiert; die Bilder kommen und gehen. Zeit und Raum können das Selbst nicht berühren. Reines Bewusstsein ist unteilbar. Es hat weder Form noch Gestalt, kein Innen und Außen, kein Links und Rechts. Reines Bewusstsein umschließt alles, und nichts ist außen und getrennt davon. Das ist die letzte Wahrheit."

Was Maharshi hier schildert, ist reine Nondualität. Indem das Bewusstsein alles umschließt, geschieht auch Handeln in diesem einen Sein, und es gibt nicht ‚jemanden', kein Ich, das handelt.

Die von Maharshi dargelegte ‚letzte Wahrheit' besteht immer, und dennoch weist er einen Weg, den er ‚Selbsterforschung'[10] nennt. Indem man der Frage „wer bin ich" nachgeht, soll der Ursprung des Ego herausgefunden werden. Der eigentliche Zweck der Selbsterforschung sei dabei, den gesamten Geist auf diesen Ursprung zu richten. Dort wartet nach Maharshi das Selbst, um einen zu empfangen, und dann werde, was immer zu tun sei, von jemand anderem getan, und das Individuum sei daran nicht beteiligt. Ramanas Übung dient dazu, alle Hindernisse des Ego aus dem Weg zu räumen, damit das Gewahrwerden des einen ungetrennten Seins möglich wird. Zeitlos immer seiend kann und braucht es aber nicht errungen werden. Alles ‚wird getan', und selbst Ramanas Übung wird ohne den Handelnden ausgeführt. Es geschieht einfach, und alles, was erkannt wird, sind wir seit jeher.

„Ich bin" – Nisargadatta Maharaj

Ein weiterer bedeutender Vertreter der Advaita-Vedanta ist Nisargadatta Maharaj, der von 1897-1981 in Indien lebte. Den Berichten nach soll er ursprünglich in Mumbai als Straßenverkäufer und Tabakhändler tätig gewesen sein. Nachdem er in mittleren Lebensjahren mit einem spirituellen Meister in Kontakt gekommen war, soll er für eine gewisse Zeit als Wanderasket gelebt haben, doch gab er dies wieder auf, als ihm klar geworden war, dass die Wahrheit nicht von einer bestimmten Lebensform abhängig sein kann. Nisargadatta wurde durch eine Umschrift seiner Gespräche mit Schülern und Besuchern weltweit bekannt, die unter dem Titel „I am That" publiziert und in zahlreiche Sprachen übersetzt wurde. In Deutsch liegt sie als dreibändiges Werk mit der Überschrift „Ich bin"[11] vor.

Nisargadatta spricht über ‚drei Mysterien': 1. Die Welt mit dem normalen Bewusstsein sehen zu können, wobei das Ich mit der Vorstellung ‚ich bin die Welt' die zentrale Rolle spielt; 2. die Erkenntnis eines losgelösten Ich, dass sich die Welt im Bewusstsein abspielt, verbunden mit der Erfahrung ‚es ist in mir'. Hier wird man zum Beobachter (‚I am'), und 3. der unendliche Friede im ‚Nicht-Sein', wo es kein Ich gibt. Dies ist eine apersonale Angelegenheit, die nicht als Erfahrung bezeichnet werden kann. – Ist dieses dritte Stadium realisiert, entfallen die Wahrnehmungen im Sinne von 1 und 2. Dieses dritte Stadium ist aber nicht die Folge der vorangehenden Stadien, denn dort gibt es keinen Maßstab. Formulierungen wie ‚ich bin nah dran' erscheinen als rein verstandesmäßig, denn entweder gibt es nach Nisargadatta im Sinne dieses dritten Mysteriums Bewusstsein – oder nicht. Der selbstbewusste Verstand gemäß dem ersten Mysterium verhindert dabei die Wahrnehmung des ichlosen Seins. Beweis für die Erkenntnis des dritten Stadiums ist nach Nisargadatta die besondere Empfindung, dass man als Person (Persönlichkeit) nicht existiert und das Gefühl von Dankbarkeit für diese Erkenntnis. Weder ein anderer, noch getrennte Personen könnten es bestätigen. Dazu einige Zitate aus Nisargadattas Gesprächen:

„Das, was du nicht weißt und nicht wissen kannst, ist dein wahres Sein (true state). Alles was du über dein wirkliches Sein herausfinden willst, ist unwissbar – weil du selbst das bist, was du suchst." – „Diesen unveränderlichen Zustand, der unberührt ist von Geburt und Tod eines Körpers oder Verstandes, den müssen Sie wahrnehmen. Beziehen Sie Ihren Standpunkt außerhalb dieses Körpers, der Geburt und Tod unterliegt, und alle Ihre Probleme lösen sich auf."[12] Dazu kann Meditation in Beziehung gesetzt werden: „Der wesentliche Zweck von Meditation ist, dass wir uns unseres inneren Lebens bewusst werden und uns mit ihm vertraut machen. Endpunkt der Meditation ist, die Quelle des Lebens und des Bewusstseins zu erreichen". „Der höchste Zustand ist von absoluter Stille und Ruhe. Wer immer dort hingeht, verschwindet. Dieser Zustand ist unerreichbar durch Worte oder Verstand. Es ist der namenlose, inhaltslose, anstrengungslose, spontane Zustand jenseits von Sein und Nichtsein.[13]"

„Sie mögen es Gott nennen oder Parabrahman oder die höchste Realität, doch sind dies alles nur Namen, die der Verstand ihnen gibt."[14] „Das Höchste ist kein Zustand. Es durchdringt alle Zustände, aber es ist kein Zustand von etwas anderem. Es ist absolut ohne Ursache, unabhängig, vollkommen in sich selbst, jenseits von Zeit und Raum, Verstand und Materie. Es gibt nichts, an dem man es erkennen könnte. Man muss es direkt sehen, indem man alle Suche nach Spuren und Zeichen aufgibt. Wenn Sie alle Namen und Formen aufgegeben haben, dann ist die Realität mit Ihnen. Sie brauchen sie nicht zu suchen. Vielfalt und Mannigfaltigkeit sind nur ein Spiel im Verstand. Realität ist eins."[15] (Was hier Realität genannt wird, erscheint in anderen Lehren als das ‚Absolute'.)

„Die Realität beginnt nicht, sie kann sich nur als etwas ohne Anfang und Ende offenbaren, alles durchdringend, allmächtig, zeitlos, wechsellos, das Unbewegliche, das alles bewegt."[16] „Die Realität ist kein Zustand von etwas anderem. Sie ist kein Zustand des Verstandes, des Bewusstseins oder der Psyche – noch ist sie etwas, das einen Anfang und ein Ende hat, Sein und Nicht-Sein. Alle Gegensätze vereinen sich darin, aber sie ist nicht innerhalb des Spiels der Gegensätze. Halten Sie sie nicht für das Ende einer Transformation. Sie ist Sie selbst, nachdem das Bewusstsein als solches nicht mehr vorhanden ist. Dann werden Worte wie ‚Ich bin ein Mann' oder ‚Ich bin Gott' bedeutungslos. Nur in Stille und Dunkelheit kann sie gesehen und gehört werden."[17]

„Das wahre Wissen des Selbst ist kein Wissen. Es ist nicht etwas, das Sie durch Suche finden können, indem Sie überall schauen. Es ist nicht etwas, das in Raum oder Zeit gefunden werden kann. Wissen ist nur Erinnerung, Gedankenschema, eine mentale Gewohnheit. All dies wird motiviert von Freude und Leid. Freude und Leid treiben Sie an bei dieser Suche nach dem Wissen. Dieses Selbst zu sein, ist jenseits jeder Motivation. Sie können nicht aus einem bestimmten Grund Sie selbst sein. Sie sind Sie selbst, und das braucht keinen Grund."[18] „Wenn Sie glauben, eine Person zu sein, sehen Sie überall Personen. In Wirklichkeit gibt es keine Personen, nur Spuren von Erinnerungen und Gewohnheiten. Im Moment der Verwirklichung löst sich die Person auf. Identität bleibt zurück, doch Identität ist keine Person, sie ist ein Teil der Realität. – Die Person existiert nicht aus sich selbst heraus, sie ist nur eine Reflexion im Verstand des Beobachters, das ‚Ich bin', was wiederum nur eine Art des Seins ist."[19]

Und weiter: „In mir geschieht die Welt. Sie erscheint als real am Grenzpunkt von Gewahrsein und Vorstellung. Das Sein ist ewig bewegungslos und stirbt nicht, wurde nie geboren. Die Erscheinungen kommen und gehen alle. Die individuelle Wahrnehmung oder Gestaltung der Welt stirbt (mit dem Tod), aber diese Welt ist ohnehin nur Schein – eine Vorstellung des großen Seins ‚durch mich hindurch'. Im unbewegten Sein (bin ‚ich') allein." „Die Welt ist nur die Oberfläche des Verstandes, und der Verstand ist unendlich. Was wir Gedanken nennen, sind nur Wellen im Verstand. Wenn der Verstand ruhig ist, reflektiert er die Realität (das Absolute). Wenn er durch und durch bewegungslos ist, löst er sich auf, und nur die Realität bleibt zurück. Die Realität ist so konkret, so wirklich, soviel greifbarer als Verstand und Materie, dass, mit ihr verglichen, selbst ein Diamant butterweich ist Diese überwältigende ‚Gegenwärtigkeit' lässt die Welt wie einen Traum erscheinen, nebelhaft, unwesentlich."[20]

Zum Schluss kann mit den Worten von Nisargadatta festgehalten werden: „Wenn Sie dann davon überzeugt sind, dass Sie von sich selbst wahrlich nichts sagen können außer ‚Ich bin', und dass nichts, auf das Sie zeigen können, wirklich Sie selbst sind, dann ist dies ‚Ich bin' nicht mehr notwendig – Sie werden dann nicht mehr in Worte fassen wollen, was Sie sind."[21]

Nisargadattas Lehre ist schwer und leicht zu verstehen, wie alle Lehren, welche die Nichtdualität ins Zentrum stellen. Ohne tatsächlich realisiert zu haben, um was es hier geht, erscheint dieses Seinsverständnis äußerst schwer fassbar, denn es entzieht sich jeder Beschreibung. Nur wer Tee gekostet hat, weiß wie er schmeckt. Andererseits ist alles ganz einfach, ja geradezu offensichtlich, wenn der Kernpunkt erfasst worden ist. Wie Nisargadatta sagt, kann dieser aber nicht von einer Person gefunden werden – weil es einerseits keinen Ort gibt, wo er zu finden wäre, und andererseits weil in der Einheitswirklichkeit auch niemand ist, der ihn finden könnte. So gesehen ist jede Suche sinnlos, und dennoch gibt es das menschliche Bemühen und die Möglichkeit, die Wahrheit zu finden.

Kein Weg, keine Methode –
Jiddu Krishnamurti

Krishnamurti ist ein anderer indischer Weiser, der einen großen Bekanntheitsgrad erlangte. Er war ein Brahmanensohn und lebte von 1895-1986. Durch seinen Vater kam er in die theosophische Gesellschaft, die 1875 von Helena Blavatsky gegründet worden war, einer ukrainischen Russin mit großbürgerlichen deutschen Wurzeln und okkultistischen Neigungen. Der junge Jiddu Krishnamurti wurde von den Vertretern der Theosophischen Gesellschaft zum neuen spirituellen Weltlehrer erkoren und sie gründeten für ihn den „Order of the Star in the East", zu dessen Oberhaupt er in jungen Jahren ernannt wurde. Nach einer Krise wegen der inflationären und autoritären Strukturen der Theosophischen Gesellschaft löste Kishnamurti den Orden 1929 auf und entwickelte seine eigene Botschaft, welche die Wahrheit als Land ohne Pfad verstand. Er lehnte Methoden und strukturierte Religionen ab, plädierte für die innere Transformation des Menschen und erachtete die Annahme der Existenz eines ‚Ichs' als das große Problem und die Ursache der Konflikte. „Schönheit ist da, wo kein Ich existiert"[22], sagte er dazu. Nach dem zweiten Weltkrieg entwickelte Krishnamurti eine ausgedehnte Vortragstätigkeit als unabhängiger spiritueller Lehrer, wobei er stets darauf hinwies, dass für die Zuhörer nur gelten könne, was sie selber erfahren.

Wie Nisargadatta ging es auch Krishnamurti um die Wahrnehmung dessen, was letztlich nicht beschrieben werden kann. „Wahrnehmung, die ohne Formulierung, das heißt ohne den Gedanken ist, gehört zu den seltsamsten Phänomenen. Die Wahrnehmung ist dann weit unmittelbarer – nicht nur der Verstand, sondern auch alle Sinne sind daran beteiligt. Eine Wahrnehmung dieser Art ist weder die bruchstückhafte Wahrnehmung des Intellekts, noch eine rein gefühlsmäßige," sagt er dazu. „Nur der gelassene, ruhige Geist, nur der freie Geist kann erfahren, was jenseits der Zeit ist. Ist es möglich, ein alltägliches Leben ohne Ursächlichkeit zu führen und so die Ordnung des Universums zu verstehen, das ohne jede Ursache ist?", fragt er sein Publikum. „Das ist überlegene Ordnung. Aus dieser Ordnung beziehen Sie schöpferische Energie. Und Meditation heisst, diese schöpferische Energie freizusetzen."

Einer solchen Wahrnehmung steht der Wunsch nach Erfahrung, die über das Alltägliche hinausgeht, entgegen. „Das Verlangen nach mehr Erfahrung, nach Visionen, nach höherer Wahrnehmung, nach irgendeiner Realisierung lässt den Menschen nach außen schauen, was nichts anderes ist als seine Abhängigkeit von der Umwelt und den Menschen. – Unser Suchen geht immer nach außen. Der Geist, der irgendeine Erfahrung sucht, geht nach außen. Nach innen zu gehen, bedeutet, nicht mehr zu suchen; es ist ein unmittelbares Wahrnehmen."

Nach Krishnamurti gehört Meditation „zu den ungewöhnlichsten Dingen", die es gibt. Der Mensch wird dabei ein völlig anderer, wirklich grenzenlos, „nicht nur in seiner Fähigkeit zu denken und zu handeln, sondern sein Lebensgefühl umfasst einen unendlichen Raum, in dem er Teil eines jeglichen Dinges ist."[23] „In echter Meditation kommst du an einen Punkt, der absolut ist. Ich sehe ihn, spüre ihn, für mich ist das ein höchst außergewöhnlicher Zustand. Es ist einfach da. Es ist nicht an einem bestimmten Ort, und vor allem ist es nicht deins oder meins," schreibt Krishnamurti andernorts[24]. „Herauszufinden, was keinen Anfang und kein Ende hat – das ist die tatsächliche Tiefe der Meditation und ihre Schönheit."[25]

„Du musst völlig allein sein, nicht einem System, einer Methode folgen, nicht Worte wiederholen oder einem Gedanken nachjagen oder ihm eine Form geben, die Deinem Wunsch entspricht. Diese Einsamkeit stellt sich ein, wenn der Geist vom Denken befreit ist. Es gibt keine Einsamkeit, solange Wünsche Dich beeinflussen oder irgendwelche Dinge, nach denen Dein Geist trachtet, mögen sie der Zukunft oder der Vergangenheit angehören. Nur in der Unermesslichkeit der Gegenwart geschieht dieses Alleinsein." „Das tiefe Entzücken an der Einsamkeit ist in Dir, wenn Du Dich nicht davor fürchtest, allein zu sein, wenn Du der Welt nicht länger zugehörst und keinem Ding mehr verhaftet bist."

„Die Weite des Raumes, die sich dann auftut und wohin der Verstand, das Ich, nicht gelangen kann, ist Schweigen. Der Geist kann in sich selbst niemals still sein; er ist nur innerhalb des weiten Raumes still, den das Denken nicht erreichen kann. Aus diesem Schweigen erwächst eine Handlung, die mit dem Denken nichts zu tun hat," so Krishnamurti. Es gibt einen „Geist mit unbegrenztem Raum, und dessen Ruhe, dessen Stille kein Zentrum hat, kein ‚Ich' als ‚Beobachtenden', und der etwas gänzlich anderes ist. Wenn der Geist soweit gekommen ist (tatsächlich ist es gar nicht so weit, es ist ja immer da – wenn Sie zu schauen verstehen), dann ist vermutlich auch all das da, wonach der Mensch seit Jahrhunderten sucht, Gott, die Wahrheit, das Unermessliche, das Namenlose, das Zeitlose – ohne besondere Einladung ist es einfach da. So ein Mensch ist gesegnet, für ihn ist Wahrheit da und Ekstase."[26]

Krishnamurti kann nicht auf kurzem Raum gewürdigt werden, denn er steht für die Tiefe und Unermesslichkeit des Raumes, der sich in der wahren Innenschau öffnet. Selber unermesslich geht es nicht um seine Person, und auch nicht um eine Botschaft. Es ist reines Sein, das sich ausdrückt, und wenn Meditation als ein Weg erscheint, so meint Krishnamurti damit doch viel eher ein Wunder, etwas, das so unergründlich ist, dass es nicht einmal erfahren werden kann. Es ‚ist' einfach, jenseits von Ich, Person und Persönlichkeit. All das muss aufgegeben werden, damit es realisiert werden kann. Geschäft, Haus, Partner/in, Kinder geben der eigenen Lebensweise Kontinuität, und Krishnamurti fragt: Kann man das beenden? Dies bedeutet ja nicht, im Äußeren all dies zu verlassen, wohl aber, jede Abhängigkeit davon aufzugeben, und an diesem Ort ist man tief allein. Und „nur der Mensch, der völlig allein ist, ist geöffnet", sagt er dazu.

Auch was Meditation ist, geht nach Krishnamurti weit über jede Form und jedes Bemühen hinaus. Er beschreibt sie vielmehr als den Zustand, der das Wissen ist. Mit seinen Worten ist sie „eine Zerstörung der Sicherheit, die das Neue ist". Dort ist die Stille und Leere, die weder Intellekt noch Gefühl erreichen können. Nach Krishnamurti ist Meditation aber nicht wegen der Stille da, sondern vielmehr ist die Stille immer da, auch wenn gesprochen wird. Im Tiefen scheint Krishnamurti die Begriffe Meditation, Stille und Geist synonym zu verwenden – als Ausdruck dessen, was niemals beschrieben werden kann.

[1] zitiert und aus dem Englischen übersetzt nach der Tafel, die im Ramanashram in Tiruvannamalai von diesem Erlebnis berichtet. Als Quelle wird angegeben: Arthur Osborne, Self Realization – The Life and Teachings of Sri Ramana Maharshi

[2] Arthur Osborne, Ramana Maharshi, Seine Lehren, H. Hugendubel Verlag München, 1983, S. 17

[3] ebd. S. 18

[4] ebd. S. 41, vergl. auch Munagala Venkataramiah, Gespräche mit Ramana Maharshi, Tiruvannamalai 2014, Talk 272, S. 255

[5] Arthur Osborne, Ramana Maharshi, Seine Lehren, H. Hugendubel Verlag München, 1983, S. 24

[6] ebd. S. 25

[7] ebd. S. 39

[8] ebd. S. 39

[9] ebd. S. 70

[10] vergl. ebd. S. 125 ff.

[11] Ich bin , J. Kamphausen Verlag 1989 / 2014

[12] Ich bin , J. Kamphausen Verlag 1989 / 2014, Bd. 1 S. 75

[13] ebd. I/29

[14] ebd. I/29

[15] ebd. I/32

[16] ebd. I/73

[17] ebd. I/44

[18] ebd. I/74

[19] ebd. I/30

[20] ebd, I/203

[21] ebd. II/13

[22] Krishnamurti, Aus dem Schatten in den Frieden, Verlag Ullstein, Berlin 1987

[23] aus einem Film über Krishnamurti

[24] aus Papul Jayakar, Krishnamurti, Leben und Lehre, Verlag H. Bauer, Freiburg i.Br., 1988

[25] Krishnamurti, Aus dem Schatten in den Frieden, ebd.

[26] Krishnamurti, Der Flug des Adlers, Fischer Verlag Frankfurt a.M. 2002

Nondual Speakers

Liebhaberin der Stille – Yolande Duran-Serrano

Das erste Buch von Yolande Duran-Serrano trägt den eigenartigen Titel: „Die Frau, die an einem ganz normalen Sommertag plötzlich keine Gedanken mehr im Kopf hatte". Das Buch stieß auf Interesse, weil es von einem Menschen erzählt, der sich nicht über lange Zeit um spirituelle Erfahrungen und eine Neuorientierung der Persönlichkeit bemüht hatte, sondern von einem Moment auf den anderen „in die Stille gefallen war".

Yolande Duran berichtet darüber: „Es fühlte sich an, als funktionierte mein Innenleben anders als sonst. Plötzlich, ja blitzartig war etwas über mich gekommen. Ich hatte es nicht kommen sehen, es hatte mich unverhofft gepackt. ‚Diese Sache', die Worte nicht erfassen können, hatte alles an sich gerissen."[1] Es war, „als ginge sie allem voraus, wofür ich mich gehalten habe, auch dem, was ich sehe, fühle und denke. Es ist, als wäre da ein Sehen in mir entstanden. Es sieht, dass ‚diese Sache' sowohl stärker als auch sanfter[2] ist als alles, was überhaupt existiert, als alles, was ich zu sein glaubte, als alles Denkbare, alles Vorstellbare. Als existierte ich gar nicht mehr als Person wie zuvor. Als wäre etwas von mir zu Ende gegangen, als hätte ‚diese Sache' urplötzlich eine Kraft entfaltet, die mich leitet. Als hätte die Person, das Ego, damit aufgehört, sich von Augenblick zu Augenblick immer wieder zusammenzusetzen. Ganz sicher glauben wir, dass wir selbst entscheiden, dass es unser Entschluss war, dies zu tun, dorthin zu gehen, jenes zu tun – ich habe das auch geglaubt. Aber seit diesen Ereignissen bin ich sicher, dass es nicht so ist.[3]"

Eine Begegnung mit Yolande Duran ist eindrücklich. Sie tritt auf die Bühne, setzt sich auf einen Stuhl und spricht dreiviertel Stunden nichts. Da ist einfach Schweigen, das sich im Raum ausbreitet. Die Anwesenden sitzen in Stühlen, einige lehnen sich an die Wand, wenige sind am Boden – niemand in einer besonderen Haltung. Keine Meditationssitze, keine verschränkten Beine oder zusammengelegten Hände. Die Stille, die sich verbreitet, ist unglaublich. Da wird klar, dass eine dichte meditative Atmosphäre nicht von der Körperhaltung der Beteiligten abhängt, auch wenn ein bewusst eingenommener Meditationssitz vielen Menschen zu einer ruhigeren inneren Verfassung verhelfen kann. Es spricht ja auch nichts dagegen.

Die Atmosphäre erinnert an die Worte in ihrem Buch: „Dieser Zustand, ‚diese Sache‘, hindert dich an gar nichts. Im Gegenteil, er ist es, der alles ermöglicht. Er ist der Raum, der allen Dingen, Gedanken und Ereignissen vorausgeht. Der Raum, in dem alles erscheint. Man kann ihn nicht denken, er ist undenkbar. Man kann ihn nicht erfassen – er ist es, der alles erfasst, alles umfasst. ‚Diese Sache‘ kann man nur erleben, und das Leben wird dann sehr einfach. Du hast nichts mehr zu tun, alles tut sich von selbst. Diese Spontaneität, die dich packt und in der Stille hält, löst alle Probleme schon im Ansatz – einfach weil sie nur im Hintergrund erscheinen. Man sieht die Dinge sich abspielen, man sieht sehr klar, dass es alles Traum ist, alles Illusion, nicht vorhanden, obgleich es erscheint."[4]

Diese Äußerungen decken sich mit dem, was die alten Meister seit je her sagten. Yolande spricht aus der inneren Stille heraus, die keine persönliche ist – sie gehört nicht ‚jemandem‘. Sie sagt, dass das ‚Ich‘ die Stille, die Leere nicht fassen kann. Es komme darin aber alles ‚an seinen Platz‘ – jenseits von gut und schlecht, von Freude und Schmerz. Alles sei da, man müsse dem ‚Sein‘ nichts hinzufügen. Was man sagt und tut, komme aus dem Lebensfluss, nicht von einem ‚Ich‘ her. Alle Erscheinungen seien Bewegung – ein

Spiel, ein Traum. Es gehe darum zu realisieren, dass man in diesem Spiel eine Figur sei. In den Handlungen könne man nur tun, was von innen her komme, nichts anderes. Es gehe darum, den Traum von ‚Ich' aufzugeben, denn er existiere nur, weil wir ihm Bedeutung geben.

Das zweite Buch von Yolande Duran trägt den Titel „Amoureuse du Silence", und sie schreibt als Widmung ihr Motto hinein: „Les mots retournent tous au silence". Yolande ist eine außerordentliche Frau, die aus tiefem Verständnis des Lebens heraus wirkt. Sie hat ihre eigene Person transzendiert und sagt dazu, dass die Person der Diener der Stille sei, nicht der Chef. Unsere Wahrnehmung als ein ‚Ich' sei relativ und beinhalte nur den Aspekt der Bewegung in der Welt, aber nicht jenen des reinen Seins. Die Stille und Leere einerseits und die Bewegung und Fülle andererseits seien letztlich eins. Hinter der Bewegung sei das ‚Absolute', aus dem alles hervorgehe. Die ‚Zeit' sei für Menschen, doch alles Leben finde sich an einem Punkt. Die Außenwelt sei in der Zeit, aber man könne alles sehen ohne Zeit.

Yolande Durans Botschaft betrifft die Möglichkeit der Selbsterfahrung in einem weiten, unpersönlichen Raum des Daseins. Es ist die Botschaft eines nicht-dualen Seins, aus tiefer Erfahrung wunderbar beschrieben. Sie zeigt, wie lebendig die alten Weisheiten der buddhistischen Sutren und der frühen Zen-Meister auch heute sind – ja dass sie spontan auftreten können, ohne dass sie gesucht worden waren.

Da ist nur Einheit – Tony Parsons

Tony Parsons kann recht eigentlich als Begründer einer neuen Linie von Interpreten des nondualen Gedankengutes betrachtet werden. 1933 geboren hatte er im frühen Alter von 21 Jahren in einem Londoner Park das Erlebnis, dass er plötzlich verschwunden war – da war ‚niemand' mehr. Damit änderte sich sein ganzes Weltverständnis, das fortan nicht mehr auf der vermeintlichen Existenz einer ‚Person' aufbaute. Seine Einstellung war neu, aber an den allgemeinen Lebensverhältnissen änderte sich nichts. Entsprechend war er später als Geschäftsmann tätig und hatte Familie. Erst im fortgeschrittenen Alter begann er als ‚Nondual speaker' aufzutreten. Er versteht sich dabei nicht als Lehrer, schon gar nicht als Guru, und er bezeichnet sich auch nicht als ‚erleuchtet'. Seine Haltung geht vielmehr dahin, dass das ‚Erwachen' das Ende dessen sei, der erleuchtet werden könnte. An seinen Vorträgen und im persönlichen Gespräch wirkt er trotz seines inzwischen hohen Alters äußerst lebendig. An psychologischen Fragestellungen ist er nicht interessiert, weil sie auf ‚Geschichten' Bezug nehmen, die uns lediglich davon abhalten, das Wesentliche zu sehen. Sie betreffen die ‚Person' mit all ihren Ansichten, Meinungen und Interpretationen, und darum geht es ihm gerade nicht. Erst im Verschwinden davon werde sichtbar, was das Leben eigentlich ist.

Tony Parsons setzt als zentrales Element des Lebens die Einheit, die alles ist. Weil das ‚Ich' sich nur in Trennung erfahren kann, gehen wir aber der Wahrnehmung der Einheit allen Seins verlustig, was wiederum als Mangel des Lebens empfunden wird. In der Folge gehen wir auf die Suche nach Erfüllung, aber diese Suche erfolgt auf der Ebene des ‚Ich', also in Trennung, und dort kann sich keine Erfüllung finden. Aber: „In Wirklichkeit gilt die Sehnsucht der Abwesenheit – der Abwesenheit des ‚Ich', das auf die Suche geht und sich getrennt wähnt," sagt Parsons. [5]

In seinem Werk „Das ist es"[6] führt er diese Zusammenhänge in gut verständlicher Weise aus, bis zur Schlussfolgerung, dass das „strahlende Wunder der Gegenwärtigkeit" offenbar wird, wenn die scheinbare Identität wegfällt. Dies sei in einigen Textauszügen hier dargestellt:

„Betrachtet doch mal die scheinbare Welt, in der wir heute leben! Da geht es immer nur um ‚mich' – es geht immer nur darum, ob ‚die Person' erfolgreich oder ein Versager ist. Wir wachsen in dem Glauben auf, es gäbe da jemanden und dieser Jemand lebte ein Leben von so und so vielen Jahren Dauer, und diesen Glauben bekräftigen wir immer wieder. Wir befinden uns auf einer Reise namens ‚mein Leben' und wir müssen uns darum kümmern – so wird uns gesagt – dass dieses Leben funktioniert. Alles dient der Idee ‚Ich bin eine Person und ich muss mein Leben auf die Reihe kriegen.' "[7]

Nach mündlichen Erläuterungen von Parsons fühlen sich solcherart separierte Personen gefangen. Sie versuchen dann, das ‚Gefängnis' komfortabler zu gestalten, indem sie sich manches an Gütern und besonderen Erlebnissen aneignen. Dieses separierte Bewusstsein wird von den meisten Menschen betont, womit es ständig gefördert wird.

„Wir müssen dieses Spiel spielen, weil wir uns wirklich für Personen halten; wir haben eine Maske namens ‚Ich bin eine Person' aufgesetzt. Dann gibt man sich den Anschein, diese Person zu sein, und weil man das so ernst nimmt, vergisst man, dass man nur so tut – der Anschein wird zur Hauptsache. Und viele Menschen leben ihr ganzes Leben auf diese Weise.

Aber diese Energie, diese Empfindung, dass ‚du' da bist, ist in Wirklichkeit nicht du. Das Gefühl dessen, für den du dich hältst, diese Empfindung von Lebendigkeit und Energie ist Sein, sie ist nichts als Sein. Es ist nie gekommen und nie verschwunden – es hat dich nie verlassen, es ist immer da gewesen. Du hast geglaubt, es wäre du, aber es ist nichts als pures Sein. Es ist nicht, wer du bist, es ist, was du bist. Was du bist, ist einfach nur Sein, Präsenz, Leben. Du bist Leben, Leben, das sich ereignet, aber es ereignet sich nicht für jemanden."

Befreiung ist nach Parsons der Verlust der Identität. Für die separierte Identität gebe es eine Geschichte, und Befreiung sei der Kollaps dieser Geschichte. Was dann bleibt, sei nur Sein, nur Leben. Dabei gehe es wie bisher weiter, sagt Parsons, aber ‚für niemanden'.

„Alles, was hier in Wirklichkeit sitzt, ist Stille, Sein, gegenwärtiges Gewahrsein – wie immer ihr es nennen wollt. Es ist das Sehen der Einheit und am Ende ist da Niemand, der die Einheit sieht. Niemand ist hier, nur Einheit."[8]

„Einheit muss nichts wissen. Da ist nur Einheit. Da ist keine Aktion. Alles was ist, ist dies. Es ist vollkommen aktionslos. Und darin erscheint die scheinbare Aktion. Aber im Traum, ein separates Individuum zu sein erscheint alles einzigartig, weil nur dieses ist. In der Befreiung, in der Realisierung der Einheit ist immer noch das Spezielle der Ereignisse. Der Unterschied ist, dass da niemand ist, dem dies geschieht. Es geschieht nur scheinbar. Es ist ‚Nicht-Etwas' das als Einzelnes erscheint. Es ist vollkommen unverstehbar, nichtgewusstes Sein, ohne dass es jemand kennt."[9]

Anstelle der Person tritt nach Parsons das Wunder allen Seins. Alles sei freier Fluss, das ganze Leben, und sonst sei nichts. Immer sei alles neu. Die Frage, warum da soviel Leiden sei, geht nach Parsons ‚daneben'. „Es geht nicht darum, besser zu leben. Es ist das Ende."

In seinen Reden bezeichnet Parsons seine Thesen als Vorschläge, und er lässt es den Hörenden offen, was sie damit anfangen. Seine grundlegende Botschaft stellt er seinem Publikum dabei in verdichteter Form vor, wie er es auch als Motto zur Beginn seines Werkes „Das ist es" festhält:

„Es gibt nur dieses, und das ist: das Eine, das als zwei erscheint; Nichts, das als alles erscheint; das Absolute, das als das Spezielle erscheint; Leere, die als Fülle erscheint; das Nichtverursachte, das als das Verursachte erscheint; Einheit, die als Trennung erscheint; das Subjekt, das als Objekt erscheint; das Einzelne, das als Vielfalt erscheint; das Unpersönliche, das als das Persönliche erscheint; das Unbekannte, das als das Bekannte erscheint. Es ist Stille, die klingt, und Stille, die sich bewegt, und diese Worte, die als Hinweise auf das Wortlose erscheinen – und dennoch geschieht nichts."

Einfach das – Jim Newman

„Alles was ist, ist die Unermesslichkeit, die in vielen Gestalten erscheint" – so etwa könnte man die zentrale These von Jim Newman bezeichnen. Obwohl der Amerikaner Jim Newman schon lange in Wien lebt, spricht er fast ausschließlich englisch – seine Muttersprache. Wenngleich er oft auch lacht, wirkt er sehr verinnerlicht, schweigt vielfach, wenn er nichts gefragt wird, und es ist dann schwer zu sagen, ob sein Gesichtsausdruck eher still ist, oder auch etwas traurig. Wenn er über Non-Dualität spricht, dann scheint spürbar, dass er viel hinter sich gelassen hat – vor allem sich selbst. „Weil wir uns selber für so bedeutungsvoll halten, halten wir alles für so wichtig, einschließlich der Art und Weise, wie sich unsere Umwelt gerade gestaltet" – so etwa äußert er sich mündlich. Es gibt von Jim Newman kaum schriftliche Texte, und er hält es damit wie viele alte Meister, von denen nur Niederschriften jener Äußerungen existieren, welche ihre Schüler notiert haben. Jedes Niederlegen von Thesen birgt die Gefahr, dass diese falsch verstanden werden, denn das Lesen niedergeschriebener Berichte ist nicht mehr von der ursprünglichen Unmittelbarkeit des Momentes geprägt. Darin liegt auch die Schwierigkeit im Umgang mit japanischen Zen-Koan, die von wunderbaren Begegnungen von Meistern mit ihren Schülern berichten, deren Atem man noch nachzuspüren glaubt, und die doch so weit zurückliegen.

Jim Newman sagt dazu, dass jede Beschreibung von Erfahrungen ihr Wesen unterminiere, da sie die Existenz eines ‚Ich' unterstelle, das weiß oder nicht weiß. Was geschehe, sei aber raumlos und leer; obwohl Dinge in Erscheinung treten, passiere (von der Leere her gesehen) nicht wirklich etwas.[10] Die Vorstellung eines ‚Ich' bedecke das Raumlose und führe zur Trennung. Die Meinung ‚Ich bin da' beinhalte zu wissen, und die Kenntnis über Dinge führe zur Feststellung, dass diese ‚dort' seien, und dass beides real sei. Jede Erfahrung werde als solid und real angesehen, in Beziehung ‚zu mir'. Man glaube zu wissen, was ist und passiert, und dies verdecke das, was Alles ist, was wiederum kein Gefühl und keine Erfahrung sei. Ohne die Trennung in Subjekt und Objekt vorzunehmen, sei alles perfekt und bedingungslos. Nur erscheint in dieser Perfektion die Erfahrung, ein Individuum zu sein, was alles schwierig mache. Alles was erscheine, sei einfach ‚alles', nicht Dinge. In diesem Sinne sei jeder Punkt ‚alles'. Diese Gedanken von Newman lassen an den Finger von Zen-Meister Gutei erinnern, der ‚alles' ist.[11] Wenn Meister Gutei über Zen gefragt wurde, streckte er jeweils einfach einen Finger hoch, und als Gutei zum Sterben kam, sagte er: „Ich habe dieses Ein-Finger-Zen von Tenryu empfangen. Mein ganzes Leben lang habe ich es benützt, aber nicht ausgeschöpft". Was alles ist, kann nicht ausgeschöpft werden.

Dieses ‚Absolute' kann nach Newman nicht einmal als ‚Eins' beschrieben werden, weshalb es in der Advaita-Tradition als ‚Nicht-Zwei' bezeichnet wird. Erst innerhalb dessen erscheine die Erfahrung von Dualität – das Nichts-Alles erscheine als Zeit und Raum. Darin erfahre sich das ‚Ich' als getrennt (ich bin hier und dort ist die Welt). Weil dies aber unbefriedigend sei, suche es nach dem Fehlenden. Diese Suche richte sich nach Dingen außerhalb von ihm – mehr Geld, besseren Sex, eine schönere Wohnung, spirituelle Erfahrung oder was immer ihm erstrebenswert erscheint. Die solchem Bemühen zugrunde liegende Vorstellung eines getrennten ‚Ich' sei aber illusionär, und erst wenn diese kollabiere sei klar, dass es die Trennung in Subjekt und Objekt nie gegeben hat. Ohne ‚Ich' aber muss nichts anders sein, als es ist, und das ist nach Newman Freiheit.

Das zeitlose Wunder – Andreas Müller

Andreas Müller erscheint wie ein liebenswerter Kobold, der alle dualistischen Gedankengänge schmunzelnd abräumt, bis der Verstand nicht mehr mitkommt. Er spricht vom unpersönlichen Standpunkt vollkommener Leere aus und lässt einen daran teilhaben, ohne damit irgendeine Erwartung zu verbinden. An seinen ‚Talks' kann man voraussetzungslos teilnehmen und dabei kommen und gehen, wie es gerade passt. Alles ist ‚genau dies' – das unergründliche Geschehen unserer Welt, von niemandem gemacht.

Die konsequent nonduale Haltung Müllers zeigt sich in seinem Verständnis von Befreiung: „Befreiung ist das Ende des Erlebens, ‚jemand' zu sein, und damit das Ende allen Erlebens. Was bleibt, ist Leben selbst, das aber letztendlich ungekannt ist. Es ist kein ‚Etwas'."[12] „Befreiung ist das Ende von Trennung, insofern bin ich natürlich schon ‚Das' – was sollte ich sonst sein? Der Traum ist allerdings, dass es ein ‚Ich' gibt, das eine Erfahrung von ‚Das' macht."[13]

Nach Müller ist das, was als ‚Ich' erscheint, das Produkt einer Trennung, und er bezeichnet dessen Erleben als ‚Traum'[14]. Auch Ereignisse könne es nur in einem getrennten Zustand geben. Nur solange ‚jemand' da sei, werde geglaubt, dass etwas passieren könne, und für das scheinbare Ich sei alles Geschehen Realität.[15] Dieses Gefühl der scheinbaren Trennung sei jedoch nichts Permanentes. Es gebe viele Momente im Tag, wo ‚niemand' ist, denn die Person sei nicht notwendig für das, was geschieht. Nur neige das Ich dazu, sich darauf zu setzen und zu sagen: „ich habe es gemacht". Wenngleich das getrennte ‚Ich' das Absolute nicht wahrnehmen und als Erkenntnis internalisieren kann, scheint es nach Müller aber den Impuls zu geben, sich aus der Trennung zu befreien. „ ‚Ich bin' möchte dabei ins Gewahrsein erwachen, um ganz zu werden, während das Gewahrsein vor schierer Präsenz und Eintönigkeit zurück in die Lebendigkeit und die Zerstreuung des ‚Ich bin‘ strebt," schreibt Müller. Ist ein Stück Befreiung erreicht, so zeigt sich umgehend eine Gegenbewegung zurück ins normale Bewusstsein und ins übliche Leben. Wirkliche Befreiung ist aber erst bei vollständiger und dauerhafter Erkenntnis des illusionären Charakters des ‚Ich‘ gegeben, das sich zusammen mit all seinen Vorstellungen und Identifikationen als hinfällig erweist. „Befreiung ist das Ende dieser aufgesetzten, künstlichen Realität. Sie ist die Verschmelzung des Absoluten mit dem Relativen zum Unbekannten."[16] Dieser letzte Satz entspricht dem Herz-Sutra: Leere und Form sind eins, und dieses Eine ist unbeschreiblich.

„Was auf eine Art negiert bzw. als Traumwelt entlarvt wird, ist die Geschichte, in der das scheinbare Ich lebt. Das scheinbare Ich hält das, was passiert, für sehr bedeutend denn aus seiner Sicht geschieht es ihm und ist real. Ohne Ich ist das, was geschieht, real und irreal (hat Form und ist zugleich leer) und verliert seine Bedeutung. Bedeutung findet immer in einem Kontext von Zeit und von ‚richtig‘ und ‚falsch‘ statt. Ohne Zeit und damit ohne Ziel kann es keine Bedeutung geben. Deshalb könnte man sagen, dass es ‚nur‘ erscheint. Weil die Geschichte, bzw. die Interpretation dessen, was erscheint, keine Bedeutung hat, erscheint es eben ‚nur‘. Aber natürlich ist das, was erscheint, alles. Da ist 100% das, was geschieht. Gibt es Schmerz, ist da 100% Schmerz. Das fühlt sich so an und sieht auch so aus. Das ist Einheit."[17] Solche Ereignisse sind nach Müller ‚Nicht-Etwas‘, das sich anfühlt, wie es erscheint. Dies sei Lebendigkeit – rund, voll, „saftig", sagt Müller. Wenn man von der Trennung der Dinge absehe, dann sei nur ununterschiedenes Sein, worin nichts wirklich geschieht. Dies sei Stille – der „natürliche Zustand". In Abwesenheit von der scheinbaren Trennung sei alles rund und ganz.

Müller arbeitet auch schön heraus, wie das Verhältnis von „es gibt kein Kommen und Gehen" (entspricht der Leere), das in buddhistischen Texten eine große Rolle spielt, zur ebenso oft formulierten Aufforderung steht, „nicht an Vergänglichem zu hängen" (Form). Dabei zeigt er den unterschiedlichen Charakter dieser Formulierungen auf. Gegenüber dem nondualen ‚kein Kommen und Gehen' sind ‚nicht an Vergänglichem hängen' wie auch das äußere ‚Kommen und Gehen' duale Formulierungen. So schreibt Müller: „Das Erleben von Kommen und Gehen entspringt einem persönlichen Erleben. In der zeitlichen Erfahrung von ‚Ich bin' kommen Zustände und Erfahrungen und sie gehen wieder. Ein scheinbar weiser Mensch könnte aus seiner Erfahrung schließen, dass man, um glücklich zu sein, nicht an Vergänglichem hängen sollte. Das könnte man Weisheit nennen, es entspringt aber einer persönlichen Erfahrung. Es gibt kein Kommen und Gehen. Es gibt keine Dinge und keinen realen Ablauf in Zeit. Das, was passiert, ist real und irreal, während es scheinbar passiert."[18]

Diese letzte Formulierung ist von besonderer Konsequenz, weil sie weiter geht als manche buddhistischen Texte, welche noch Aufforderungen enthalten. Von einem grundsätzlich nondualen Standpunkt aus verneint Müller die Aufforderung, nicht an Vergänglichem zu hängen, denn im reinen nondualen Sein kann es keine Aufforderungen geben, sondern es ist einfach das, was scheinbar passiert. Mit ‚scheinbar' meint Müller, dass es vom Standpunkt der Leere her nicht ‚wirklich' passiert.

Andreas Müller wird nicht müde zu betonen, dass die Vorstellung eines getrennten ‚Ich' der Kernpunkt aller Missverständnisse und Schwierigkeiten ist. „Da es so eine eigene, separate Instanz ‚Ich' nicht gibt, spreche ich meistens vom scheinbaren Ich. Doch es ist klar, dass auch das nicht existiert. Auch das scheinbare Ich ist eine Erscheinung, die sich, wie alles andere, einfach zeigt. Eben nicht als Realität; es ist Einheit, Nicht-Etwas, das als etwas erscheint."[19] Weil das Ich nur eine Erscheinung ist, die auf Trennung basiert, könne es auch nicht befreit werden, und insbesondere kann es sich selbst nicht befreien. Aber das

Ende vom Ich, die klare Erkenntnis seines illusionären Charakters ist nach Müller Freiheit. Doch auch das Ende vom ‚Ich' sei eine Geschichte. „Da ist niemand, der sterben oder verschwinden kann", sagt Müller.[20]

Nur das umfassende Leben – Karl Renz

Unter den Vertretern der Nondualität gilt Karl Renz als der unkonventionellste. Mit Humor und Hinterlistigkeit entwendet er seinen Zuhörern gnadenlos alle angelernten Weltbilder. Während sich manche Vertreter der Advaita-Lehre (‚Nicht-Zwei') in der Nachfolge des berühmten Ramana Maharshi sehen und für ihre Talks ein Foto von ihm aufstellen, bezieht sich Renz auf niemanden. Diese Tradition hält er für unangebracht, und mit dem Hinweis auf seine ‚Nachfolge' hängte er statt eines Meisters an einer Veranstaltung einmal das Bild seiner Großmutter an die Wand.

Auf dem Umschlag seines Buches mit dem Titel „Punkt"[21] steht: „Karl Renz ist nicht der Pausenclown im spirituellen Schulbetrieb, zu dem er gern gemacht wird. – Wenn überhaupt, dann setzt er sich als Clown an deine viel zu klein gewordene Schulbank und schaut ohne zu fragen deinen Schulranzen durch. Dabei wirft er alle Hefte wild durcheinander und lacht sich über die darin verfassten Abhandlungen, Zeichnungen und gelösten Rechenaufgaben halb tot. Du hast immer größere Mühe, alles wieder hübsch ordentlich in deinem Ranzen zu verstauen, bis es dir schließlich nicht mehr gelingen will." In diesem Sinne ist Karl Renz ein Phänomen, eine Ausnahmeerscheinung unter den Vertretern des Nondualismus. Er zerzaust die gängigen Weltvorstellungen bis nichts mehr bleibt als das, ‚was ist' – ohne jede Erklärung. Das ist befreiend. Wunderbar zeigt sich dies in seiner kleinen Geschichte „Das Karussell"[22], die hier etwas gekürzt zitiert sei:

„Willkommen! Willkommen auf dem Jahrmarkt! Wie ich sehe, sitzt du schon auf dem Karussell! Toll, wie du fährst! Du hast einen schnittigen Wagen. Du hast ein Gaspedal. Du kannst sogar bremsen. Aber vor allem hast du ein Lenkrad. Damit kannst du mächtig kurbeln, und das tust du auch. Komischerweise geht es immer nur im Kreis. Du lenkst nach links und nach rechts und bremst und tust, aber es geht immer nur in eine Richtung.

So lenkt dein Ich. Das sogenannte Ego. Und wenn du mal zufällig in die gleiche Richtung lenkst, wie das Karussell fährt, kannst du endlich triumphieren: ‚Wow, das habe ich aber gut gemacht! Ich glaube, jetzt habe ich es raus!' Nun hast du entdeckt, wie die ganze Sache funktioniert. ‚Ich habe voll die Kontrolle, seht mal her!' Du befindest dich in Harmonie mit dem Kosmos, in Übereinstimmung mit der Schöpfung. Ein derartig stimmiges Ich lenkt genau so, wie das Karussell fährt. ‚Seht doch mal, wie ich lenken kann! Das ganze Karussell bewegt sich, weil ich so lenke! Hier, ich, hierher sehen!'

Jetzt bist du ein voll erwachter Fahrer. ‚Ihm nach', rufen ein paar andere begeistert. Am besten, du übernimmst gleich den Bus: ‚Alle bei mir einsteigen und hinter mich setzen! Ich bin eins mit dem Karussell!' Wenn nur jeder so fahren würde! Du hast alles im Griff. Bis du einmal versehentlich den Lenker loslässt. Nanu! Jetzt wunderst du dich. Es geht ja auch von allein! Das Ding. fährt von selbst! Stimmt. Es fährt selbst. Das Selbst fährt. Du brauchst dich nicht anzustrengen. Du kannst dich zurücklehnen und genießen. Es geht immer direkt ins Glück."

Diese amüsante Geschichte hat einen tiefen Gehalt und stellt die Botschaft von Karl Renz in zentrierter Form dar. In seinem Sinne ist der ‚tiefe Gehalt' allerdings ebenso nur eine Geschichte und nicht wirklich existent. Den Hilfesuchenden antwortet er: „Und weißt Du, was absolute Hilfe ist? Das Erkennen, dass es keinen Alltag gibt. Nur das ewige Jetzt. Das was du bist. Da kommt nichts und geht nichts. Das was Realität ist, hat kein Kommen und Gehen. Es ist nicht der Zeit unterworfen. Du musst nichts tun. Sei das, was du bist, vor dem, was ist oder nicht ist."[23]

Wie für andere ist das ‚Ich' auch für Karl Renz eine Illusion. „Das Ich ist nur eine Idee, die Idee von Trennung"[24], schreibt er. „Es geht darum, alles als Konzept zu erkennen, was aus Deiner Ich-Idee kommt. Es kann das, was Du bist, nicht berühren. Du kannst alles erscheinen und wieder vergehen lassen. Immer bleibt etwas übrig. Das worüber du nicht reden kannst.[25] Das Unergründliche und Unbegreifbare, die totale Ichlosigkeit und Wunschlosigkeit ist immer da, was auch geschehen mag, und ist das, was du bist. Alles, was vor dir auftaucht, ist lediglich die Reflexion deiner Existenz. Das, was du bist, ist die Essenz in allem. Aber es ist nicht erfahrbar."[26]

Renz insistiert darauf, nicht an einer Ich-Identifikation zu haften, die als reine Erscheinung nicht das Wesentliche sein kann. Und umso weniger seien die Inhalte dieses Ich bedeutungsvoll. Demgegenüber sei die erwähnte form- und zeitlose Essenz von allem das einzig Wichtige. Und das ist nach Renz das, was wir sind.

„Alles, was in Zeit und Raum dafür getan wird, kann es nicht berühren. Alles, was in Zeit und Raum getan wird, kann dich nicht zu dem machen, was du bist. Es ist viel einfacher. Das, was du bist, erkennt einfach, dass es alles, was es erkennen kann, nicht sein kann. In dir, in der Wahrnehmung, erscheinen Raum, Zeit und Welt. Doch du selbst bist nie Teil davon.[27] Es hat mit dem, was in Zeit ist, nichts zu tun. Es ist die einfache Erkenntnis, vor Zeit zu sein. Die Erkenntnis, dass Zeit in dir erwacht und nicht du in der Zeit erwachst. Es ist wie ein Magnetfeld, das umschlägt. Auf einmal ist die Zeit in dir, und du bist nicht mehr in der Zeit. Zeit ist nur noch eine Reflexion von dem, was du bist. Da ist kein Tun mehr. Da ist ein einfaches ‚Aha'. Da ist die einfache Erkenntnis, dass du das, was du bist, immer warst. Und immer sein wirst. Und dass das, was in Zeit ist, flüchtiger Schatten von Erfahrungen sind.[28]"

Wie in alten buddhistischen Texten zeigt sich bei Karl Renz die Erscheinungswelt einschließlich der Vorstellung eines ‚Ich' als reines Sein jenseits von Zeit und Form, das wir ‚wirklich sind'.

„Die Leere ist der Meister des Ichs. Sie macht nichts. Sie ist einfach nur leer. Das ist alles."[29] Leere bedeutet die Abwesenheit von einem Ich. Und doch ist etwas vollkommen da in dieser Leere. Du bist das, was vollkommen ist. Leere bedeutet die Abwesenheit von etwas anderem als dem, was du bist. Du bist da. Unbeschreibbar, undefinierbar, unbegreifbar."[30]

Karl Renz betont auch in seinen Vorträgen das Unermessliche und Unergründliche als das Wesentliche des Lebens. Er nennt es „das Prinzip Leben", das jenseits und zeitlos ‚vor' allen konkreten Ausformungen bestehen muss. Nach seinen Worten sind wir alle dieses Leben, von dem man sich nicht trennen kann, und die Manifestationen dieses Prinzips gehen immer weiter – ein ewiger Kreislauf. Dieses Leben sei dabei ungeteilt – „wie könnten wir existieren als etwas Getrenntes?" Ein getrenntes Leben wäre ja nicht in Verbindung mit allem anderen Leben, es wäre ‚allein', und so etwas kann nicht (für sich allein) existieren. Es sei also gar nicht möglich, etwas anderes zu sein als dieses allgemeine Leben, sagt Renz.

Renz lässt aber auch das Schwierige nicht aus. Er sagt, dass Trauer der Zustand sei, der entsteht, wenn man vom Äußeren der Welt nicht mehr gepackt ist und dort keine Erfüllung mehr findet. Das sei der natürliche Zustand des Menschen, der in dieser Welt ist, und er kann sich zur Depression verdichten, wenn die Welt schal, grau und sinnlos wird. Dazu schreibt er: „Depression bedeutet wörtlich: Ein Vakuum erscheint. Leere. Das ist unweigerlich. Depression ist, wenn in einer Person die Leere auftaucht. Wenn nichts – keine Form, kein Mensch, kein Gedanke – mehr glücklich machen kann. Das Leben wird vollkommen sinnlos. Ja, das taucht auf, immer."[31] Schließlich führe der Weg durch die Trauer aber zum Sein. Für die Traurigkeit brauche es ja noch einen, der traurig sei. Wenn der ganz aufgegeben ist, dann ist nur noch reines Sein. Das sei Stille. Bewegungslos. Da sei niemals etwas geschehen. Das sei, was wir sind, und da fühle es sich qualitätslos an. Die Sorgen verschwänden, weil nicht wesentlich sei, was ist. Dieses reine unfassbare Sein sei das einzig Wichtige. „Dort wo nichts mehr ist, ist alles", sagt Renz, „was willst Du mehr?"

Nie geboren, nie gestorben – Rick Linchitz

Rick Linchitz ist der einzige der hier zitierten „Nondual speakers", der zum Zeitpunkt dieser Buchpublikation nicht mehr lebt. Er verstarb 2013 an Lungenkrebs, den er über 14 Jahre stabilisiert halten konnte[32]. Rick Linchitz war erfolgreicher Arzt und ehrgeiziger Sportler, und er suchte mit ebensolcher Inbrunst Erleuchtung – um auch das noch erreicht zu haben. Er besuchte Zen-Kurse, wo er tiefen Frieden erfuhr, als sich alles in ‚nichts' auflöste. Etwa gleichzeitig wurde bei ihm ein Lungenkrebs diagnostiziert – ohne Möglichkeit einer Operation oder sonstigen Therapie zur Lebensverlängerung. Dennoch gelang es ihm, die Krankheit während vieler Jahre stabil zu halten, bis sie schließlich ‚zurückkehrte'. Während der Krankheitszeit war er weiter berufstätig. An einem spirituellen Seminar in Costa Rica sprach sein späterer Lehrer Satyam Nadeen über die dunkle Nacht der Seele und sagte: „Bewusstsein ist alles und du bist das". Obwohl er das schon öfter gehört hatte, realisierte er in diesem Moment, dass es „keinen separaten Richard gibt, der sein Leben retten kann". Er erkannte, dass da ‚niemand' war, und die brennenden Fragen waren verschwunden. Seine Vorstellung von Zeit wurde brüchig, und ohne Zeit gab es auch keinen Weg zu gehen. Im Anschluss an diese Erkenntnis verbrachte er lange Zeit damit, einfach dazusitzen. Stunden vergingen, und da war einfach nichts. Später hielt er nebst seiner ärztlichen Tätigkeit sogenannte. ‚Satsang'-Gespräche (‚Begegnung in Wahrheit'), in denen er sein Wissen und Sein anderen Menschen zur Verfügung stellte.

Rick Linchitz drückt das nonduale Gedankengut, das doch eher als ein ‚Wissen' zu bezeichnen ist, in seltener Klarheit aus. Aus seinem tiefen Verständnis, dass Bewusstsein alles ist, ergibt sich, dass auch das Individuum als ‚Person' nichts anderes als eine Erscheinung des Bewusstseins ist. „Es gibt ‚Sein' als das Nichts, aus dem und in dem alle persönlichen Macken und Eigenschaften dieser Welt auftauchen", sagt er dazu.[33] Ebenso erscheint darin auch die Vorstellung von Zeit und damit von Abläufen, die alle zusammen die ‚Geschichten' der Welt sind. Der Gedanke, dass etwas zu tun sei, befinde sich wie alle Erscheinungen ebenfalls innerhalb der Geschichte.

Dazu schreibt Rick Linchitz: „Die Welt der Erscheinungen wird von dem Bedürfnis dominiert, Kontrolle auszuüben. Das führt zu der Vorstellung, es gäbe ein getrenntes Individuum, jemanden, der etwas ‚tun' muss, um das ‚Andere' – andere Menschen, die Umwelt, das Universum und so weiter – zu kontrollieren; jemand, der Zeit braucht und sich anstrengen muss, um diese Ziele zu erreichen."[34] Das Individuum, das sich von der Welt getrennt erfährt, habe viel zu tun, wolle die Welt verbessern und das Böse bekämpfen, denn das ‚Ich' könne das Schwierige der Welt nicht akzeptieren. Dabei könne allerdings die Sehnsucht des Individuums entstehen, ‚nach Hause' kommen zu wollen, weil es sich als vom Urgrund getrennt erfährt. Dieses Erleben schließe die vermeintliche Möglichkeit mit ein, dafür etwas tun zu können. Genau diese Idee ist nach Linchitz aber das am schwierigsten aufzugebende Konzept. Die gute Nachricht sei allerdings, dass man auch nichts tun müsse, weil wir schon sind, was gesucht wird. Mit dieser Erkenntnis kann allerdings eine ‚dunkle Nacht der Seele' einher gehen, welche sich aus der Auflösung des vorbestehenden Ich-Bewusstseins ergibt. „Wenn diese illusionäre Kontrolle von den Lebensereignissen vollkommen ausgehebelt wird, empfindet man zuerst Verzweiflung, Hoffnungslosigkeit und Hilflosigkeit. Das ist die Reaktion des Verstandes auf den Verlust der Illusion. Das ‚Herz' jedoch, die Gegenwart dessen, was du wirklich bist, sieht eine neue Möglichkeit. Da ist Erleichterung, nicht die Kontrolle haben zu müssen, nicht länger all die Anstrengungen und Sorgen auf sich nehmen zu müssen.³⁵ Die Erleichterung und die Freude sind jedoch nicht Hauptsache – der Schlüssel ist das dauerhafte Ende der Illusion."

Rick Linchitz spricht davon, dass das ‚Wissen', das grundlegende, zeitlose Sein oder Bewusstsein durch das ‚Rad des Lebens' hindurch sieht³⁶. Es ist einfach reines Gewahrsein. Wir seien ‚Präsenz', was auch als Bewusstsein, Ursprung, ‚Das' etc. bezeichnet werden kann. In dieser Präsenz gebe es aber nichts, was man ‚als Individuum' erfahren könne, welches ja ebenso eine Erscheinung im Bewusstsein und damit ‚eine Geschichte' sei. Dazu schreibt er: „Es ist paradox, aber der Frieden, der mit dem Wissen einhergeht, dass es kein Individuum gibt, taucht erst auf, wenn niemand mehr da ist, ihn zu genießen. Du bekommst nicht einmal die Chance, dich für etwas Besonderes zu halten."³⁷ In diesem tiefen zeitlosen Wissen gibt es nach Linchitz keine Idee davon, eine Person zu sein. Dennoch würden Körper und Verstand weiter funktionieren, ohne dass aber ‚jemand' etwas tut. Individuum und Raum verschwänden nicht, aber da sei das Wissen, dass alles eine Geschichte sei. Ohne diese Geschichte gebe es auch niemanden mehr, der glaubt, etwas bekommen oder finden zu können. Was bleibt sei Friede und Präsenz. Das was man immer schon war, ohne Zeit. Reine Stille – nichts geschieht wirklich.

[1] Yolande Duran-Serrano, Laurence Vidal, Die Frau, die an einem ganz normalen Sommertag plötzlich keine Gedanken mehr im Kopf hatte, Knaur Verlag München 2014, S. 14
[2] vergl. der Buchtitel von Shunryu Suzuki: Seid wie reine Seide und scharfer Stahl
[3] ebd. S. 23
[4] ebd. S. 31/32
[5] Tony Parsons, Das ist es, J. Kamphausen Verlag, Bielefeld, 2004, S. 13
[6] ebd.
[7] ebd , 18-21
[8] ebd. S. 25
[9] Tony Parsons, nothing being everything, Open secret publishing, London 2007, S. 35, eigene Übersetzung
[10] Diese Ausführungen entstammen Seminaren und persönlichen Gesprächen mit Jim Newman und erheben nicht den Anspruch, seine Gedanken gültig darzustellen.
[11] Koan „Gutei's Finger", Mumonkan, Kösel Verlag München 1989, Fall 3, S. 41
[12] Andreas Müller, Freiheit, PoD Norderstedt 2017, S. 58
[13] ebd. S. 50
[14] Diese Gedanken folgen einem Talk von Müller aus dem Jahr 2013
[15] ebd. S. 23
[16] ebd. S. 49
[17] ebd. S. 63
[18] ebd. S. 77
[19] Andreas Müller. Weihnachten hat es nie gegeben, PoD Norderstedt, 2014, S. 22
[20] ebd. S. 69
[21] Karl Renz, Punkt., Noumenon Verlag Hamburg 2013
[22] Karl Renz, Das Buch Karl, J.- Kamphausen Verlag Bielefeld, 2010, S. 11/12
[23] ebd. S. 14
[24] ebd. S. 33
[25] ebd. S. 32
[26] ebd. S. 39
[27] ebd. S. 59
[28] ebd. S. 71
[29] ebd. S. 36
[30] ebd. S. 145
[31] ebd. S. 128
[32] Diese und die folgenden Angaben sind dem Film „Life as it is, short tribute to Rick Linchitz", www.jetzt-tv.net entnommen.

[33] Rick Linchitz, Jeder Augenblick ist Gnade, J.-Kamphausen Verlag Bielefeld, 2007, S. 48
[34] ebd. S. 19
[35] ebd. S. 19
[36] Diese und die folgenden Gedanken entsprechen sinngemäß einer Videoaufnahme: Rick Linchitz, Die lebende Präsenz, 2007
[37] Rick Linchitz, Jeder Augenblick ist Gnade, J.-Kamphausen Verlag Bielefeld, 2007, S. 40

Teil III

Nonduale Eckpunkte des Zen

Die Aussagen der alten Texte des Buddhismus und des Zen einschließlich ihrer Bezüge zur indischen Advaita-Tradition und auch die Äußerungen moderner spiritueller Lehrer weisen eine überzeugende Kohärenz auf. Darin zeigt sich, dass das Wesen der Welt über lange Zeiträume in stets gleicher oder ähnlicher Weise wahrgenommen wird. Über alle Perioden, Gesellschaftsstrukturen und Bewusstseinsformen hinweg erscheinen drei Hauptaussagen als zentral.

Erstens: die äußere Welt befindet sich in steter Bewegung und kann daher nicht als etwas Festes verstanden werden. Alle Erscheinungen bedingen und ergänzen sich gegenseitig und befinden sich in einem steten Austausch. Zusammen bilden sie die ursprüngliche Einheit, die lediglich durch gedankliche und sprachliche Beschreibungen in Teilelemente zerlegt wird. Letzteres entspricht der dualen Betrachtung der Welt.

Zweitens: es gibt ein Bewusstsein über das Wesen der Welt, das als reines Sein, Leere, Urgrund oder ähnlich beschrieben wird. Das Sein ist zeitlos, raumlos und schließt die menschliche Existenz mit ein, wobei das entsprechende Bewusstsein nicht persönlich ist. Dies entspricht dem nondualen Wesen der Welt.

Drittens: die sich stets wandelnde Erscheinungswelt und das reine Sein sind identisch. Die Menschen und alle Erscheinungen sind damit reines Sein, das sich unergründlich und unbeschreiblich jeder Darstellung entzieht. Die Wahrnehmung davon könnte Bewusstsein genannt werden, das sich selbst erkennt.

Während die erste Aussage über die Vergänglichkeit der Erscheinungen leicht verständlich ist, macht das Erfassen der zweiten These schon mehr Mühe. Die Schwierigkeit liegt darin, dass das grundlegende unpersönliche Sein als solches nicht als ‚etwas' erfahren werden kann. Dennoch gibt es eine Wahrnehmung davon. Die eigentliche Krux liegt aber in der dritten Aussage – in der Identität von bewegter Erscheinungswelt (Form) und dem unbeschreibbaren Charakter reinen Seins (Leere). Verbreitet ist die Ansicht, dass die Erscheinungswelt dual und das reine Sein nondual sei. Eine derartige Betrachtung macht aber die ganze Sache dual. Es kann neben der Nondualität nicht ein Stück Dualität geben, ohne dass das Nonduale aufgehoben wird. Folgt man der Identität von Erscheinungswelt und Leere, dann müssen auch die Erscheinungen wesensmäßig von nondualem Charakter sein.

Im folgenden dritten Teil dieses Buches soll den zwei Aspekten des Seins Erscheinungswelt und Leere sowie ihrer Identität nachgespürt werden. Gelegentlich nehmen die Erwägungen Bezug auf die vorangehenden alten und neueren Texte. Vor allem aber versuchen sie, die im Grunde unbeschreibliche Thematik zu umkreisen.

Welt der Erscheinungen

Leben ist Bewegung

In der westlichen Welt werden materielle Erscheinungen als das Eigentliche verstanden, und Phänomene wie Philosophie, Religion oder Spiritualität kommen als erklärende Ergänzung dazu in Betracht. Die Beständigkeit der Materie ist ein wesentliches Element des westlichen Weltbildes, und vieles ist darauf angelegt, dieses möglichst sicherzustellen. Die Bauwerke sollen lange halten, alte Gebäude werden bewundert und geschützt, und im Falle der ägyptischen Pyramiden gilt ihre Dauerhaftigkeit gar als Weltwunder. Ebenso sollen die persönlichen Lebensumstände möglichst auf Dauer angelegt sein: ein Haus sollte über eine oder besser mehrere Generationen bestehen bleiben, und Beziehungen sollten lange dauern, am besten lebenslang. Der eigene Beruf soll stets ausgeführt werden können, und die Arbeitsstelle war zumindest bis vor kurzem im Idealfall eine Lebensstelle mit Entwicklungs- und Aufstiegsmöglichkeiten. In diesem Sinne pflegen wir im Westen ein stabiles Weltbild, und ein ausgeprägtes Sicherheitsdenken versucht, entsprechende Beeinträchtigungen und Gefahren möglichst fern zu halten.

Im Buddhismus hat die Welt der Erscheinungen nicht den gleichen Realitätscharakter wie in der westlichen Welt. Die äußere Welt wird vielmehr als ‚relativ' bezeichnet – dies weil sie von unbeständigem Charakter ist. Das wird von Dogen Zenji in einleuchtender Weise geschildert: „Die Vergänglichkeit ist wahrhaft die Wirklichkeit, die sich haargenau vor unseren Augen abspielt. Wir brauchen keine Sätze und kein Prinzip aus den heiligen Schriften, die in der Welt als sehr wichtig betrachtet werden, als Beweis dafür abzuwarten. Morgens geboren, abends gestorben, jemanden, den wir gestern sahen, gibt es heute nicht mehr – das sind die Tatsachen, die wir mit eigenen Augen sehen und mit eigenen Ohren hören."[1]

So gesehen wohnt jeder Bewegung ihr Ende inne, und jedem Leben sein Tod. Alles befindet sich im steten Wandel, und das ist eigentlich Leben. Wäre da kein Wandel dann gäbe es keine Bewegung, keine Veränderung, da wäre das Leben ‚eingefroren'. Es wäre tot, oder vielmehr: es würde gar nicht existieren, denn etwas anderes als Bewegung gibt es nicht. Ohne Bewegung ist nicht ein unbewegtes Sein, sondern überhaupt kein Sein. Planeten existieren nur, indem sie sich umeinander drehen. Ohne Bewegung, kann es sie nicht geben.

Auch wir Menschen sind nie dieselben – heute sind wir nicht, was wir gestern waren, und morgen nicht was heute. Was vorgestern war ist nicht mehr bedeutungsvoll. Die Jugendzeit – längst vorbei. Der Jugendliche existiert nicht mehr, und auch nicht das Kind, das wir einmal waren. Ist es gestorben? In einem gewissen Sinne ja, wenn wir auch lieber von Wandlung oder Entwicklung sprechen. Es ist halt groß geworden. Der Mensch, der wir gestern waren – ist auch er gestorben? Und der, der wir vor einer Minute waren? Jedenfalls gibt es ihn jetzt nicht, höchstens als Erinnerung. In einem gewissen Sinne kann man sagen, dass Leben zugleich stetes Sterben ist. Nichts überlebt auch nur eine Sekunde. Genau betrachtet fallen die Begriffe Leben und Tod in eins zusammen. Indem wir ‚nie derselbe' Mensch sind, ist alles immer je neu, je Leben-Tod.

Im Zen ist in diesem Sinne von einem Sein ‚jenseits von Leben und Tod' die Rede. Es gibt immer nur ‚diesen Augenblick', dieses zeitlose ‚genau hier, genau das'. „Fallen die Schneeflocken nicht gerade so?" fragt ein Zen-Text. Und man spürt – da wird etwas angedeutet, was ‚genau hier, genau das' ist. Es könnte nicht anders sein. Es ist ‚genau das', wozu es keine Alternative gibt. Und das ‚genau das' ist auch ‚genau jetzt'. Gemeint ist damit aber nicht ein

Ausschnitt aus einer Abfolge von der Vergangenheit bis in die Zukunft hinein, wie eine Schnitte in einer Zeitachse. Es ist vielmehr jenseits der Zeitachse, das Immerwährende, das sich in jedem Moment zeigt. Es gibt nur dieses sich gestaltende Sein, und es kommt nicht darauf an, wo man ist, denn überall ist es so.

Langsam wächst heute ein Bewusstsein, das die Welt neu wahrnimmt und interpretiert. Es kommt dabei ins Blickfeld, dass alle Lebensumstände und selbst die Dinge fluid sind. Sie befinden sich in dauernder Bewegung - insofern man in einer Zeitdimension denkt. Jenseits von Zeit könnte man eher von einem flüssigen Aggregatzustand sprechen, von einer fluiden Befindlichkeit oder Verfassung der Erscheinungen. Es verhält sich damit wie mit Eis und Wasser. Ein statisches Bewusstsein nimmt die Welt im Zustand von fester Materie (hier im Vergleich als Eis) wahr, während ein fluides Bewusstsein die Welt im Zustand von Wasser wahrnimmt. Was gerade erscheint, ist wie das Bild eines Flusses, von dem eine Momentaufnahme gemacht wird. Wie der Fluss ist auch die Materie nicht fest, sondern vielmehr ein gerade gegenwärtiger Zustand. Ein Tisch ist gerade jetzt ein Tisch, während früher Bäume und Holz waren, und später wird der Tisch nicht mehr sein und stattdessen vielleicht Holzstücke oder Asche. Als Zeitereignis wäre der Tisch eine Momentaufnahme der sich wandelnden Materie. Ohne die Zeitdimension anzuwenden – darüber hinausgehend – wäre der Tisch einfach ein Zustand von fluider Materie, die gerade als Tisch erscheint. Dabei geht es nicht um Vergangenheit (Holz) und Zukunft (Asche), sondern um das fluide Prinzip an sich, das gesehen wird. Mit einem solchen Bewusstsein leben wir nicht mehr in einer starren Welt, sondern in einer Welt von Zuständen und Erscheinungen.

Ein solches Bewusstsein hat nicht die Statik, sondern die Dynamik im Fokus. Alle Bewegung erscheint darin als Geschehen. Es verhält sich damit wie mit den Wellen im

Meer. Da ist einfach, was geschieht, das Auf und Ab der Wellen. Alles ist Eins. Alles eine Bewegung. Da gibt es auch keine Unterscheidung der einzelnen Bewegungen mehr, denn sie hängen alle voneinander ab. In diesem Sinne gibt es gar keine einzelnen Bewegungen – so wie eine Welle im Meer nicht ohne alle anderen existieren kann. Die Trennung von einzelnen ‚Bewegungselementen' aus der Gesamtbewegung erscheint als künstlich. So verhält es sich auch mit den Menschen. Auch da ist einfach das Kommen und Gehen, das Tun und Ruhen – das was immer und überall geschieht und daher zeitlos ist. Wenngleich es früher vielleicht in einer etwas anderen Form war, so ist es im Kern doch dasselbe Geschehen. Menschen und alles andere sind einfach – immer dieser Augenblick.

Und kann so etwas sterben? Das, was immer ‚jetzt' ist, kann nicht anders sein als jetzt. Sterben erweist sich damit als Phantasie. Der Gedanke an künftiges Sterben ist die in die Zukunft gerichtete Erinnerung früherer Erfahrung von vermeintlicher Wandlung. Man kann sagen, dass es für denjenigen, der physisch aus dieser Welt geht, den Tod nicht gibt. Wenn er gestorben ist, ist er nicht ‚tot', d.h. ein Lebender, der nicht mehr lebt, sondern er ist auch dann einfach das, was ungetrennt alles ist. Im Sterben fürchtet er vielleicht den Abschied, weil er sich gewohnt ist, alles in Zeit und in der Vorstellung von Existenz wahrzunehmen, statt einfach nur zeitlos zu sein. Versteht man die Erscheinungen als zeitloses Prinzip der Bewegung, so ist einfach immer Bewegung. Es ist einfach immer das, was ist.

Geschichten

Das Leben ist Bewegung und beinhaltet viele Ereignisse, die als Geschichten erzählt werden können. Menschen lieben Geschichten. Schon die Urvölker liebten das Palaver – es ist die Rede davon, dass sie nur etwa halbtags einer Arbeit wie der Nahrungssuche nachgingen und die übrige Zeit im gemeinsamen Gespräch verbrachten. Auch unser modernes Leben besteht aus zahllosen Geschichten – jedenfalls das individuelle Leben; das, was wir uns als ‚mein' Leben vorstellen. Es soll sich ja von anderen Leben unterscheiden. ‚Mein' Leben ist wichtig, es ist nicht das Leben schlechthin, sondern vielmehr das private Leben – das was uns ausmacht. Und was ist es denn, was uns ausmacht? Eben: es sind die Geschichten. Es sind die Ereignisse, die wir erlebt haben, und die sich flux in Geschichten verwandeln, gleich wenn wir sie jemandem erzählen. Die Ereignisse sind dann nicht mehr das, was ist, sondern sie werden zu etwas Neuem, zum ‚Geschichten erzählen'. Was war, ist vorbei, und wenn davon berichtet wird, ist es eine Geschichte.

Manchmal sind Geschichten recht amüsant und manchmal auch belastend – je nach dem Wert, den Erzähler und Zuhörer den Geschichten beimessen. Sie sind aber nicht mehr das Leben, das zum Zeitpunkt der berichteten Ereignisse war. Die Erzählung eines Erschrockenen mag den damaligen leisen Schauer nachklingen lassen. Manchmal wird das Erzählen auch ‚Verarbeitung' genannt, doch meistens geht es um weniger. Es geht nur ums Berichten und Zuhören, nur um den gefahrlosen Zeitvertrieb. Alles Wirkliche ist ja schon vorbei, und nachträglich kann uns der Wolf nicht mehr packen.

Das Leben als aneinander gereihte Geschichten verstanden ist aber nicht der wirkliche Lebensprozess, nicht das lebendige Leben. Als Abfolge von Geschichten erscheint es, als ob das Leben in eine Kiste gepackt wäre. Da ist alles drin, was das Leben bisher ausgemacht hat, und wenn Neues dazukommt, wird dies ebenfalls in die Kiste gelegt. In dieser Kiste ist aber kein wirkliches Leben. Wer sein Leben mit Geschichten verbringt, die sich auf einen beziehen, ist nicht wirklich lebendig. ‚Ich' und ‚mein' sind die großen Eingrenzungen, welche uns unlebendig werden lassen. Die Beschränkung auf das, was wir uns zurechnen und die Ausgrenzung von all dem, was wir außen vor lassen, lässt uns des tiefen Lebensprozesses verlustig gehen. Indem ‚wir' sind, indem das Geschehen als ‚mein Leben' wahrgenommen wird, erscheint das Leben eng. Nicht das Leben selbst ist dabei eng, sondern unsere Sichtweise darauf. Im früher zitierten Diamant-Sutra ist in diesem Sinne die Rede davon, dass die Vorstellung von einer ‚Person', die eine ‚Lebensspanne' durchläuft, tiefer gesehen nicht stimmig ist.

Das Schwierige an der Sache ist, dass wir vor lauter Geschichten das Leben nicht mehr sehen, und so gesehen erscheint das ganze Leben selbst als eine Geschichte. Was da alles passiert, das so bedeutungsvoll, schön, schrecklich, langweilig, enervierend, freudvoll, erfüllend und was sonst noch ist! Die Geschichten lösen Gefühle aus, und diese erscheinen als das wahrhaftige Leben. Zwar kann nicht bezweifelt werden, dass es Gefühle gibt, aber ob ihnen die Bedeutung zukommt, die wir ihnen geben, ist doch fraglich. Eigentlich bestehen Geschichten aus Gefühlen. Ohne Gefühle hätten sie wenig oder keine Bedeutung. Was wäre schon ein Diebstahl oder ein Verlust, wenn wir uns darüber nicht aufregen? Was eine Verkehrsbusse, wenn sie uns nicht ärgert? Was eine Reise, wenn sie uns nicht freut? So gesehen sind wir ständig auf der Jagd nach Umständen, die uns starke Gefühle vermitteln – notfalls suchen wir sie sogar im Kino. Was weniger Gefühle erzeugt erscheint als langweilig, weil wir darin das Leben nicht sehen, das eigentliche Leben.

Das Leben selbst ist keine Geschichte. Es ist viel quirliger, lebendiger. Es prickelt und ist immer da, immer jetzt, und wir können nicht wirklich sagen, was es ist. Wir machen es nicht, doch sind wir Teilhabende des Lebens. Bedeutungsvoll sind nicht die spezifischen Ereignisse, sondern es ist vielmehr die Tatsache des Lebensprozesses an sich. Das Leben selbst ist etwas anderes als das, was später als Summe der Ereignisse oder als Geschichte erscheint. Ereignisse finden in der Zeit statt, und Geschichten können aneinander gereiht werden. Was kein Ereignis ist, ist auch nicht in der Zeit. Das Leben selbst ist nicht das, was wir als Ablauf des Lebens erfahren und verstehen.

Wir selbst sind das Leben, wir sind ‚da'. Ramana Maharshi sagte dem „ich bin". Das Eigenartige ist der Umstand, dass das, was wir sind, nicht ‚wir' sind. Wir können uns nicht als etwas verstehen, was bestimmte Eigenschaften hat. Wir sind vielmehr ‚nicht etwas', nicht etwas Fassbares, nicht etwas Bestimmtes, nicht Person. Wir sind offensichtlich gerade nicht, was wir zu sein glauben. Wir sind nicht unsere Identifikation, sondern vielmehr das, worin diese Identifikation geschieht.

Was da ist, ist einfach Leben. Leben ohne Identifizierungen und damit auch ohne Geschichten ist nicht abgegrenzt. Es ist einfach das, was jetzt gerade ist. Es setzt sich aus nichts zusammen – es ist immer nur das, was sich gerade zuträgt. In diesem Sinne sind wir immer dieser Lebensstrom. Wir spüren ihn, wenn wir nicht versuchen, ihn festzuhalten, nicht versuchen einzelne Ereignisse zu erklären, wenn wir keine Geschichten daraus machen.

Beziehung setzt zwei voraus

Innerhalb unserer Geschichten und innerhalb dessen, was wir als ‚mein Leben' bezeichnen, spielen zwischenmenschliche Beziehungen eine bedeutende Rolle. Dabei ist aber zu beachten, dass man nur eine Beziehung zu etwas haben kann, von dem man getrennt ist. Wir lieben etwas oder jemanden, weil wir uns davon getrennt erfahren und dazu eine Beziehung pflegen oder herstellen möchten. Wir möchten nicht ganz getrennt und allein in dieser Welt sein. Das setzt aber voraus, dass eine ursprüngliche Trennung vorhanden ist – dass wir uns von der Welt getrennt wahrnehmen.

Beziehungen zwischen Menschen sind delikate Angelegenheiten. Da gibt es alle möglichen Verwicklungen, die zu Sorgen Anlass geben. Es finden Projektionen statt, die wiederum aufgelöst werden wollen. Man will etwas weniger an Verstrickung haben – aber eben auch nicht keine, weil man sich dann doch zu sehr allein fühlen würde. Dies ist auch der Grund, warum viele Partnerinnen und Partner zusammen bleiben, obwohl sie große Schwierigkeiten miteinander haben. Beide versuchen dann, den anderen zu beeinflussen und dazu zu veranlassen, Dinge zum eigenen Nutzen zu tun. Schwierige Stimmung, Bemühen um Konsens, Streit, Not, vielleicht Annäherung, Versöhnung – ein ewiges Hin und Her – das ist die Folge davon. Es kann aufhören, wenn das Geschehen als das Wirken des Lebens selbst, als Gestaltung des Einen verstanden wird.

Manche Menschen neigen dazu, andere in ihre Gefühlswelt einzuordnen, sie zu einem Mitspieler darin zu machen. Beziehung bestehe ja aus Gefühlen, meinen sie dazu. Beziehung besteht aber vielmehr wegen mangelnder Empfindung für die Einheit. Sonst ist einfach Einheit – es ist einfach das, was geschieht. Niemand braucht eine Vorstellung davon zu haben, niemand braucht sich gegen einzelne Ereignisse zur Wehr zu setzen. Es kann aber geschehen, dass ‚sich zur Wehr setzen' passiert, als Reaktion auf die Ereignisse dieser großen Welt.

In Zweisamkeit muss Einsamkeit nicht erfahren werden. Zweisamkeit bezieht sich dabei nicht nur auf zwei Menschen, sondern kann auch den Menschen mit einer Aufgabe, die Faszination durch ein Hobby, die aktive Berufstätigkeit und anderes bedeuten. In allen diesen Fällen ist man nicht mit sich selbst konfrontiert. Meditation mag ein Versuch sein, dies alles für eine gewisse Zeit auszuschalten, aber oft hält der Erfolg nicht lange an.

Sind wir gerade ohne jene Beziehungen, wie wir sie üblicherweise pflegen, können Gefühle der Einsamkeit auftreten. Dies geschieht aber nur solange, als wir uns als getrennt erfahren. Wenn in der buddhistischen Lehre empfohlen wird, an nichts anzuhaften, so bedeutet dies im Falle der Beziehungen die Transzendierung ihrer vordergründigen Erscheinung zum Ganzen hin. Man könnte sagen, dass das Ganze – alles was ist – in sich Beziehungen aufweisen mag, aber weil das Ganze alles umfasst, kann es selbst nicht zu etwas in Beziehung stehen. Wo wir uns im Ganzen wahrnehmen, sind wir nicht mehr allein, sondern vielmehr selbst das große Sein, das immer Einheit ist. Da gibt es keine Trennung, und damit auch niemanden, der sich einsam fühlen könnte. Weil es keine zwei gibt, gibt es keine Einsamkeit. Und so ist hier auch nicht Beziehung, sondern nur Stille[2].

Die Beziehungen gehören in die Welt der Erscheinungen wie Essen und Trinken, und sie können ihren Lauf nehmen, wie alles in der Welt. Zugleich sind sie aber auch immer das eine Sein. „Selbst Gesang und Tanz sind die Stimme des Dharma", heißt es im Lied auf Zazen von Hakuin Zenji. Selbst alle Beziehungsereignisse sind als ‚Tanz der Erscheinungen' das eine Sein, die Stimme des Dharma – ob sie gefallen oder nicht. Und selbst Gefallen und Nichtgefallen sind die Stimme des Dharma.

Friede liegt darin, nichts zu wollen und nicht in Widerspruch zu Ereignissen zu stehen. Dies wiederum heißt nicht, dass Anpassung erfolgen sollte oder könnte. Es bedeutet vielmehr, dass die Einheit in aller Differenz gesehen wird. Die große Schöpfung zeigt sich auch als Streit. Was kann man da tun? Wie immer – nichts. Es ist einfach so. Darin kann man sich selbst erkennen, nicht als den ‚Streitbaren' sondern als die Schöpfung, die sich in der Auseinandersetzung selber gestaltet. Wer sagt, dass dies immer angenehm sein muss? Auch Schwierigkeiten sind das große Eine. Die Erkenntnis davon gibt aber Distanz zu den Ereignissen – ihr traumartiger Charakter wird erkannt, und man wird nicht darin aufgesogen.

Wenn Trennung aufgehoben und Ganzheit erfahren wird, fällt die Wahrnehmung weg, dass sich zwei verstehen oder streiten. Die temporäre Geborgenheit, die ein Ich bei einem anderen Ich finden kann, fällt in der Wahrnehmung des Einen dahin. An deren Stelle tritt ein tiefes Wissen, nicht aus der Einheit herausfallen zu können, das aber unpersönlich ist. Es ist nicht eine Person, die solches Wissen ‚hat', vielmehr ist es das reine Sein, das in sich selbst ist. Da gibt es nichts zu tun, nichts zu wollen, nichts zu erreichen – weil es immer schon ist. Darin sind die Begriffe von Geborgenheit und Einsamkeit hinfällig, weil in aller Bewegung immer nur dieses eine Sein ist. Unbeschreiblich, unergründlich, unermesslich.

Die Welt als Beschreibung

Alles in dieser Welt wird beschrieben. In Zeitungen, Zeitschriften und Büchern wird die Welt erklärt. Es wird dargelegt, was gerade wichtig sein soll und wie man darüber denken kann, allenfalls mit Alternativen. Im Grunde wird so die kollektive Weltsicht stets neu hergestellt; sie besteht nicht grundsätzlich. Dies geschieht genau so, wie auch die persönliche Identität stets neu aufgebaut wird, indem man sich laufend in der eigenen Weltsicht bestätigt. Im Grund existiert die Welt, so wie wir sie uns vorstellen, aber gar nicht. Es gibt nur eine unendliche Anzahl von Erfahrungen und Beschreibungen. Dabei bestehen kollektive kulturbedingte Interpretationsmuster, nach denen sich die Menschen in den einzelnen Regionen richten. Es sind Beschreibungen der Welt, über die man sich einig oder uneinig ist, und oft genug gibt es wegen divergierender Weltbilder Krieg. Die ganzen Religionskriege waren so, und die ‚Vaterlandsliebe‘, welche die Soldaten in den Tod schickt, basiert auf solchen Ideen.

Was die Welt ‚wirklich‘ ist, wissen wir nicht. Jedem und jeder steht nur ein subjektives Erleben zur Verfügung, das zwar gerne verallgemeinert wird, aber dennoch auf die eigene ‚Person‘ bezogen bleibt. In diesem Sinne ist die Wirklichkeit nicht ‚wirklich‘ – vielmehr gibt es nur die zahlreichen Wahrnehmungen von etwas, das wir nicht kennen. Nicht nur angesichts der Vergänglichkeit aller Erscheinungen sondern auch mangels Objektivität einer Wahrnehmung muss die Welt als ‚relativ‘ beschrieben werden, wie dies im Buddhismus geschieht. Die vermeintlich personenübergreifende ‚Wirklichkeit‘ der Welt entspricht im Grunde einem Traum, wie dies Hazrat Inayat Khan, ein Sufi-Meister des vorletzten Jahrhunderts einmal beschrieben hat: „Das ist der Zustand des gewöhnlichen Menschen: Er lebt in einer Art Traumzustand. Der Mystiker ist ein

Mensch, der erwacht ist. Das Amüsante daran ist, dass der gewöhnliche Mensch den Mystiker einen Träumer nennen wird, obwohl in Wirklichkeit er selbst der Träumende ist."[3] Diese Aussage erinnert an das Diamant-Sutra, wonach die Vorstellung, eine Person oder ein individuelles Lebewesen in einer entsprechenden Lebensspanne zu sein, mit einem umfassenden Bewusstsein nicht vereinbar ist. So gesehen leben die Menschen in einem Traum von sich selbst als Person und von einer ‚objektiven Welt', und diesen Traum halten sie für die Wirklichkeit. Damit setzen sie sich gewissermaßen ins Zentrum der Welt – jedenfalls ins Zentrum ihrer Welt. Sie halten ihre Wahrnehmung für so wirklich, dass sie diese gerne für allgemeingültig erklären und nicht verstehen können, wenn andere Menschen nicht die gleiche Weltsicht haben. Ihre Wahrnehmung und ihre ‚Wirklichkeit' sind aber relativ – es ist das, was Hazrat Inayat Khan als den Traum des gewöhnlichen Menschen versteht. Dies bedeutet, dass die vordergründige individuelle Wahrnehmung und die Identifikation mit den eigenen Erlebnissen nicht das ist, was das Leben ausmacht. Auch jede Interpretation des Lebens gehört zu den Träumen. Die Tatsache von Interpretationen soll dabei nicht gewertet werden – das individuelle ‚Träumen' des Lebens ist auch eine Erscheinung des Lebens.

Dennoch scheint es die Möglichkeit einer Wahrnehmung außerhalb des Traumes zu geben, in der das Umfassende in Erscheinung tritt, wenngleich es nicht wirklich begriffen werden kann. Fragt man sich, wie und wo diese Wahrnehmung geschieht, so kann es sich nicht um ein persönliches, individuelles Bewusstsein handeln. Eher scheint es ein Bewusstsein des Lebens zu sein, das den Traum als Traum erkennt. Letztlich unterscheiden sich die Ebenen nicht, und alle Betrachtungen können nicht mehr als Hilfskonstruktionen sein, um Unterscheidungen zu treffen, die im Moment nützlich sein mögen, und die es doch nicht wirklich gibt.

Bei der Beschreibung der Welt und unserer vermeintlichen ‚Person' als Traum geht es darum, unsere Relativität zu erkennen, und das ist möglich, wo sich zugleich etwas ‚Absolutes' zeigt. Das Absolute – von dem später eingehender die Rede sein soll – gibt es dabei nicht als etwas Separates, denn auch diese Benennung ist wiederum nur eine Hilfskonstruktion. Immerhin könnte man sagen, dass das, was uns als Wirklichkeit erscheint, wegen dessen Subjektivität zugleich ‚unwirklich' ist. Damit erscheint alles als wirklich-unwirklich zugleich, d.h. als vermeintlich real und doch eben auch nicht wirklich real, da es nur subjektiv wahrgenommen werden kann. Was es ‚tatsächlich' ist, kann nicht gesagt werden.

In einer solchen Betrachtung macht der Begriff von ‚Wirklichkeit' im Grunde keinen Sinn. Wirklichkeit setzt ja etwas Unwirkliches voraus – denn ohne Gegensatz ist der Begriff ohne Bedeutung. Annäherungsweise könnte man sagen, dass wahre Wirklichkeit jenseits von Wirklichkeit und Unwirklichkeit ist. Der alte Zen-Meister Rinzai, von dem schon die Rede war, drückte es mit seinem „Katsu" aus, und Karl Renz, der ebenfalls früher zitiert wurde, sagt dazu einfach „peng".

Nach buddhistischer Auffassung sind die Vorstellungen von einem realen Charakter der Welt und von sich selbst als einer abgegrenzten und in Zeit existierenden Person illusionär. Sobald diese Einschätzungen als Illusionen erkannt werden, lösen sie sich auf, da solche Umstände nie wirklich existiert haben. Der Prozess, der dies ermöglicht, wird durch die Gestalt des Boddhisattva Manjushri verkörpert, der die Illusionen abschneidet. Er führt ein Schwert, welches die Illusionen „tötet" und damit Leben schafft. Indem das ‚Ich' als nicht wirklich bestehend erkannt wird, zeigt sich ein ganz direktes quirliges Leben. Es wird nicht von einem vermeintlichen ‚Ich' gesteuert, sondern ist in einer wunderbaren Weise aus sich selbst heraus lebendig. Es ist unsere eigene Lebendigkeit, die sich zeigt, wenn sie nicht durch unzutreffende Ansichten verdeckt wird. Die große Schwierigkeit für die Erkenntnis solch ‚wahren Lebens' ist, dass die abgegrenzte Person nicht in der Lage ist, ihre eigene Wahrnehmung und Erkenntnis als illusionär zu verstehen, denn damit würde sie sich selbst eliminieren. Es bedarf für diesen Schritt also des Manjushri – einer nicht Ich-orientierten Kraft, welche den Blick über das individuelle Leben hinaus auszuweiten vermag und so erst ‚wirkliches' Leben ermöglicht. Es ist ein Leben, das in nicht fokussierter Weise und umfassend sich selbst gestaltet.

Über Religion

Streng genommen gehören auch die Religionen zu den Beschreibungen der Welt. Sie geben den Menschen Orientierung in den verschiedenen Lebensphasen, und da die Glaubensinhalte von vielen Menschen geteilt werden, ermöglichen sie den Angehörigen auch ein gemeinsames Weltbild. Orientierung ist dort notwendig, wo die ursprüngliche menschliche Beheimatung in einem ungeteilten Sein nicht mehr gegeben ist. Religionen treten damit an die Stelle der ursprünglichen Einheit. Indem sie eine Beziehung zum Urgrund allen Seins herstellen – Gott oder anders genannt – bestätigen sie gemäß den früher angestellten Erwägungen aber zugleich die Trennung. Im Grunde entstehen Religionen aus der Empfindung eines Mangels heraus, aus dem Verlust der ‚ursprünglichen Heimat', die auch als Paradies oder Nirvana bezeichnet wird, und sie bemühen sich gleichzeitig, diesen Mangel zu beheben.

Gemäß der christlichen Lehre und Mythologie hat der Mensch seinen Urgrund mit der Vertreibung aus dem Paradies verloren. Adam und Eva mit dem Feigenblatt erscheinen damit nicht eigentlich als Anfang des Bewusstseins über sich selbst, sondern vielmehr als Anfang von Religion als Folge der Trennung von sich selbst und von ‚Gott', d.h. von der Einheit allen Seins. Mit der Abspaltung vom tiefen eigenen Wesen und Sein wird Religion bedeutungsvoll. Wenn nicht mehr gesehen wird, dass hier alles ist, wenn ‚Gott nicht mehr in der Welt gesehen wird', weil wir selbst von ihr abgespalten sind, dann wird das Unergründliche nach außen projiziert. Das Göttliche ist dann nicht mehr hier, sondern ‚im Himmel' (was auch immer das sein mag), und da das Unergründliche im Zustand der Trennung nicht mehr in direkter Weise wahrgenommen werden kann, wird es vermittelt. Es erscheinen die Propheten, die Religionsgründer, die Bücher und später die religiösen Lehrer, welche das, was sie gehört haben, in die Welt hinaus tragen. Das Eigentliche aber kann nicht gelehrt werden, weil es sich jeder Beschreibung entzieht. Shakyamuni selbst sagt, dass es nie einen Buddha gegeben hat, der in die Welt gekommen ist, und auch Zen vermittelt dies. Das Unergründliche muss nicht in die Welt kommen, weil es schon da ist, und weil es zugleich jenseits aller Zeit und Formhaftigkeit ist, kann es auch nicht in die Welt der Erscheinungen eintreten. Es ‚ist einfach'.

Angesichts der Unermesslichkeit allen Seins ist reines ‚Nichtwissen' die einzig mögliche Haltung, und gerade so ist das Unergründliche überall zu sehen. Es ist hier. Wer es anderswo platziert und es vermitteln will, der sieht es nicht hier. Wer es aber hier sieht, kann nichts vermitteln, weil die Vermittlung nichts daran ändert, dass es hier ist. Auch für diejenigen, die es wegen der Abspaltung von der eigenen Natur nicht sehen können, ist es hier. Weil das unergründliche umfassende Sein stets präsent ist, bedarf es für eine innere Ausrichtung darauf auch nicht spezieller Lebensformen. Die Spiritualität ist in einem auf die Einheit allen Seins ausgerichteten Bewusstsein jedem zugänglich. Dieses wachsende Bewusstsein mag auch ein Grund dafür sein, dass sich die Klöster leeren und monastische Lebensformen für ein spirituell orientiertes Leben nicht mehr als notwendig erscheinen. Dazu bedarf es nicht mehr bestimmter Zugehörigkeiten. Ramana Maharshi etwa gehörte keinem Orden an, gründete auch keinen und trug nur einen Lendenschurz – er genügte sich selbst. Er war alles. Was braucht es da noch? Aber auch zu ihm kamen Jünger, die verstehen wollten. Viele suchen nach etwas, was es in einer rein äußerlich verstandenen Erscheinungswelt nicht gibt, und sie übersehen dabei, dass alles schon da ist, und dass sie selbst dieses ‚alles' sind. Das wusste etwa der Mönch Avakum, von dem Erhart Kästner in seinem Buch die Stundentrommel vom heiligen Berg Athos berichtet: „Wenn Christos in mir wohnt und ich in ihm und ich nachtsüber mit Christos rede in meinem unaussprechlichen Glück, was brauche ich da zur Kirche zu gehen?"⁴

Die Pflege religiöser Glaubensinhalte und Riten kann Menschen beruhigen. Manche Religion vermittelt die Vorstellung eines ‚Ewigen Lebens', was meistens aber auf das ‚Ich' bezogen wird, das von ewiger Dauer sein soll. Dabei ist dieses Individuelle das Unwichtige. Wichtig ist das eigentliche Sein, das formlose und letztlich unfassbare Sein, das sich in vielen stets wandelnden Formen ausdrückt. Sie sind das Leben selbst und dies ist ‚alles'.

Mancherorts ist vom interreligiösen Dialog die Rede, etwa demjenigen zwischen West und Ost. Darin werden Christentum und Buddhismus zueinander in Beziehung gesetzt, und doch müssen sie letztlich getrennt nebeneinander bestehen bleiben, solange sie existieren. Indem sie in je ihrer Weise dem Unermesslichen Form verleihen, haben sie ihre Rechtfertigung gerade darin, dass sie dies in ihrer spezifischen Art tun und sich dadurch von anderen Religionen unterscheiden. Hätten sie genau denselben Zugang, dann würden sie sich nicht nur verbinden, sondern sich gegenseitig auflösen, und beide könnten in ihrer angestammten Form nicht mehr existieren. Wie alle Strukturen hat auch jede Religion ihre Abgrenzung, doch alle Religionen wachsen auf dem gleichen Boden, wie es der heutige Dalai Lama einmal ausdrückte. Religionen seien wie Bäume, die aus dem einen Erdreich sprießen.

So verhält es sich auch mit den Menschen. Auch sie haben alle denselben Grund, doch damit sie als vermeintlich eigenständige Wesen existieren können, müssen sie sich abgrenzen. Wenn alle Rollen abgelegt werden, was bleibt dann noch? Vielleicht ein Mensch ohne Rollen, aber mit einem ‚eigenen Wesen' und einer ‚eigenen Seele', unter dem man sich etwas vorstellt. Oder es bleibt nichts mehr, das in einfacher Weise charakterisiert werden könnte – der Mensch als unfassbares Wesen. Würden sich die Vorstellungen, die Menschen von sich haben, vollständig auflösen, dann könnten sie sich nicht mehr als Einzelne erfahren, und in diesem Sinne gäbe es sie dann als getrennte Wesen nicht mehr.

Menschen existieren im Grunde nicht eigenständig. Eher sind sie wie Wellen des Meeres, bloße Erscheinungen. Unabhängig von den Wellenbewegungen ist da einfach Wasser. Im übertragenen Sinne ist da einfach Formlosigkeit, ist da das Unfassbare, reines Sein, alles, Gott, Leben oder wie man es immer nennen mag. Menschen existieren als Individuen nur durch Abgrenzung, und in diesem Sinne muss es auch zwischen ihnen Abgrenzung geben. Diese führt auch immer wieder zu Auseinandersetzungen und allenfalls zu Krieg. Auch die Religionskriege gehören dazu, denn Glaube setzt Trennung voraus: hier bin ich, dort ist Gott; hier ist mein Glaube und dort eine andere Religion, hier ist der Mensch, dort die Welt. Eine Welt ohne Krieg müsste eine Welt ohne innere Abgrenzung sein, eine Welt von Menschen, die sich nicht mehr als getrennt erfahren. Sie wären sich über das reine Sein bewusst, das sich in verschiedenen Körpern zeigt. Dies ist unfassbar und übersteigt alle Möglichkeiten einer Beschreibung. Im Ungetrennten ist alles eins.

Das Bedürfnis nach Sinn

In vielen Situationen zeigt sich das menschliche Grundbedürfnis der Sinnfindung. Vor allem in schwierigen Lebenslagen ist das Leiden mit einem Sinn leichter zu ertragen, und die Herausforderungen sind einfacher zu bewältigen.

Schon rein äußerlich bringt das Leben dem Menschen vielerlei Schwierigkeiten und manches Leiden. Alter, Krankheit und Tod sind dabei die letzten und offensichtlichsten Herausforderungen, die sich stellen. Es können aber auch viele andere sein: Beeinträchtigung, Verletzung, Erniedrigung, Depression, Invalidität, Hoffnungslosigkeit, Burn-out und vieles andere mehr. Um das auszuhalten neigen wir dazu, dem Unveränderlichen einen Sinn zu geben. Wir suchen nach Begründungen, weshalb etwas geschehen ist, und wir prüfen, inwieweit dies zu unserer Entwicklung beitragen kann. Daraus lässt sich wiederum schließen, dass es gerade deshalb geschehen ist.

Das Bedürfnis nach Sinngebung betrifft aber nicht nur speziell schwierige Lebensereignisse, sondern das Leben überhaupt. Weil das Leben sich selbst zufolge der Trennung von seinem Urgrund nicht mehr zu genügen scheint, bedarf es vermeintlich ganz allgemein eines besonderen und individuellen Lebenssinnes. Dazu können die Hingabe an die Familie, der Beruf, spezielle Aufgaben, ein Haustier, Missionen und anderes gehören. Für manche macht auch schon allein das Geldverdienen viel Sinn, oder die Realisierung einer Machtposition. Andere wiederum möchten ein Lebenswerk schaffen, das sie überdauern soll. Das können Gebäude sein, literarische Werke, Firmengründungen und vieles andere mehr.

Nebst dem Wunsch nach Fortdauer irgendeiner Art wird der Sinn auch in der Gegenwart gesucht, in der Erfüllung. Anderen Menschen Gutes zu tun, steht dabei an vorderer Stelle. In der sozialen Ader begegnen wir einem

Grundzug des Menschseins, der sich zum persönlichen Lebenssinn wandeln kann. Viele Menschen glauben auch, dass für die anderen gut sei, was sie für sich selbst als richtig erachten, und sie helfen ihnen, dies zu erlangen. So lassen sich Ansichten und Taten verbinden. Es sei dabei nicht in Abrede gestellt, dass so Gutes geleistet wird. Aber selbst dann braucht es einen kulturellen Konsens darüber, was als gute Tat gelten kann. In welchem Zusammenhang der Lebenssinn auch immer aufscheinen kann, wir scheinen ihn zu brauchen.

Damit stellt sich die Frage, warum wir Menschen ein zusätzliches Bedürfnis nach der Konstruktion eines Lebenssinnes haben. Warum halten wir es nicht aus, ‚sinnlos' zu leben? Warum können wir dem Leben nicht ohne diese Konstruktion begegnen – dieser Konstruktion eines Sinnes, die immer sekundär ist, die dem Leben immer nachträglich beigefügt ist? Warum nur genügt das Leben selbst nicht? Eine Antwort auf diese Frage würde einen neuen Sinn generieren. Es gibt dann einen Grund und hat daher einen Sinn, dass wir dem Leben einen Sinn geben. Es tut uns gut, wir fühlen uns besser mit einem Lebenssinn als ohne – und dagegen ist ja auch nichts einzuwenden. Nur scheint es nicht notwendig zu sein. Im Gegenteil. Im Grunde kommen wir erst dann wirklich im Leben an, wenn es darüber hinaus nicht noch etwas Weiteres, etwas Besonderes braucht. Wenn das Leben einfach das Leben sein kann. Gerade so, wie es ist.

Das Spezielle an der Angelegenheit des Sinnes ist der Umstand, dass es uns dazu braucht. Ohne uns, ohne unser Bewusstsein, ohne unser Bemühen wäre da vermeintlich kein Sinn. Erst wir vermögen dem Leben seinen Sinn zu verleihen. Dabei ist nicht in Abrede zu stellen, dass dies Erleichterung und Erfüllung bringen kann. Zugleich setzen wir uns damit aber auch in die Mitte von reinen Überlegungen, und ein Leben in so geschaffenen Bedeutungen kann den Blick in das tiefe Wesen des Daseins verdecken.

Die Begegnung mit ‚Alter, Krankheit und Tod' steht oft am Anfang des spirituellen Lebens, und so war es auch bei Buddha Shakyamuni. Von ihm wird berichtet, dass er nach einer sorglosen und abgeschotteten Jugend im elterlichen Palast auf ersten Ausflügen in dessen Umgebung einem verkrüppelten Greis, einem Fieberkranken und einem verwesenden Leichnam begegnete. Im Gegensatz zu seinem behüteten und im Reichtum verbrachten Jugendleben müssen diese Eindrücke besonders stark gewesen sein. Sie haben Siddharta Gautama, den späteren Buddha, veranlasst, ein mögliches Leben als Fürst zugunsten der Suche nach tiefer Erlösung von diesem Leid aufzugeben. Nach Jahren des Asketentums und späterem Leben als besitzloser Wanderer erlangte er schließlich Erleuchtung und Befreiung. Was er gefunden hat, ist kein Lebenssinn. Es ist nichts Gedachtes, das er dem Leben zufügte, sondern vielmehr der Blick in das, was alle Lebensformen übersteigt und damit auch ‚Alter, Krankheit und Tod' transzendiert. Dem ging ein Weg durch vielerlei Verzicht, Leiden, Versuchungen und Herausforderungen voraus.

Manchem modernen Menschen mag es nicht viel anders ergehen. Lebensschwierigkeiten und manche erfolglose Sinnsuche mögen dazu führen, diese Suche aufzugeben. Daran kann sich eine Phase der erlebten Sinnlosigkeit anschließen. Der gesuchte oder vermeintliche Sinn muss in sich zusammenfallen, damit gesehen werden kann, was das Leben ist. Man muss ‚Sinnlosigkeit' also aushalten können. Wie schnell aber entflieht man diesem Gefühl, wenn es kommt – und sei es nur, dass ein Stück Kuchen nachgeschoben wird, der Fernseher eingeschaltet oder der Freundin angerufen wird. „Die Ablenkungen sind zahllos", könnte man in Anlehnung an die vier buddhistischen Versprechen sagen, „ich gelobe, sie alle zu lassen". Ständig sind wir mit irgend etwas beschäftigt – auch deshalb, weil es so schwer auszuhalten ist, mit nichts beschäftigt zu sein. Wo aber keine Beschäftigung mehr ist, kann sich ein Gefühl von

Sinnlosigkeit zeigen, das bis zur Verzweiflung reichen kann. Es verhält sich mit der Sinnsuche wie mit jenem Menschen einer Zen-Geschichte, der verzweifelt nach seinem Kopf suchte und sich überall danach umschaute. Wie aussichtslos ist es doch, nach dem zu suchen, was immer schon da ist. Das reine Dasein übersteigt jedes Bedürfnis nach Sinn und ebenso das Gefühl von Sinnlosigkeit. Wie alle Gefühle kann es sich auflösen, wenn damit nichts unternommen wird. So kann sichtbar werden, dass jeder vermeintliche Sinn ein Konstrukt ist. Wo aber das Bedürfnis nach Sinn zerfällt, verliert sich auch die Sinnlosigkeit. Das Leben ist jenseits von Sinn und Nicht-Sinn – es kümmert sich nicht um diese Ergänzungen und Zuordnungen, die wir ihm beifügen.

Die Krux mit dem ‚Ich'

Im Diamant-Sutra ist die Rede davon, dass die Vorstellung einer individuellen Person mit einem ‚eigenen Leben' nicht zutreffend ist[5], und Yamada bezeichnet die dualistische Unterscheidung von Subjekt und Objekt als Irrtum[6]. Damit sagen sie letztlich dasselbe: Diese Welt ist ein Ganzes. Alle Unterscheidungen liegen auf der Oberfläche und berühren ihr eigentliches Wesen nicht.

In unserer Kultur sind wir gewohnt, uns selbst als ein von der Umwelt getrenntes Wesen wahrzunehmen. Da bin ‚ich', dort sind ‚die anderen' und um uns herum ist ‚die Welt'. Wo genau dieses ‚Ich' beginnt und endet, ist bei näherem Augenschein allerdings nicht ganz leicht festzustellen. Der Körper wird im Allgemeinen als dem Ich zugehörig empfunden: ‚ich bin mein Körper'. Im Grenzbereich kann auch die Familie oder das Auto noch dazu gehören – wir sprechen dann von einem ‚erweiterten Ich'. Passiert einem Familienangehörigen etwas, so trifft es uns direkt, und selbst der erste Kratzer im neuen Auto kann uns schmerzen, als wäre der eigene Leib betroffen. Auch die geistige Dimension wird dem ‚Ich' zugerechnet. Dazu gehört zunächst die eigene Geschichte – ‚ich bin, was ich einmal war' – und oft auch der eigene Glaube. Weiter gehören auch Meinungen, Ansichten, politische Haltungen usw. zum ‚Ich', und man kann sich dafür mächtig ins Zeug legen. Schließlich definieren wir uns üblicherweise auch über Rollen, Aktivitäten, Ziele, Beziehungen Lebensumstände wie Anstellung, Beruf, Kinder, oder über irgendwelche Aufgaben, die wir uns selber geschaffen haben.

Die Identität des Ich bildet sich damit nebst der körperlichen Erscheinung aus der Zuordnung von vergangenen und gegenwärtigen Rollen und den Erlebnissen innerhalb dieser Funktionen. Die Erlebnisse werden den eigenen Vorstellungen von uns als Person oder Persönlichkeit zugeordnet und gewisse Teile davon als ‚dem eigenen Wesen zugehörig' integriert. Was nicht dazu passt, bleibt außen vor und wird unter der Kategorie ‚was mir passiert ist' abgebucht. Im Laufe der Jahre wird das Ich entsprechend ausgebaut und wird immer definierter. Das Kleinkind weiß noch nicht, ‚wer es ist' – da sind die Dinge einfach, wie sie sind. Später werden sie hinterfragt, und da beginnt die Trennung. Es gibt plötzlich zwei – das Sein und die Reflexion darüber. Der Jugendliche schafft sich ein Bild von sich selbst, und der Erwachsene erweitert es – allenfalls mit gewissen Korrekturen – und bildet so sein ‚Ich', das zwar nicht eine ganz feste Größe ist, aber doch einen bestimmten Charakter hat.

Dieses ‚Ich' wird zum Referenzpunkt, auf welchen alles bezogen wird. Einerseits wird das eigene Handeln als von diesem Ich ausgehend interpretiert, und andererseits wird alles Geschehen auf das Ich bezogen: was andere tun, geschieht ‚mir'. Die Welt wird in Form getrennter Erscheinungen und entsprechender Erfahrungen wahrgenommen. Alles wird in diesem Sinne erklärt, doch geht es dabei im Grunde nur um Konstruktionen und Konzepte, welche nie die jeweilige Sache oder Situation treffen. In einem Vergleich: man kann in den Alpen vor einer wunderbaren Bergkette stehen, und die Diskussion der Menschen neben einem dreht sich darum, wie die einzelnen Berge heißen. Was hat das für eine Bedeutung? Haben die Berge sich je darum gekümmert, welche Namen ihnen die Menschen gegeben haben? – Das ‚Ich' braucht Erklärungen, um zu sein, was es ist, um sich aufrecht erhalten zu können als das getrennte Sein. Das Ich meint, es gehe nicht ohne es. Es besteht ja nur daraus, sich um sich selbst zu kümmern und sich in der vermeintlichen Existenz Bedeutung zu geben. ‚Wer kontrolliert denn, dass richtig gehandelt wird, wenn ich es nicht tue?', sagt es. Das Ich macht sich so unentbehrlich, und der Mensch meint, ‚ohne mich geht es nicht'.

Das Ich lebt in Trennung vom ursprünglich einheitlichen Sein, und was ihm fehlt, versucht es zu kompensieren. Die Suche nach dem Fehlenden erfolgt zunächst oft auf der äußeren Ebene: ein neues Auto, ein eigenes Haus, mehr Geld, größerer Einfluss, eine politische Stellung, eine andere Beziehung scheinen das fehlende Glück zu versprechen. Davon profitieren Wirtschaft und Werbeindustrie in erheblichem Masse. Nie ist man aber befriedigt, und wer nebst seinem Konsumstreben auch als Arbeitskraft im Wirtschaftskreislauf steht, kann dabei durchaus in Erschöpfung geraten. Schließlich kann die Suche auf der geistigen Ebene weitergehen: wir beschäftigen uns mit Literatur, Religionen und eventuell Spiritualität und suchen die Erlösung dort. Solange sie in äußeren Lehren gesucht wird, führt dies aber ebenso wenig zu wirklicher Erfüllung.

Mit der eigenen Identität und mit der Suche nach dem eigenen Wesen, dem Selbst oder wie wir es immer nennen wollen, verhält es sich wie mit den Kleidern. Wir lernen von Kind auf, Kleider zu tragen, und wir gewöhnen uns so daran, dass wir uns gar nicht mehr vorstellen können, wie es ohne sie wäre. Oder – sind wir es – ist es ein ungewohntes Gefühl. Die eigene Natürlichkeit ist ungewohnt. Suchen wir nach unserem wahren Selbst, möchten also wissen, wer wir ‚wirklich' sind, so verhält es sich ähnlich. Wir möchten uns in unserem unverfälschten Wesen erfahren, sind darin aber ungewohnt und oft auch nicht bereit, ‚unsere Kleider auszuziehen' – nicht bereit, von den gewohnten Vorstellungen, Einstellungen, Wünschen und Sichtweisen der Welt Abstand zu nehmen. Um über das eigene Wesen Erkenntnis zu gewinnen ist es aber notwendig, auf die bisherige Identität zu verzichten. Wir sind, wie wir sind, in ganzer Natürlichkeit, und wenn wir unserem tiefen Sein erlauben, zu handeln wie es will, dann drückt sich dieses natürlich und kreativ aus.

Der Übergang von ‚jemandem' zu ‚niemandem' kann durchaus irritierend und auch schmerzhaft sein. Der bisherige Halt in der gewohnten Identität fällt weg, und Neues ist nicht fassbar. In der Passage vom ‚Jemandsland' ins ‚Niemandsland' verschiebt sich das Schwergewicht der Wahrnehmung langsam oder in manchen Fällen plötzlich auf die Ebene des reinen Seins, die keine Form hat, und dennoch ist die Erscheinungswelt nicht verschwunden. Das Neue ist dabei nicht eine neue Identität, sondern ein Bewusstsein ohne fixierte Identität. Das mag orientierungslos machen. Zeitweilig pendelt das Bewusstsein auch zwischen ‚Ich'-Identität und ‚Selbst' hin und her, und manchmal bleibt über längere Zeit ein Rest des alten Bewusstseins bestehen, der Bedeutung behalten möchte. Fällt die alte Identität schließlich dahin, dann weiß man nicht mehr, wer man ist. „Ich weiß, dass ich nichts weiß", war Sokrates' Feststellung, und Dogen schrieb, „sich selbst erkennen heißt sich selbst vergessen"[7]. Da ist einfach nichts mehr, was gehalten werden könnte oder womit man sich identifizieren könnte. Es ist auch nicht ein aktives ‚Vergessen', es ist vielmehr ein Zerfallen von dem, was für wesentlich und identitätsbestimmend gehalten wurde.

Wenn ‚keiner mehr da ist', kein ‚Ich' mehr ist, dann wird alles ganz einfach. Dann sind die Dinge wie sie sind, und da ist niemand ‚Spezielles'. Da ist einfach Sein, Bewegung, ungetrennt. Alles Geschehen, die Materie außen und unser Körper sind das gleiche Sein – alles ununterschiedene Bewegung des Einen, das wir nie verstehen können. Die Wahrnehmung ist dabei vom Wahrgenommenen ungetrennt, das eine kann ohne das andere nicht sein. Dieses eine Sein ist also zugleich Wahrnehmung; indem wir sehen, ist es. Auch das eigene Handeln geschieht – nicht mehr aus einer Sorge oder einem Anspruch heraus, sondern einfach, weil es geschieht. Die Erscheinung der Formen zeigt sich als Tanz der Energien, so wie Musik der Tanz einzelner Noten ist. Dass die einzelne Note viel Wert auf ihre ‚Individualität' legt, macht keinen Sinn. So ist es auch bei den

Menschen. Wenn sie das Musikstück erkennen, das sie zusammen sind, dann hören sie den „Klang der Schöpfung".

Ist das Ich als nicht wirklich existent erkannt, dann lebt der Körper weiter – einfach ohne Ich. Ohne Ich ist nichts da, woran sich die Dinge festmachen können. Dennoch gibt es den Körper, und Handlungen geschehen. Das Verschwinden der Ich-Identifikation gibt ein anderes Daseinsgefühl – da ist etwas leichter. Es ist eine Erleichterung, nicht als Person da sein zu müssen, nicht handeln zu müssen – und doch geschieht und erfüllt sich alles. Die Erleichterung ist aber zugleich ‚für niemanden'. Das ist schwierig zu beschreiben. Man kann durchaus sagen „ich gehe zum Frühstück", und zugleich ist keiner da, der es sagt und geht. Es ist ein nicht-person-bezogenes Sein, das da spricht. Es bezieht sich nicht auf ein ‚Ich', und dennoch ist dieser Körper da und spricht. Da ist einfach niemand in diesem Körper.

Mit dem Verschwinden des Ich entfallen alle Bezugspunkte, und nichts kann mehr beschrieben werden. Da ist nur noch Unendlichkeit. Und diese ist zugleich die Erscheinungswelt. Der Mensch funktioniert auch ohne ein lenkendes Ich. Es ist nur vermeintlich, dass das Ich das Leben steuert. Wenn alles wegfällt, wird nicht nur das Leben nicht von einem Ich gesteuert, es gibt auch ‚mein Leben' nicht mehr. Davon spricht auch das Diamant-Sutra ganz explizit.[8] Es ist nur noch was ist. Reine Unermesslichkeit.

Wo kein Ich ist, kann auch nichts falsch gemacht werden. Jene spirituellen Schulen, welche einen Weg predigen, implizieren, dass man ihn auch nicht oder falsch gehen könnte. Es gibt dann eine Wahlmöglichkeit, und damit eben ein Ich. Sosan sagt dazu sinngemäß. „Wo gewählt werden kann, ist ein Unterschied wie zwischen Himmel und Erde"[9]. Eine derartige Wahlmöglichkeit gibt es aber nicht, wenn kein Ich da ist. Da ist nicht einmal einer, der beobachtet und feststellt, dass er nicht wählen kann. Nichts verändert sich, wenn das Ich als Illusion erkannt ist. Das Ende ist nicht, etwas erreicht zu haben, sondern das Verschwinden des Ich, dem etwas fehlt und das deshalb etwas erreichen will. Das ‚reine Sein‘, das im Bewusstsein vorherrschend wird, ist Leere und Fülle zugleich, beide als unspezifische Wahrnehmungen. Die neue Leere-Fülle ist nicht eine Fülle von Erscheinungsformen, sondern vielmehr ‚alles‘, aber nicht fassbar.

---

[1] Eihei Dogen, Shobogenzo Zuimonki, Theseus Verlag 1987, Kap. II/14, S. 87
[2] vergl. Yamada Koun, Hekiganroku, Kösel Verlag München 2002, Bd. 1, S. 392
[3] Hazrat Inayat Khan, Das Erwachen des menschlichen Geistes
[4] Erhart Kästner, Die Stundentrommel vom heiligen Berg Athos, Insel Verlag Frankfurt a.M. 1956/1974, S. 163f.
[5] vergl. das Kapitel über das Diamant-Sutra im 1. Buchteil
[6] vergl. das Kapitel über Yamada Koun im 2. Buchteil
[7] vergl. das Zitat im Kapitel über Dogen im 1. Buchteil
[8] vergl. das Kapitel über das Diamant-Sutra im 1. Buchteil
[9] vergl. das Zitat im Kapitel über Sosan im 1. Buchteil

Absolutes Sein

Kein Weg zum Unermesslichen

In den buddhistischen Texten, den Zen-Schriften und anderen spirituellen Lehren wird die Welt der Erscheinungen zufolge ihrer Unbeständigkeit als ‚relativ' bezeichnet. Zugleich wird ihr Wesen im Sinne des inhärenten, form- und zeitlosen Seins als ‚absolut' charakterisiert. Eigentliche Wirklichkeit kommt damit dem urgründigen Wesen allen Seins zu, wohingegen die einzelnen Erscheinungen zufolge ihrer Wandelbarkeit nicht als tatsächlich bestehend angesehen werden. Wenn Lehrende der Advaita-Tradition davon sprechen, dass die Welt ‚nicht nur real' sei, so meinen sie damit dasselbe: sie ist eben auch leer, relativ, nicht-real.

Nun ist in manchen Zen-Texten aber die Rede von einem Weg. Einen Weg zu gehen impliziert, vorwärts zu kommen und allenfalls ein Ziel zu erreichen. Wie verhält es sich nun aber mit einem sogenannt inneren oder spirituellen Weg? Gibt es in dem Sinne eine ‚Entwicklung'? Dahinter steht die Frage nach den Methoden. Nützen etwa Meditation, Rezitationen oder andere Übungen etwas?

Bei Dogen etwa, dem großen japanischen Zenmeister des 13. Jh. ist von Zen-Meditation als Übung die Rede. Die Frage, ob sich damit ein Ziel verbindet, wird in der Zen-Literatur aber nicht eindeutig beantwortet. Einerseits geht es in manchen Texten darum, so etwas wie innere Erfahrungen zu machen, und andererseits heißt es etwa bei Dogen, dass die „Wahrheit frei und ungehindert weht"[1]. Die von ihm begründete Soto-Schule beruft sich auf seine Aussage, dass Zazen (Sitzen in Meditation) selbst schon „das vollendete Handeln Buddhas" sei [2].

Wir müssen uns vergegenwärtigen, dass jede Erfahrung, und mag sie noch so erhebend sein, etwas Begrenztes ist. Sie geht wieder vorbei. Man kann sagen, dass Erfahrungen selbst zwingend dualistisch sind. Die einzelne Erfahrung steht im Gegensatz zu anderen Erfahrungen und anderen inneren Zuständen. In der Spiritualität geht es aber um etwas Unbegrenztes. Da das Unbegrenzte alles beinhaltet, kann es keine Erfahrung sein. Zum Allumfassenden, Unbegrenzten, also zu dem, was ‚alles' ist, kann man nicht durch eine Übung gelangen, als ob es etwas anderes wäre.

Das Unbegrenzte seinerseits kann auch nicht einen Weg gehen – es ist ja ‚alles'. Jeder ‚Weg' ist im Grunde einfach eine Aneinanderreihung von Momenten, die nach gewissen Kriterien gestaltet und bewertet wird. Je nachdem, wie eine ‚Entwicklung' definiert wird, erscheinen die Momente als sinnvoll verbunden oder als unzusammenhängend. ‚Entwicklungen' werden dabei entweder im Nachhinein beschrieben und damit definiert, oder sie sind als Zielvorstellungen in die Zukunft projiziert. Wären die definierten Kriterien anders, wäre auch die Beurteilung der ‚Entwicklung' (oder ob es sich überhaupt um eine Entwicklung handelt) anders. Es geht also eigentlich um ein Spiel der Argumentationen, nicht um Wirklichkeiten. Da die einzelnen Momente ohne Bezug zu anderen Momenten keinen spezifischen Inhalt haben, bekommt auch das Dasein generell erst dann einen Inhalt oder eine bestimmte Bedeutung, wenn wir dafür zuerst Kriterien definieren. Für sich selbst sind die Momente ohne Inhalt, und man kann sich damit auch fragen, ob es überhaupt ‚Momente' gibt. Momente sind Ausschnitte aus einem angenommenen Zeitkontinuum, das wir zuerst setzen müssen, um überhaupt zu einem Ausschnitt und damit zum Begriff ‚Moment' zu kommen. Und umgekehrt führen die aneinandergereihten Momente zum Begriff der Zeit. Wir sehen, dass es sich auch bei der Zeit um ein Gedankenspiel handelt.

Dieses Gedankenspiel hindert daran, einfach im Unbegrenzten zu sein. Alle Erscheinungen sind dieses Unbegrenzte und zeigen sich damit als vermeintliche Gestalt des

Unbegrenzten, wenngleich es keine Trennung von Gestalt und Unbegrenztem gibt. Im Herz-Sutra ist die Rede davon, dass Form gleich Leere sei, wobei dieses ‚gleich' leicht auf eine falsche Fährte führen kann, denn es gibt nur das Ungetrennte. Und im Diamant-Sutra steht, dass kein Bodhisattva (und damit keine tiefe Erkenntnis) existieren könne, wo an der Vorstellung von einer Person, einem Selbst, einem Leben oder einer Lebensspanne festgehalten wird. Alles dies sind Begriffe, die sich im reinen Sein auflösen. Da ist nur ‚Das'. Wie sollte es also einen Weg geben?

Einen Weg kann es nur für ein ‚Ich' geben, das sich mit etwas identifiziert und eine Abfolge von Ereignissen nach bestimmten Kriterien definiert. Was ist, ist aber ‚alles' und unfassbar, und es kann kein Weg zu dem führen, was ohnehin ist. So gesehen kann der einzelne Mensch auch nicht ‚zu sich kommen', da er ohnehin ja schon sich ist, und selbst dieses ‚sich' kann nicht als etwas gefasst werden. In dem Sinne kann auch Meditation nicht zu etwas führen, weil sie einfach das ist, was sie ist – eine Erscheinung des Allumfassenden und damit selbst ‚das', worum es in der Meditation geht. Meditation, die etwas will, gibt sich demgegenüber mit einem beschränkten Ziel zufrieden, z.B. dass es dem ‚Ich' etwas besser gehen soll.

In Zen-Kursen wird den Meditierenden aber oft ein Weg versprochen. Das kann zur irrtümlichen Annahme verleiten, dass es einen Weg von der relativen Welt in die absolute Welt gebe, einen Weg von der üblichen Weltwahrnehmung in ein neues Bewusstsein, einen Weg von der Form in die Leere – und damit auch einen Weg von der Leere zurück in die Erscheinungswelt. Das Absolute, das in allem liegt, kann aber nicht durch eine Veränderung oder Erweiterung der Form gewonnen werden, denn es ist ja schon da – es ist schon in allen Formen präsent. Und ebenso kann eine Erfahrung des absoluten ungetrennten Seins nicht in die Erscheinungswelt ‚zurückkehren', die dann wiederum als getrennt wahrgenommen würde. Ohne dass sich etwas verändert, kann sich das Bewusstsein aber neu zeigen, nicht mehr auf sich selbst als eine Person bezogen, sondern als Ausdruck des reinen Seins. Im Zen geht es um das Unergründliche, das immer schon ist. Daran führt kein Weg vorbei und keiner führt dazu, weil es schon ist.

Jetzt ist ohne Zeit

Unser Verhältnis zur Zeit ist eigenartig. Wer keine Zeit für gewisse Dinge hat, glaubt, dass sie deshalb nicht zum Leben kommen. Auch der spirituelle Mensch braucht nach der gängigen Auffassung Zeit für seine Entwicklung. Erst nach langem Bemühen könne ein Erfolg errungen werden. In gewissen hinduistischen und buddhistischen Schulen besteht die Auffassung, dass tiefere Erkenntnis erst nach vielen Leben möglich ist, und dass es daher im Moment angezeigt sei, ein möglichst gutes Leben zu führen, damit eine spätere Wiedergeburt den Weg zur angestrebten Erkenntnis erleichtert. So gesehen braucht alles seine Zeit, und nichts ist ‚jetzt'.

‚Jetzt' wiederum ist seinerseits ein Begriff, der zu reflektieren ist. Er geht davon aus, dass es ein Kontinuum von Zeitablauf gibt, wobei ‚jetzt' an der Schnittstelle von Vergangenheit und Zukunft liegt. Genau der Moment, der ‚jetzt' gerade ist. Aber gibt es denn etwas anderes, als gerade ‚jetzt'? Vergangenheit existiert nicht jetzt, höchstens in der Vorstellung davon, was früher einmal war. Wie wir alle wissen, können sich die Erinnerungen mehrerer Menschen an ein Ereignis recht stark voneinander unterscheiden. Wie es ‚wirklich' war, weiß aber niemand, denn es gibt nur subjektive Eindrücke. Die gleichen Überlegungen treffen in noch größerem Maß auf die Zukunft zu – diese existiert in keiner Weise; sie besteht lediglich aus Vorstellungen über etwas, was einmal sein könnte. Solche Ideen werden aber niemals der Wirklichkeit entsprechen, wie sie einmal sein wird.

Das Spezifische einer zeitbezogenen Betrachtungsweise ist, dass reine Vorstellungen für ‚wirklich' erklärt werden. Dies setzt wiederum voraus, dass es eine Interpretation der Vergangenheit und Vermutungen über die Zukunft gibt. Da es aber diese Vergangenheit als objektiven Tatbestand nicht gibt, und noch weniger eine Zukunft, ist auch die ‚Gegenwart' als Schnittpunkt zwischen Vergangenheit und Zukunft nicht objektiv existent. Die Zeitachse als solche ist eine Interpretation, und sie dient lediglich dazu, eine vermutete Vergangenheit und eine mögliche Zukunft miteinander zu verbinden. ‚Jetzt' steht damit im Gegensatz zu ‚früher' und ‚später'. Damit bezeichnet es nicht die wirkliche Gegenwart, die keine Zeit hat, dieses reine Sein, das immer ist. Gedanken an die Vergangenheit sind auch ‚jetzt' und damit ohne Zeit, und ebensolche an die Zukunft. Immer gibt es nur dieses gegenwärtige Sein, und alles andere sind mögliche, eventuell verfälschte Erinnerungen und erwartete Freuden oder Befürchtungen über die Zukunft.

Verstehen wir ‚jetzt' dagegen nicht als Schnittpunkt in einem Zeitkontinuum, dann ist ‚jetzt' alles und steht nicht im Gegensatz zu irgendetwas. Es umfasst zeitlich und örtlich alles, weil die Welt nicht weniger als alles sein kann. Wie weit wir den Horizont auch ziehen, es gibt nichts, was außerhalb von ‚allem' ist, und so gesehen ist ‚immer' (gerade jetzt im umfassenden Sinne) alles. Dies heißt auch, dass „nichts fehlt in diesem Augenblick", wie es in einem Zentext, dem Lied auf Zazen von Hakuin Zenji, heißt. Das Leben ist immer ganz und vollständig; es kann nicht weniger sein als ‚alles'. Bewertungen von ‚angenehm' und ‚unangenehm' werden dem, was ‚alles' ist, nur zugefügt, je nach dem eigenen Empfinden und der eigenen Interpretation.

Die Frage ist dabei, ob unsere Bewertung von Teilgrößen oder ob ‚alles' wichtiger ist. Bewertungen sind nur möglich in Bezug auf etwas, d.h. wenn ein Teil aus ‚allem' herausgelöst und mit einem anderen Teil (z.B. unseren Vorstellungen und Wünschen) verglichen wird. Was alles ist, kann nicht bewertet werden, weil es gegen nichts abgegrenzt werden kann. Es ist ja alles und es gibt nichts außerhalb von allem, was aber für eine Bewertung notwendig wäre. Was ‚alles' ist hat in diesem Sinne auch keinen Standpunkt. Menschen bilden sich ja viel auf ihre Standpunkte ein, und sie übersehen dabei leicht, dass ihr Standpunkt nur möglich ist, wenn sie etwas ausschließen, d.h. wenn sie sich gegenüber gewissen Dingen abgrenzen. Ein Bewusstsein, das sich von nichts abgrenzt, ist in diesem Sinne auch ‚alles', und es kann nicht einmal Bewusstsein genannt werden, weil das schon eine Abgrenzung wäre. Ein solches Bewusstsein kann also nicht ‚gewusst' werden, und es kann auch nicht erreicht werden, weil das einen Weg voraussetzen würde. Ein Weg kann aber nur in Zeit existieren, und wie wir gesehen haben, gibt es diese nur als Erinnerung und Vorstellung.

Verstehen wir ‚es existiert keine Zeit' in einem umfassenden Sinne als Totalität allen reinen Seins, so kann es keinen Weg geben. Das ist etwas völlig anderes als die traditionelle Betrachtung von ‚keine Zeit (für etwas) zu haben', was letztlich nur heißen kann, andere Prioritäten gesetzt zu haben. Dies bedeutet dann auch nicht, dass ‚mangels Zeit' ein Ziel nicht erreicht werden könnte, sondern dass es weder Zeit noch Wege gibt, und dass es daher auch keine Ziele geben kann, da diese ebenfalls nur Zukunftsvorstellungen betreffen. Dieses ewige Sein umfasst schon alles. Und es ist genau das, was ist.

Ein Auto, das durch die Landschaft fährt, ist zeitlos genau ‚dies'. Trotz der Bewegung ist es reines Sein. Das ist alles. Dazu kommt vielleicht der Blick des Fahrenden auf die Straße und auf die Berge im Hintergrund. Auch das ist ‚alles'. Es ist ‚genau das', absolut vollständig. Dabei geht es nicht um die Wahrnehmung von ‚jemandem' in einem bestimmten Moment, denn dieser ‚jemand' und der Augenblick sind ja auch das eine, ganze umfassende Sein.

Dem Menschen, der sich von dieser Einheit getrennt erfährt, wird immer das Entscheidende fehlen, und wenn er noch so viele Güter besitzt, Ehre anhäuft, Anerkennung bekommt, Geld verdient oder Freizeit hat. All das ist zu wenig, weil es nicht ‚alles' ist. Alles kann aber nur sein, wenn es nicht die Wahrnehmung von Trennung gibt. Das geht nur ohne die ‚Person', die sich als getrennt erfährt. Solange wir meinen, wir seien ein bestimmtes Individuum mit einer bestimmten Lebensspanne[3], sind wir nicht ganz. Nur das Ganze kann ganz sein.

Die individuelle Person setzt Trennung voraus, aber diese Trennung ist nur eine Vorstellung. In dieser einen Welt sind nur die Formen unterschiedlich. Das, was alles ist, drückt sich in Formen und als Ereignisse in Zeit aus. Weil wir uns gewohnt sind, nur die individuellen Formen und die einzelnen Momente, nicht aber das umfassende Sein zu sehen, bewegen wir uns in einer Welt der Gegensätze. Das aber ist nur in der Wahrnehmung so, denn tatsächlich gibt es ja nur dieses eine umfassende Sein. Wir stellen also Gegensätze her, die es nicht wirklich gibt, und dies mag zu Kämpfen führen. „Dein Stück Realität und Deine Sichtweise ist nicht meine". Das kann aber nur heißen, dass unser Blickwinkel zu eng ist und das Ganze nicht erfasst wird. Ohne Abgrenzung gibt es weder gefallen noch nichtgefallen und weder gestern noch morgen und damit auch kein heute. Es ist einfach ‚Dies'.

Unergründlichkeit

In vielfältigen Formen und zeitlichen Ereignissen erscheint uns die Welt, und wir glauben sie zu kennen, indem wir ihre fließende Kontinuität in einzelne Erscheinungen aufteilen und diese mit Begriffen belegen. Dadurch entstehen Abgrenzungen, sie es so nicht wirklich gibt. Die Welt ist eins, aber wir nehmen sie nicht als Einheit wahr, nicht als reines Sein im Spiel der Formen, die alle nicht von Dauer sind. Diese existieren allesamt nur als Bewegung – Leben ist ständiges Geschehen. Das Prinzip Leben besteht dabei jenseits der konkret ausgestalteten Formen, wenngleich es zugleich alle Erscheinungen umfasst. Als Prinzip ist das Leben unfassbar, unergründlich und immer da. Man kann dessen Unergründlichkeit nicht direkt erfahren und sie nicht wissen, und dennoch gibt es die Möglichkeit einer ganz unbeschreiblichen Wahrnehmung. Diese gehört aber nicht einer ‚Person', die etwas erfährt – vielmehr ist da einfach wahrgenommenes Sein. Oder genauer: einfach Unergründlichkeit.

Diese Unergründlichkeit ist mit allen Erscheinungen deckungsgleich, die zufolge ihrer Unergründlichkeit wiederum absolut unbegreiflich sind. Da zeigt sich etwas, was das menschliche Fassungsvermögen übersteigt. Es ist ein Mysterium, das immer und überall ist. Leben, Mysterium und Unergründlichkeit sind dabei nur Worte für ein Nicht-Benennbares, das wir auch selber sind. Man wird das Ganze nie begreifen können.

Im Zen-Buddhismus wird diese unergründliche Qualität aller Erscheinungen ‚Wesensnatur' oder ‚Buddhanatur' genannt. Gelegentlich ist auch von ‚Leere' die Rede, was aber wiederum nur ein Begriff für etwas Unfassbares ist. Unter Leere sollte man sich deshalb nicht etwas vorstellen. Leere kann nicht etwas, sondern vielmehr nur ‚nicht-etwas' sein, d.h. sie existiert nicht als etwas, das erfahren werden könnte. Sie ist auch nicht ein Attribut oder etwas den Erscheinungen Hinzugefügtes – sie ist vielmehr ihr ‚Wesen'. Dieses reine Sein ist in und jenseits aller Erscheinungen. Es ist das, was eigentlich ist – zeitlos, formlos, nicht beschreibbar.

Wenn das Ich zu einem Ende gekommen ist, wird reines Sein als das Eigentliche erkannt, das zugleich ungetrennt von den zeitlichen und örtlichen Erscheinungen ist. Diese zeigen sich zwar in diesem großen Sein, aber sie sind nicht mehr die Hauptsache oder gar das Einzige, was gesehen wird. Die Ausdrucksweise, dass nicht ‚ich' sehe, sondern etwas gesehen wird, drückt diese Doppelnatur aus – da ist Sehen, aber nicht das Sehen von einer Person, welche mit den Bildern identifiziert ist und diese für das einzig Wirkliche hält. Das übliche westliche Bewusstsein hält die äußere Welt für wirklich und setzt sie absolut, während der erwachte östliche Geist das reine formlose Sein als das Wirkliche erachtet, und alles andere verhält sich dazu ‚relativ', es kommt und vergeht.

„Werdet wie die Kinder", so fordert das Matthäus-Evangelium auf. Dies ist im Grund der ursprüngliche und stets andauernde Zustand der Menschen, der nicht mit Konzepten zugedeckt ist. So wie Kinder es wahrnehmen, sind wir reines Sein, das sich gegen nichts abgrenzt. In diesem reinen Dasein geschieht nichts, auch wenn in oder um uns herum einiges passieren mag. Wir mögen Gedanken haben, wir hören einen Hund bellen oder den Lastwagen auf der Durchfahrt – und es geschieht zugleich nichts. Da ist in allem Geschehen einfach nichts.

Meditierende wissen: man kann lange stillsitzen und doch zeigt sich diese Empfindung des reinen Seins nicht. Sie hängt auch nicht davon ab – sie ist gewissermaßen bedingungslos. Macht Stillsitzen also keinen Sinn? Ja und nein. In der Sicht getrennter Erscheinungen und zeitlicher Erfahrungen mag es uns leer machen, aber das große Nichts, die wirkliche Stille, ist davon nicht abhängig. Sie liegt auf einer anderen Ebene. Sie durchwebt gewissermaßen das Leben, immer da und doch oft nicht wahrgenommen. In der Kirche wird in ähnlichen Worten von Gott gesprochen. Er begleite dich, auch wenn du es nicht merkst. Wie immer wir es auch nennen wollen – Gott, Stille, Unergründlichkeit, Leere, Unfassbares – das tut wenig zur Sache. Auf die den alten Zen-Meistern oft gestellte Frage, um was es wirklich geht, antwortet Meister Joshu: „Der Eichbaum im Garten"[4]. Tatsächlich kommt es nicht darauf an, wie es genannt wird. Meister Baso antwortete einem Schüler auf die Frage: „Was ist Buddha": „Der Geist selbst ist Buddha"[5], und einem anderen Schüler: „Weder Geist noch Buddha"[6]. Vordergründig könnte man sagen, dass Meister Baso jedem Mönch die für ihn passende Antwort gegeben hat. Es reicht aber tiefer: Jede Erscheinung und auch die Leere ist das Unergründliche. ‚Buddha' – das Unergründliche. ‚Nicht-Buddha' – das Unergründliche.

Meister Obaku Kiun (Huang-Po), von dem im ersten Buchteil die Rede war, sagte: „Könnte der gewöhnliche Mensch, wenn er im Sterben liegt, nur die fünf Elemente des Bewusstseins (Skandhas) als leer erkennen und ganz erfassen, dass die vier physischen Elemente nicht ein ‚Ich' bilden, dass der wahre Geist ohne Form ist und weder kommt noch geht, dass sein Wesen weder mit der Geburt beginnt noch mit dem Tod vergeht, sondern ganzheitlich und unbeweglich in seinen Tiefen ist, und dass der Geist eins ist mit den Erscheinungen der Umwelt, dann würde er blitzartig Erleuchtung erlangen. Er würde nicht mehr in die Dreifache Welt (Begierden, Sein, Nicht-Sein) verstrickt sein."[7]

Reines Sein

Im reinen Sein gibt es letztlich keine Botschaft, die zu vermitteln wäre. Keine Mitteilung. Nichts zu lehren und nichts zu lernen. Der Punkt ist, dass alles schon da ist. Man kann ja nicht etwas vermitteln, was schon ist. Was hier ist, ist das Leben, das unfassbare, ungeteilte, das sich in jedem Moment und überall manifestiert. Genau genommen ist es zeitlos und ohne Ort. Der Zustand des reinen Seins ist stets verwirklicht. Das reine Sein ist immer und überall, es ist eine tiefgreifende Stille und Unbewegtheit, die jenseits und in allem liegt. Vom Standpunkt dieses Seins – wenn nichts vor dessen Wahrnehmung steht – wird spürbar, dass die Welt, so wirklich sie wahrgenommen werden kann, zugleich nicht wirklich ist; sie ist im besten Falle eine Hülle des Seins. Von diesem Standpunkt her gesehen haben die einzelnen Ausformungen keine besondere Bedeutung. Bedeutungen sind ohnehin etwas ‚Hausgemachtes', wir geben etwas eine Bedeutung, gemessen an einem Maßstab, dem keine wirkliche Objektivität zukommt. Ohne Maßstab entfallen auch die Bedeutungen, und die Konstrukte fallen in sich zusammen.

Es geht nicht darum, etwas zu erkennen oder zu verstehen. Vielmehr ist alles stets da, und was an der Wahrnehmung hindert, kann weggeräumt werden. Wir sind das Sein, und zugleich suchen viele Menschen, was ihnen fehlt, weil sie es nicht sehen. Es gibt also nichts zu gewinnen. Man kann nicht einmal sagen, dass das Sein, diese Stille, eine Wahrnehmung von jemandem wäre. Es ist vielmehr das Wesen aller Erscheinungen. Im Buddhismus wird es der Tathagata genannt, oder vereinfacht oft auch ‚Buddha'. Und im Hinduismus ist es Brahma oder Parabrahman, das absolut Unfassbare. Shiva, aus Brahma folgend, schafft und zerstört die Welt. Alles ist stete Bewegung, das nehmen wir alltäglich wahr, und daraus folgt auch die Unwirklichkeit –

nie ist etwas ‚für immer da', im Gegenteil, meistens verschwindet alles schneller, als wir denken. Zeitlos und damit im östlichen Sinne wirklich ist das reine Sein, das sich manifestiert.

Solange unser Kopf voller Ideen und Meinungen ist und seine Ziele verfolgt, ist dieses Sein aber nicht zu spüren. Im Grunde hat dieses reine Sein als das Unbewegte nichts mit solchen Ansichten und Bestrebungen zu tun. Da es überall ist, bezieht es sich nicht auf einzelne individuelle Formen. Ziele oder keine Ziele, Erfolg oder Misserfolg (an den Zielen gemessen, die ein Konstrukt sind) spielen dafür keine Rolle. Insofern ist es unerheblich, wie es sich mit den konkreten Formen verhält. Das reine Sein kann mit nichts gemessen werden und steht zu nichts in einem Gegensatz, da es keine Form hat und doch allen Erscheinungen unabhängig von ihrer Gestalt inne liegt.

Da die Erscheinungen und damit auch unsere Vorstellungen nicht vom reinen Sein getrennt sind, steht dazu auch die Idee ‚ich bin jemand' nicht im Widerspruch. Sie ist eine Erscheinung wie alle anderen auch. Nicht besser oder schlechter als ‚ich bin niemand'. Alles sind Worte und Begriffe. Reines Sein kann auch als Leere oder als Stille beschrieben werden. Dabei schließt auch die Leere die Erscheinungswelt nicht aus, wenngleich letztere in ihrem Leere-Aspekt als ‚durchsichtig' erscheinen mag. Denn die ganze Welt ist durchsichtig auf jenes Eine hin, das alles ist und sich in allem findet.

Das ‚Ich' ist eine Illusion – das wird im reinen Sein klar. Es hat nur vermeintlich, aber nie wirklich existiert. Das ist schwer zu beschreiben. Man nimmt sich üblicherweise ja als seiend wahr und verbindet dies mit der Person – jener Ansammlung von Geschichten, welche jede Person ist. Lassen wir die Geschichten weg, gibt es die Person nicht mehr, wohl aber reines Sein. Was allgemein als ‚Ich' bezeichnet wird, ist eigentlich unpersönlich – es ist einfach Leben. Das schon erwähnte Prinzip Leben wiederum ist formlos. In diesem Sinne ist ‚wahres Leben' reines Sein. Es ist nicht an bestimmte Formen gebunden und braucht nichts. Dafür bedarf es keiner Bestätigung von jemandem, und darüber gibt es auch keine Botschaft. Unbeschreiblich das reine Sein, der Klang der Stille, die Unendlichkeit.

Fülle

Prall und voll ist das Leben. Da ist eine Dichte des Seins, die überall und nirgends ist, nicht an einem bestimmten Ort. Sie hat keine geographische Qualität, so wie sie überhaupt keine Qualitäten hat – nicht hell, nicht dunkel, nicht groß, nicht klein. Unfassbar und doch in einer Präsenz fühlbar, die stärker sein kann als alle Wahrnehmung äußerer Erscheinungen.

Dichte oder Fülle beschreibt ein qualitätsloses Sein von nicht fassbarer Substanz. Unter Substanz darf man sich dabei allerdings nichts vorstellen – es ist nicht ein Etwas wie die Gegenstände der Welt – vielmehr ist es ein Nicht-Etwas, das alles durchdringt und jenseits von allem ist. Im Zen gibt es die Frage, ob der Tathagata stirbt, wenn die Welt untergeht. Es ist die Frage, ob diese Dichte auch außerhalb aller Form und außerhalb der Leere aller Universen besteht. Weil es im umfassenden Sein nichts außerhalb gibt, kann die Frage so nicht beantwortet werden. In diesem weiten Sinne sind alle Erscheinungen (Form) und Nicht-Erscheinungen (Leere) das Eine: alles ist ‚Dichte-alle-Erscheinungen'. Dieses dichte Sein, das alles und stets gegenwärtig ist, ist das, was im Gesamten Form und Nicht-Form ist. Es steht auch außerhalb der Zeit, weshalb es (der Tathagata) weder geboren ist, noch sterben kann. Im reinen Sein kann aber auch nicht davon gesprochen werden, dass die Welt entstanden sei oder untergeht, denn es betrifft nicht die physikalischen Gesetze einer dualistisch verstandenen Erscheinungswelt, sondern vielmehr das unfassbare Wesen aller Erscheinungen und Nicht-Erscheinungen.

Die Überwindung des Dualismus entspricht dieser Gesamtschau allen Seins. Darin geschehen die Handlungen, ohne dass sie von jemandem gemacht werden. Dazu braucht es unseren Willen nicht. Die Vorstellung, dass man für ein erfülltes Leben viel tun müsste, verweist auf eine Trennung vom ganzheitlichen Lebensgeschehen. Menschen mit solchen Ansichten fließen nicht im Strom des Seins, obwohl ihre Handlungen natürlich nicht außerhalb dieses Stroms liegen können. Man kann auch sagen, dass jede Handlung ‚wider den Strom' wiederum der Strom ist, einfach mit zusätzlicher Anstrengung. Dabei ist aber auch die Anstrengung der Strom. Alles Handeln geschieht, auch wenn wir uns dafür anstrengen, und das Weltgeschehen ereignet sich ebenso, auch wenn einzelne Menschen glauben, die Welt retten zu müssen. Eine derartige Einstellung ist Ausdruck einer Trennung vom Weltgeschehen, aber auch das ist wiederum das Weltgeschehen. Auch Diktatoren sind nur Handelnde des Weltgeschehens – was sie tun, ist das was geschieht – sie selbst das Weltgeschehen. Niemand kann sich daraus heraushalten, niemand kann sich von diesem Sein verabschieden.

‚Alles' ist wie ‚Nichts' unbeschreiblich. Es ist nicht einfach die Totalität aller Erscheinungen – es ist vielmehr die Gesamtheit all dessen, was ist. Totalität setzt die Trennung der einzelnen Erscheinungen voraus, während ‚Gesamtheit' ein Hinweis auf das ist, was nicht benannt werden kann. Als Allumfassendes hat es keine Grenzen und kann daher auch nicht anhand von Unterscheidungen definiert werden. Es gibt nichts, was außerhalb von ‚alles' wäre. Alles ist zeitlos, weil es alles umfasst. Es ist ohne Form und Nicht-Form, welche wiederum eins sind. Es ist unbeschreibbar. Es ist das ‚Alles', das in verschiedenen Formen erscheint.

Als abgegrenzte Wesen sind wir Menschen, und unabgegrenzt sind wir alles, sind wir die Welt, sind wir das Unbeschreibliche. Tatsächlich gibt es auch nicht nur die Erfahrung, ‚zu sein', sondern auch diejenige, ‚nicht zu sein'. Wir sind und wir sind nicht. Man könnte auch sagen: wir sind die erfüllte Leere, die sich als Form manifestiert. Indem das unendliche Sein der einzelnen Erscheinung gesehen wird, ist es die Erscheinung in ihrem ganzen Wesen, seiend und nicht-seiend, die geformte Formlosigkeit. Es ist ein großer

Unterschied, ob die äußeren Erscheinungen, zum Beispiel eine Wand, als existierende Materie wahrgenommen resp. interpretiert wird, oder ob erkannt wird, dass es die Unendlichkeit ist, die sich als Wand zeigt – mehr Unendlichkeit als Wand. In dieser Weise werden die einzelnen Formen als Ausdruck des Ganzen gesehen, als Ausdruck des reinen ununterschiedenen Seins. Auch Menschen können so wahrgenommen werden: als unterschiedliche Ausprägungen der größeren Form ‚Mensch', welche wiederum nur Ausdruck eines umfassenden Seins ist. Menschen müssten nicht zueinander im Widerspruch stehen, wenn sie das gemeinsame Sein erkennen würden. Wenn die linke Hand aber nicht weiß, was die rechte tut, dann fehlt das verbindende Glied, und wenn die einen Menschen nicht verstehen, was die anderen tun, dann fehlt die ganzheitliche Sicht, das Wissen um die Einheit aller Erscheinungen einschließlich aller Menschen.

‚Alles' ist ganz einfach. Es ist einfach ‚dies'. Es ist das, was ist. Innerhalb des reinen Seins erscheint das Ich, das sich als getrennt erfährt und zugleich doch dieses reine Sein ist. Wer die Trennung aufheben möchte, sucht also zugleich das, was immer schon ist. Es kann aber nicht gefunden werden, da es schon ist. Nur die Sicht, die sich als getrennt erfährt, kann verschwinden, und dann erscheint das reine Sein, und es wird klar, dass dieses Ich nur eine Illusion war, eine unnötige Abgrenzung, die es nie wirklich gegeben hat, sondern nur vermeintlich. Die Erlösung, die der Suchende anstrebt, ist also immer schon da. Sie kann auch nicht anders als zeitlos sein, und auch daher ist sie nicht zu erreichen. Das einzige was geschehen kann, ist, dass die einengende Sicht sich auflöst und das Ganze erscheint. Da wir schon alles sind, was wir suchen, ist es eine unzulängliche Vorstellung, dass etwas zu gewinnen sei. Es ist vielmehr vieles zu verlieren, nämlich alle unsere Vorstellungen von uns selbst und von der Welt. Solange wir uns als getrennt erfahren, erfahren wir auch alle anderen Dinge als getrennt und vermuten, dass auch sie sich alle so erfahren und so ‚sind'. Es ist aber lediglich eine Frage der Sichtweise, und eine neue Sicht lässt alles anders erscheinen. Ist da im Erleben keine Trennung mehr, dann erscheinen auch alle anderen und alles andere als ungetrennt – „alle Lebewesen sind erlöst", wie es in den vier buddhistischen Versprechen heißt.

Ganzheitliches Bewusstsein

Wie schon dargelegt, gehen wir in unserem konventionellen Bewusstsein davon aus, dass Materie und auch unsere Identität weitgehend feste Größen seien. Die Dinge werden als feststehende materielle Erscheinungen wahrgenommen, und wir gehen ebenso davon aus, dass das ‚Ich' eine bestimmte, beschreibbare Erscheinung ist, die zwischen Geburt und Tod von Dauer ist. Solange die vordergründige Erscheinungswelt als einzige Form des Daseins erfahren wird, befinden wir uns gewissermaßen im Bewusstsein eines statischen Weltbildes.

Nun lösen sich in unserer Kultur die festen Lebensformen und damit auch die individuellem Identitäten aber zunehmend auf – Berufsbilder, Arbeitsplätze, Beziehungen, Wohnsituationen. Weil die bisherige Weltvorstellung mit dem wachsenden Tempo der Entwicklungen nicht mehr Schritt halten kann, ist ein entsprechendes neues Bewusstsein gefragt. Genau genommen kann man dabei allerdings nicht sagen, dass ein neues Bewusstsein die Folge der veränderten Lebensverhältnisse wäre, denn es verändern sich wohl beide gleichzeitig.

Der Wandel scheint grösser als vermutet. Möglicherweise gelangen wir in ein neues Zeitalter, das von einem neuen Bewusstsein geprägt ist. Dieses mag die Lebensverhältnisse neu interpretieren und anders damit umgehen. Ohne die Fixierung auf Materie, Besitz und Identität kann das Zusammenleben der Menschen neu werden, das Gewinnstreben fällt vielleicht großenteils weg, und Zusammenhänge, die heute noch politische Streitpunkte sind (beispielsweise der menschenverursachte Klimawandel) können allgemein anerkannt werden.

Eine Basis zu einer solch neuen Weltbetrachtung kann die Erfahrung der Ununterschiedenheit allen Seins bilden. Während wir uns allgemein wie voneinander getrennte

Wellen im Ozean fühlen und wahrnehmen, sind wir doch der Ozean selbst. Was sich an der Oberfläche abspielt, ist dabei nicht wichtig. Wir können uns gewissermaßen zusehen, wie es in uns und durch uns ‚wellt', und wie auch unser Handeln geschieht. Nicht-handelnd handeln wir. Nie war es anders – nie haben wir ‚selber' gehandelt. Immer waren wir der Ozean. Um das zu erfahren, haben sich die Eremiten in die Berge zurückgezogen, wo sie ungestört vom Getriebe der Welt still sein konnten. Daraus sind die Klöster entstanden – im Osten wie im Westen. Vielleicht ist heute die Zeit, wo sich das Wasser im Berg neue Wege sucht und wo an neuen Orten Quellen entspringen, von denen man im Voraus nicht weiß, wie sie sein werden. Der Geist weht immer wo er will, und das inspirierte Leben ist niemals geplant.

Ein neues Bewusstsein kann sich dadurch auszeichnen, dass nebst den Formen die Leere der Erscheinungen ins Blickfeld kommt, in der sich alles zur Einheit verbindet. In dieser Erfahrung zeigt sich, dass die materiellen Gestaltungsformen nicht ‚nur' Erscheinungen sind, sondern zugleich auch ein allumfassendes zeitloses Dasein verkörpern. Innerhalb dieses Daseins können Unterschiede gemacht werden, aber zugleich ist alles dieses Eine. Wird dies gesehen, dann relativieren sich die Unterschiede. Sie sind nicht mehr so wichtig, weil die einzelnen Erscheinungen je alles sind. Und zugleich sind sie nicht mehr ‚nur' materiell, nicht mehr ‚nur' real. Sie sind materiell und umfassend nichtmateriell zugleich, zeitlich und zeitlos, real und unfassbar nicht-real in einem. Neu können die Erscheinungen als Zustände wahrgenommen werden, nicht mehr als etwas Festes. Form und Leere erscheinen als zwei ineinander verschmolzene Ebenen, und darin ist das ‚ganz Andere', das wir sind, und das doch nicht ‚erfahren' werden kann. Es mag aber in seiner Zeitlosigkeit „aufblitzen", und nach Karl Renz[8] muss es nicht einmal sein, um zu sein. Dieses ganz und gar Unfassbare ist in und jenseits von uns – mehr als nur eine Abstraktion.

Übergänge im Bewusstsein finden nicht einfach ohne Schwierigkeiten statt, und es ist zu beachten, dass auf der Welt gleichzeitig ganz verschiedene Bewusstseinsformen existieren und zeitweilig miteinander konkurrieren. Das führt auch zu vielen politischen Schwierigkeiten. Verschiedene Bewusstseinsformen stehen zueinander in Konkurrenz, und dies kann sich mit der Entwicklung neuer Weltauffassungen noch verschärfen. Hier geht es nicht darum, Vorstellungen über künftige Weltentwicklungen darzulegen, sondern vielmehr darum, wie ein neues Bewusstsein beschaffen sein könnte. Was aus neuen Bewusstseinsformen resultieren wird, kann nicht vorhergesehen werden, und es ist auch nicht anzunehmen, dass ‚alles besser wird'. Seit je ist die Welt ein Ort der Auseinandersetzungen, und so wird es wohl auch bleiben. Ein neues Bewusstsein könnte aber dadurch geprägt sein, dass es wirklich fließt. Im Kleinen zeigt es sich so, dass Menschen zusammen nicht mehr nach gewissen Plänen funktionieren, die einer von ihnen entwickelt hat, sondern dass ein Feld entsteht, in welchem sich die Dinge, die zu tun sind, konstellieren. Keiner weiß zum Voraus, was werden wird, aber was entsteht ist kreativ – gerade deshalb, weil es keiner gemacht oder gewollt hat. Und im Großen könnte es ebenso sein.

---

[1] Eihei Dogen, Fukan Zazengi

[2] Eihei Dogen, Shobogenzo, Kapitel Zazengi, Angkor Verlag Frankfurt 2008, S. 401

[3] vergl. das Kapitel über das Diamant-Sutra im 1. Buchteil

[4] Mumonkan, Fall 37, Kösel Verlag München 1989, S. 200

[5] ebd. Fall 30, S. 170

[6] ebd. Fall 33, S. 183

[7] vergl. etwa W. Kopp. Zen und die Wiedergeburt der christlichen Mystik, Schirner Verlag Darmstadt 2004, S. 31

[8] siehe Karl Renz im vorangehenden 2. Buchteil

Alles Eins

Dualität ist relativ

Wie schon ausgeführt wird im Buddhismus die äußere Welt als relativ bezeichnet und das reine Sein als absolut charakterisiert. Dabei wird auf die Vergänglichkeit aller Erscheinungen verwiesen, die einer unvergänglichen Basis bedürfen, um in Erscheinung treten zu können. Beides ist dabei zugleich eins, und um dies wahrnehmen zu können, bedarf es einer nicht-dualen Sicht.

Was als wirklich angesehen wird, hängt vom Betrachtenden und im weiteren Sinne von den gesellschaftlichen Normen ab. Die Erscheinungen können dabei von verschiedenen Betrachtungsebenen her interpretiert werden. An einem Beispiel erläutert: Stehen in einem Museum mehrere Menschen vor einem Bild, tauschen sie sich eventuell über den Bildinhalt aus. Viel weniger oft geht es um das verwendete Material, etwa die Wahl von Leinwand und Farben. Vielleicht gibt es auch Leute, welche weder Bildinhalte noch Bildmaterialien im Fokus haben, sondern die Umgebung betrachten, z.B. die Besucherströme oder die Architektur des Museumsbaus. Es gibt verschiedene Betrachtungs- und Interpretationsebenen eines Geschehens, und was als wirklich erscheint, bezieht sich auf die jeweilige Ebene. Was auf der einen Ebene als dual erscheint, ist es auf der nächsten Ebene nicht.

Verdeutlichen wir dies anhand des gewählten Beispiels von Bildern. Nehmen wir an, dass da ein Bild ist, das eine Landschaft mit Personen, Häusern und Dingen darstellt. Im großen Ganzen kommen die Betrachter vermutlich zum gemeinsamen Schluss, dass es sich um eine Landschaft mit Häusern, Personen usw. handelt. Der Konsens in der Interpretation heißt aber nicht, dass dies der ‚Wahrheit' entspricht. Der Konsens findet auf der Ebene der Interpretation der einzelnen Bildinhalte statt, wobei die nächst höhere Ebene (Leinwand und Farben) nicht beachtet wird. So verhält es sich auch im Leben. Wir unterscheiden die einzelnen Erscheinungen und finden einen Konsens über gewisse Inhalte. Weitere Ebenen werden aber nicht unbedingt gesehen.

Gehen wir in unserem Beispiel auf eine nächste Stufe, so stellen wir fest, dass das Bild aus Leinwand, einem Rahmen und Farben besteht. Kommt nun jemand zur Gruppe von Bildbetrachtern, deren Bewusstsein ausschließlich auf Bildinhalte fokussiert ist, und spricht er mit diesen Leuten von Farben und Leinwand, so mag er ihnen als etwas verrückt erscheinen. Tatsächlich hat sich seine Betrachtungsebene ver-rückt, aber das heißt nicht, dass seine Wahrnehmung nicht gültig wäre. Vielmehr sind Menschen, welche eine weitere Betrachtungsebene kennen, in der Lage, die Ebenen zu unterscheiden. Sie können sich in diesem Beispiel auf der Ebene der Bildinterpretation (dem traditionellen Bewusstsein) bewegen und somit andere Menschen verstehen, die so wahrnehmen, und sie wissen zugleich, dass dies nur eine Betrachtungsebene ist und der Realität auf einer anderen Ebene nicht entspricht. Sie könnten sich ebenso mit Fachleuten für Farben und Leinwände kompetent austauschen.

Diese Situation könnte mit der buddhistischen Interpretation von Erscheinungswelt und Absolutem verglichen werden. Die Bildinhalte würden dann der Erscheinungswelt entsprechen, wohingegen Farbe und Leinwand die hintergründige Basis bilden, auf welcher die Erscheinungen überhaupt erst möglich sind. In der Sicht der konventionellen Bildbetrachter wäre der Bildinhalt ‚real' und die Basis nicht im Blickfeld. Vom Standpunkt des Farbenkenners hingegen wäre der Bildinhalt eine Illusion und die Farben und die Leinwand ‚real'. Wenn er auch nicht speziell auf die Bildinhalte achtet, können jene, die auf die Bildinterpretation bezogen sind, dennoch denken, dass er ‚einer der ihren' sei.

Nun könnte dieser Vergleich weiter gesponnen werden. Was ist mit demjenigen, der Farbe und Leinwand nur als eine Darstellungsform erkennt, welche ihrerseits wieder nicht die ‚Wirklichkeit' ist? Für diesen Blickwinkel braucht es einen Standpunkt außerhalb von Farbe und Leinwand, etwa den Blickwinkel eines Architekten, der den Museumsbau betrachtet. .

Es kommt dabei nicht darauf an, wie viele Ebenen wir in dieses Modell einführen – in jeder Ebene erscheinen die Inhalte der vorangehenden Ebene als ‚relativ', und umgekehrt kann von dieser relativen Ebene her gesehen nicht gesagt werden, was die nächsthöhere Ebene ist, und sie erscheint als Grundlage der Erscheinungen als ‚absolut'. Das Absolute findet sich dort, wo keine weitere Ebene mehr eruiert werden kann. Es umfasst alles. Es ist ‚nondual' im Vergleich zur vorangehenden Ebene, wo Unterscheidungen getroffen werden können.

Dieser nonduale Blickwinkel ist das Thema des Zen. Wer sich auf die nächst höhere Ebene bewegen kann (im Beispiel der Bilder also auf die Ebene von Farbe und Leinwand), der erfährt sich auf der vorangehenden Ebene (Bildinhalte) nicht mehr als ‚anwesend'. Entsprechend ist er den Bildinhalten gegenüber auch neutral. Alles sind Bildinhalte, und alle haben gleiche Gültigkeit. Das können die auf den Bildinhalt bezogenen Menschen natürlich nicht verstehen, und sie werfen dem anderen möglicherweise Indifferenz oder völlige Gleichgültigkeit vor. Er seinerseits könnte sagen, dass er in Bezug auf die Bildinhalte ‚gestorben' sei. Sein Bewusstsein ist davon weggegangen, und er wird davon nicht mehr in der üblichen Weise berührt. Selbst aber erfährt er sich nicht als tot oder gestorben – nur bezüglich der Bildinhalte. Auf der anderen Ebene ist er sehr wohl ‚da'. Für ihn ist einfach die Welt der Erscheinungen in ihrer Relativität erkannt, und deren Interpretation als ‚Wirklichkeit' erscheint als Illusion, die sich aufgelöst hat. Es ist also nicht wirklich etwas gestorben, es hat sich nur etwas verschoben.

Will man in unser Modell die Zeit einführen, dann wird das Bild zum Video. Die Menschen darin interpretieren die Ereignisse als Wirklichkeit und die Gesamtsumme der Ereignisse als ‚ihr Leben'. Wird das aus dem Blickwinkel einer nächsten Ebene betrachtet, so gibt es aber die Vorstellung von ‚meinem Leben' nicht mehr. Dort ist nur noch reines Sein, das sich als Leben gestaltet. Ist das nun traurig? Für die Menschen im Bild mag es so erscheinen. Für denjenigen, dessen Bewusstsein sich verschoben hat, gibt es aber keine Trauer darüber. Es hat sich einfach eine Illusion aufgelöst.

Reines Sein ist für den Bildbezogenen eine ungeheuerliche Sache. Es ist die Auflösung seines Ich, auf das sich im normalen Bewusstsein alles bezieht. Es ist das Ende von der Person, welche die Welt und ‚ihr Leben' erfährt. Da wird nichts erfahren, und es ist keiner da, der etwas erfahren könnte. Was geschieht, wird in seiner Relativität erkannt, und es hinterlässt keine Spuren. Denn im reinen Sein gibt es keine Spuren. Was geschieht, wird als das große ‚Welttheater' erkannt. Mit aller Freude, allem Leiden, allem Aufbruch und aller Niedergeschlagenheit. Es wird gesehen, dass es immer nur so ist in Bezug auf den Bildinhalt, nicht ‚wirklich'. In diesem Sinne gibt es Gefühle, aber sie gehören niemandem und sind einfach das, was im Bild erscheint. Vom Bezug auf den Bildinhalt auf die nächste Ebene zu wechseln, ist wie von einem Land ins andere zu gehen. Das verlassene Land gibt es für einen nicht mehr, es ist nicht mehr die Wirklichkeit. Und im neuen Land ist es still. Ganz still.

Ob das erstrebenswert ist? Nicht wirklich. Nicht für den auf Bildinhalte bezogenen Menschen. Denn das Bild ist das einzige, was er kennt. Aber es ist auch nicht für jenen erstrebenswert, der das Land der Bilder verlassen hat.

Denn dieses Land gibt es für ihn nicht mehr – oder nur noch als Bild eben, das geschaut wird. Vielleicht mag da Bedauern sein, dass da niemand mehr ist, der bewegt wird. So gibt es Menschen, welche die Bilderwelt in ihrer Relativität erkennen und dennoch da bleiben wollen, „weil es doch so schön ist, so viele Gefühle zu haben". Ist einer aber ganz weggegangen, dann ist da auch kein Bedauern mehr. Es ist ja keiner mehr da, der das bedauern könnte. Das Bewusstsein ist auf einer anderen Ebene, wo die Verhältnisse gesehen werden, wo die Ebenen unterschieden werden, und da gibt es nichts zu bedauern. Vielmehr entsteht eine Freiheit von der Bilderebene. Da ist einfach formloses Sein, ganz ohne Bild.

Jenseits der Person

Wenn das ‚Ich' genügend ausgedünnt ist oder es sich plötzlich verabschiedet hat, ist niemand mehr da, wo früher ‚Identität' war, die wir gerne als ‚Ich' bezeichnen. Da ist keine ‚Person' mehr, die greifbar wäre – weder in sich noch von anderen zu spüren. Da ist kein Ich mehr, und damit auch kein Du mehr. Nur Personen leben in einer vermeintlichen Identität – sie identifizieren sich mit dem Handeln, das durch sie geschieht, und mit dem eigenen Körper und den Umständen, die sich in ihrem Umfeld vorfinden.

An die Stelle der Person ist ‚reines Sein' getreten, das ungetrennt ist vom Sein anderer. Man kann es auch als ‚Leere' bezeichnen, als etwas, das keine Form hat. Es ‚lebt' auch nicht in Zeit. Reines Sein ist in und jenseits aller Erscheinungen. Ohne Ich zu sein ist kein Ereignis, keine Erfahrung. Es ist einfach nichts da, woran sich die Dinge festmachen können. Dennoch gibt es den Körper, und Handlungen geschehen. Der Körper ist da, als würde er niemandem gehören, und doch ist da auch Wahrnehmung, nicht von ihm getrennt. Alle Bewegung ist ein Geschehen, hier wie dort, bei sich wie bei anderen, und niemand macht es. Das Geschehen erscheint aber nicht anders, als es vom üblichen Bewusstsein her wahrgenommen wird. Nur wird es mit keinen Interpretationen verbunden und es erscheint damit ohne Ausrichtung. Menschen und alles andere werden in ihrem Sosein wahrgenommen, immer Austausch im einen Sein.

Wenn keiner mehr da ist, der unterscheidet, so wird auch nicht gewertet, auch wenn es einmal angenehmer und einmal unangenehmer ist, auch wenn da gelegentlich Gefühle sind. Aber im Kern sind die Gefühle nicht entscheidend, nur Begleiterscheinungen des Wellenspiels allen Seins. So ist der Blick aufs Sein gerichtet, das alles ist, der Blick von ‚niemandem', einfach nur Blick.

Nicht wissend, wer wir sind, gibt es auch nichts zu wissen, nirgendwo hinzugehen, nichts zu erfahren, nichts zu erkennen. Ebenso gibt es keine Aufgabe, etwas zu schaffen oder zu verstehen. Ohne Kriterien, durch die man sich erfahren könnte, gibt es auch keine Möglichkeit, sich zu definieren. Indem man sich nicht über Aufgaben oder andere Lebensaspekte definiert, erscheinen die Ereignisse, wie sie sind, und es gibt keinen besonderen emotionalen Bezug mehr zu ihnen. Ohne Selbstbezug ist alles und nichts, jedenfalls nichts Bestimmtes. Es kann etwas getan werden oder nicht, immer ist es dieses eine Sein, das zugleich konturlos ist. Indem ‚alles' ist und die Welt einem in allem begegnet, ist nichts Besonderes mehr fassbar.

So macht auch die Frage, ob man in der Welt ist oder ob die Welt in uns (in unserem Bewusstsein) ist, nicht wirklich Sinn. Wir sind die Welt, dieses Auf und Ab, und etwas sieht durch unsere Augen das Spiel aller Wellen, nicht nur die eigene Welle betrachtend. Dabei steht einem auch niemand gegenüber, denn es sind nur die ‚Personen', die ‚Ichs', die sich begegnen können, nicht das Leben selbst, denn dieses ist immer und unbegrenzt und ununterschieden. Die Menschen sehen nur so abgegrenzt aus, sind es aber nicht. Im Grunde sind sie wie alles einfach Bewegung, z.B. als Sprechen und Hören, Einkaufen, Fahrrad fahren, usw. Alles Leben ist Bewegung, und alles Leben fließt ineinander. So gibt es nur ein Leben, das sich überall manifestiert, einfach das Geschehen, das überall ist.

Wenn das große Sein Platz gegriffen hat und ‚niemand mehr da' ist, dann gibt es auch nicht mehr die Wahrnehmung einer Person, die Wahrnehmung von jemandem als Zentrum. Und so werden auch andere Menschen wahrgenommen – auch dort ist niemand (mehr). Dort ist ebenso Erscheinung, Leere, reines Sein, Nicht-Sein – was auch immer – als Mensch. Stille, Leere, Unbewegtheit, ‚nicht-etwas' in allem, was erscheint. Alles dieses eine Sein. Auch Begegnungen von Menschen und Menschen in Beziehung sind einfach das, was sich manifestiert. Es ist in diesem Sinne nicht eine Begegnung von etwas mit etwas anderem, eine Begegnung von ‚ich' und ‚Du', sondern reines Sein im Austausch mit sich selbst, sich selbst wahrnehmend. Es sind „Selbstgespräche", wie es Karl Renz nennt. Das Selbst (das Unfassbare) spricht mit sich selbst, als Erscheinung ist es mit sich selbst im Austausch. So wird es auch in der ‚zwischenmenschlichen Begegnung' erlebt; es ist keine Begegnung von Verschiedenem, sondern Austausch im Einen. Dieser Austausch findet aber auch zwischen Mensch und Umgebung statt – mit der Wiese vor dem Haus, den Bäumen, dem Haus selbst, den Blumen in der Vase und den Büchern an der Wand. Wird Frühstück gegessen, ist dies auch nichts anderes: reines Sein als Brot findet den Weg zum Sein des Magens. Das Hören von Musik oder das Musizieren ist die Wahrnehmung des einen Seins von sich selbst als ‚Musik'. Immer die Wellen des Meeres – alle Wellen sind Wasser und das Wasser kommuniziert in den Wellen mit sich selbst. Das, wovon wir nicht wissen, was es ist, nimmt sich selber wahr. Das Sein, die Leere, das Zeitlose erfährt sich wie in einem Spiegel, als Manifestation in der Zeit. Bewegung als Zeit. Wenn Form erscheint, erscheint Zeit. Das Unfassbare erscheint als Fassbares – Leere ist Form, wie es im Herz-Sutra heißt.

Die Kommunion in der Kirche könnte auch so verstanden werden: Das reine Sein als Hostie kommuniziert mit dem Sein als Mensch. Da es keine Erscheinungen geben kann, die nicht dieses eine Sein sind, ist alle Begegnung Kommunion. Sogar das Töten ist Kommunion – das Sein tötet sich selbst. Christus am Kreuz ist Symbol dieses Vorgangs: die eine Erscheinung stirbt in sich selbst, so wie sie als Geburt in sich selbst erschienen ist. Das Christusleben kann auch als ein Epos über Geburt und Tod der Erscheinungen verstanden werden, und alles ist ‚Gott Vater', alles ist das Eine. Dazwischen erscheint das Wissen um dieses Eine („Ich und der Vater sind eins"). Das Sein weiß um sich selbst in der beschränkten Form des Menschen. „Jenseits von Geburt und Tod", wie es im Zen heißt, ist das Sein Erscheinung und Nicht-Erscheinung zugleich. Im Zeitlosen ist die Zeit. Im Vater der Sohn.

Leerraum

Wo sich die Identifikation mit Vorstellungen über das eigene ‚Ich' auflöst, weitet sich der Erfahrungsraum. Was in der Formenwelt Gültigkeit und Gestalt hat, verliert sich zugunsten einer erweiterten Wahrnehmung in Unbestimmtheit. Da gibt es nichts mehr zu wollen und zu tun, aber auch nichts mehr zu glauben und anzustreben. Der innere Raum ist nicht mehr mit Idealen ausgefüllt, oder mit Zielen, die zu erreichen sind, und mit Aufgaben, die für die Welt zu tun wären. Da ist nichts anderes mehr, als was ist. Dafür braucht es etwa keine Zeitungen, welche die Welt erklären, keine Ablenkung durch News, keine Beschäftigung mit ‚etwas'. Es bedarf keiner bestimmten Ereignisse, weil man es sonst nicht aushielte auf dieser Welt oder weil es einem sonst zu langweilig wäre. Vom Standpunkt der Leere her gesehen sind alle diese Ausrichtungen nur ein Schleier vor der wunderbaren, illusionslosen Wirklichkeit. An die Stelle all dessen tritt eine Art Hingabe an ‚nichts', doch ist genau genommen auch niemand da, der sich hingibt. Es ist nicht die übliche Hingabe einer ‚Person' an ‚etwas', die sich zum Beispiel einem höheren Ziel überantwortet und sich hingegeben der damit verbundenen Aufgaben widmet. Es ist das Gegenteil davon. Es ist eine Hingabe an das reine Sein, an ein Sein, wo nichts zu geschehen braucht, damit es erfüllt ist, und damit ist es letztlich auch nicht Hingabe, sondern das Sein selbst.

Die Unergründlichkeit des Daseins reicht dabei nicht nur in die Weite, sondern auch in die Tiefe. Das Unermessliche zeigt sich ebenso dunkel wie hell, ebenso abgründig wie erhebend. Dunkel und Hell sind dabei einfach Worte für Aspekte eines Ganzen, das sich jeder Beschreibung entzieht. Letztlich ist es ohne Qualitäten. Und da ist zugleich Fülle. Im ‚Nichts' ist zugleich ‚alles'. Reines Sein ist dort, wo es kein Geschehen gibt. Es ist das Dasein jenseits von

Ereignissen und auch jenseits eines Konzeptes von Leere. Es ist absolut. In allem zeigt sich das eine Sein. Da ist nur Weite und Leere – wie in einer klaren Winternacht, in der das Mondlicht über der Schneelandschaft liegt und sich nichts bewegt. Es ist ein reiner Zustand ohne Aktivität. Niemand tut etwas. Das Leben strömt aus einer Quelle, die es selber ist. Diese Quelle ist jenseits von Sein und Nicht-Sein. Sie ist jenseits von allem und in allem. Und darin sind die Dinge einfach sich selbst. Im Lotos-Sutra kommt dies klar zum Ausdruck: das Sein ist sich selbst, und das Sutra ist sich selbst. Es verehrt sich auch selbst. Es wird beschrieben, wie dieses Sutra das Wunderbarste ist, was es gibt. Aber man erfährt nicht, was es ist. Es dreht sich um sich selbst und hat keinen anderen Inhalt, als sich in sich selbst zu bestätigen. So ist es mit allem. Alles genügt sich selbst. Es braucht keine Erklärungen dazu und keine weitere Bedeutung.

Da ist nur dieses Sein, das nichts will und nichts kann, das keine Berechtigung braucht und sucht, und keine Aufgabe für das Dasein. Da gibt es auch keine Suche. Man muss nirgends mehr hingehen – nicht in eine wunderbare Kirche, nicht mehr vor die Statue des Buddha, Shiva, Ganesha oder gar der Göttin Kali, die uns das Schaudern lehrt, nicht mehr an einen heiligen Ort mit großen spirituellen Energien, und auch nicht an einen heiligen Fluss wie den Ganges, dessen Heiligkeit allen Unrat neutralisiert, der mittlerweile darin schwimmt. Tiefe Stimmung in einer Kirche beispielsweise ist nicht leer. Es ist eben tiefe Stimmung, eine Art Gefühl, das vielleicht sogar ‚erbaulich' ist. In jedem Falle ist es eine Erscheinung; es ist etwas. Das leere Sein ist demgegenüber nicht etwas. Es ist nicht beschreibbar. Diese Art von unpersönlichem leerem Sein ist nicht an einen Ort gebunden, auch nicht an einen spirituellen. An den heiligen Orten finden wir nur die Heiligkeit anderer, aber nicht diejenige von uns selbst. Den eigenen Wert erkennen wir genau dann, wenn wir ihn nicht mehr anderswo suchen. ‚Da' ist alles, und nicht ‚dort'. In uns ist alles; wir sind der Tempel.

Zu dieser Wahrnehmung gehört das Allein-Sein. Allein-Sein gibt es dabei nur unter dem weiten Himmel, oder in einer einsamen Hütte, wohin niemand kommt. Und erscheint dann doch einmal jemand, so macht es keinen Unterschied, weil die Stille und das Einssein schon so sehr Platz gegriffen haben, dass ein kurzer Besuch nichts daran ändert. Vielleicht wird das Gefühl für einen Moment überdeckt, aber nicht für lange. Wenn in dieser erfüllten Leere alle Reize verebbt sind, dann gibt es nichts mehr zu gewinnen und auch nichts zu verlieren. Da ist einfach die Leere, die alles ausfüllt. Das Haus ist leer – alles ohne Gestalt und Inhalt, alles ohne aufgesetzte Bedeutung, alles dieses reine Sein. Diese Leere ist unpersönlich, und doch ist man sie selbst. Im Zustand dieser Leere erscheint jede Beschäftigung als oberflächlich, auch wenn sie für andere noch so bedeutungsvoll erscheinen mag. Das Nicht-Oberflächliche ist aber nicht zu fassen, da es nicht-etwas ist. Es bleibt also nur ‚nichts'. Reines Alleinsein – nicht Einsamkeit, denn Einsamkeit ist noch das Gefühl von ‚jemandem', und das leere reine Sein reicht weiter.

Menschen wie Ramana Maharshi, die in diesem Sein verharren, ziehen andere Menschen an, weil ein großer Friede von ihnen ausgeht. Man mag bei ihnen verweilen, und vielleicht teilt sich etwas von deren Sein wortlos mit. Diese leere Präsenz kann nicht aktiv gelehrt und auch nicht bewusst vorgelebt werden. Es ist daher folgerichtig, dass Menschen, die nicht im äußeren Dasein fixiert sind, oft schweigen. Alles, was sie tun, ist dabei unverfälschte Handlung, in der sich zugleich die Leere allen Seins zeigt. Sie sind durchsichtige Erscheinungen wie die Wolken im Wind.

Meditation

Unter Meditation versteht man im Allgemeinen einen gesammelten inneren Zustand, der durch bestimmte Übungen gefördert wird. Viele Meditierende verfolgen das Ziel, den Geist zu beruhigen, Gelassenheit zu finden oder allgemein ihre Lebensqualität zu fördern. Der Form nach beinhaltet Meditation oft das Stillsitzen auf einem Kissen, wobei zunächst Gedanken und Gefühle recht obsessiv auftreten können, ebenso wie Schmerzen in den Knien oder andere Wahrnehmungen, die von der Sammlung ablenken. Auf Dauer verschwinden solche Symptome und es erfolgt eine Reduktion der Verstandesaktivitäten bis hin zu ihrem völligen Wegfall – ganz ähnlich wie im Schlaf, nur dass hier ein gewisses Bewusstsein bleibt. Es zeigt sich eine Art waches Nichtwissen, das auch als wache Absenz oder reine Präsenz beschrieben werden kann.

Als Übung gehört Meditation der Erscheinungswelt zu, in der etwas erreicht werden soll. Ausgehend vom gegenwärtigen Zustand wird eine positive Veränderung der eigenen Befindlichkeit angestrebt, was innerhalb eines solchen Selbstverständnisses durchaus passieren kann. Ziele können – wie früher erörtert – aber nur innerhalb einer dualen Weltsicht verfolgt werden. Das setzt Trennung von früher gegenüber später und Trennung der äußeren ‚Person' gegenüber dem Wesenskern voraus. Eine Verbesserung der Befindlichkeit geschieht damit stets innerhalb eines vom ‚Ich' vorgestellten Selbstbildes.

Im Osten werden derartige Vorstellungen jedoch als illusionär verstanden, und ein illusionäres Ich kann nicht befreit, geheilt oder erlöst werden, denn es ist ja selbst nur eine Vorstellung. Werden solche Vorstellungen nun als Illusionen erkannt, fallen sie einfach ersatzlos dahin, und alles erscheint, wie es ist. Nach Kodo Sawaki ist dann (wie an anderer Stelle zitiert) die Brille abgenommen[1]. In diesem

Zusammenhang kann auch an das Schwert von Bodhisattva Manjushri erinnert werden, welches die Illusionen zerschneidet und dadurch „Leben spendet". Das Wegfallen hinderlicher Vorstellungen ist im Buddhismus ein wichtiges Thema, weil der Lebensstrom dadurch aus seinem Korsett befreit und wahre Freiheit erreicht wird. Die vier edlen Wahrheiten des Buddha sagen, dass das Leiden durch Anhaftung entsteht – in diesem Fall durch die Anhaftung an Ansichten, die der Wahrnehmung des reinen Seins entgegenstehen. Auch das so entstandene Leiden gehört letztlich aber zu den Illusionen.

Meditation kann aber auch unabhängig von meditativen Übungen oder von der Sitzmeditation des Zen verstanden werden, nämlich als Synonym für das reine Sein. Meditation ist dann immer und überall. Es ist der „Klang der Stille", der in allem liegt. Meditation entspricht damit dem ewig unbewegten Urgrund und der Einheit aller Erscheinungen. Auch sie ist das, was ist – dieses Umfassende, das von nichts getrennt ist und alles einschließt. Diese Art von Meditation findet immer statt – was wir auch tun. Jede Erscheinung und jedes Verhalten ist in diesem Sinne Meditation, Ausdruck des reinen Seins – ja das reine Sein selbst. Hier erscheint Meditation nicht als Übung, sondern als das, was ‚alles' und unfassbar ist. Dazu kann kein Weg führen, auch nicht derjenige einer äußerlich praktizierten Meditation. So gesehen ist der Meditierende bereits in Einheit mit dem Ziel, dessentwegen er meditiert. Er braucht auch nicht ‚zu sich zu kommen', da er ohnehin ja schon sich ist, und selbst dieses ‚sich' kann nicht als etwas gefasst werden. Eine so als Manifestation des reinen Seins verstandene Meditation ist schon alles.

Nun kann sich die Frage stellen, wie sich die beiden Formen der Meditation zueinander verhalten. Meditation als Erscheinung und Meditation als reines Sein. Wie im Kapitel über das Herz-Sutra dargelegt, sind Form und Leere eins – Form als Erscheinung und Leere als der Urgrund oder das Wesen allen Seins. In dieser Einheit erscheint die praktizierte Meditation als das qualitätslose Sein selbst. So wie jede Erscheinung zugleich reines Sein ist, sind Zazen (das meditative Sitzen) und Meditation als vorbestehende Einheit letztlich eins. Indem wir sitzen, sind wir zugleich dieses eine Sein. Meditation ist damit beides: Erscheinung und reines Sein.

Das wiederum heißt aber nicht, dass Meditation als Erscheinung zur Meditation als Reines Sein führen könnte. Sie ist ihrem Wesen nach ja schon dieses reine Sein und kann es deshalb nicht werden. Die beiden Arten von Meditation befinden sich auf verschiedenen Ebenen, der Welt der Erscheinungen und derjenigen der Formlosigkeit. Das Geschehen auf der einen Ebene kann nicht zum Sprung auf die andere Ebene verwendet werden. Insofern dient Meditation als Erscheinung nicht dem reinen Sein. Das sind wir ohnehin. Meditation als Praxis kann in diesem Sinne nicht zu einem reinen Seinszustand führen, wie er gelegentlich als Erleuchtung bezeichnet wird. Sie führt überhaupt nicht zu irgend etwas – so wie keine Tätigkeit zu etwas führt. Sie ist vielmehr in sich schon alles.

In dem Sinne ist auch ‚Erleuchtung' immer da; alles ist immer dieses reine eine Sein. Alle Erscheinungen sind Einheit. Damit kann Erleuchtung auch nicht erfahren werden, weil dies wären zwei. Erleuchtung besteht im Grunde dann, wenn keine Idee mehr darüber existiert, dass ‚jemand' erleuchtet werden könnte. Sie ist, wenn nur noch Einheit ist. Da wird aber nichts erkannt – es ist einfach reines Sein in sich und in allem, was erscheint. Auch kann nicht von einer Wahrnehmung oder dem Erkennen des Seins gesprochen werden – denn auch das wären zwei. Dieses Sein ist einfach. Es ist das Rascheln der Blätter im Wind, es ist ‚Wahrheit', die nichts und alles ist.

‚Weg' und ‚Sein' erscheinen damit als Begriffe aus unterschiedlichen Betrachtungsweisen, ja aus unterschiedlichen Welten. Wege gibt es in einer Welt der Unterscheidungen und der Dualität, wohingegen in der Einheit einfach alles reines Sein ist. Für den Meditierenden gibt es daher nur solange einen vermeintlichen Weg, als er sich als getrennt erfährt. Im reinen Sein aber gibt es keinen Weg. Da ist nur ‚Das‘, was sich aber auch als praktizierte Meditation zeigen kann.

Illusionslose Präsenz

‚Nichts' ist eine schwierige Angelegenheit. Es ist nicht vorstellbar, und dennoch begegnet es uns auf Schritt und Tritt. Rein vordergründig steht es schon dann vor uns, wenn wir uns vornehmen, endlich einmal ‚nichts zu tun'. Die Sehnsucht tätiger Menschen geht oft dahin, endlich einmal nicht tätig zu sein. Aber tun sie ‚nichts', wenn sie in den Ferien vom Liegestuhl zum Badestrand, vom Schwimmen zum Essen, vom Lesen zum Spaziergang im nahe gelegenen Dorf, vom Bootsfahren zum Gespräch mit den Tischnachbarn wechseln? Sie tun einfach etwas anderes als im Alltag. Wirklich nichts zu tun, ist viel schwieriger, als sich einfach in der Abwechslung der Tätigkeiten ‚auszuruhen'. Nichts zu tun würde zunächst einfach heißen, am Frühstückstisch sitzen zu bleiben, nicht zu sprechen, keine Pläne für den Tag zu schmieden, nicht aufzustehen und etwas wegzuräumen. Es wäre, wie die Zeit anzuhalten. Es würde nichts geschehen, und man wäre doch einfach da.

Ja, geht denn Nichtstun überhaupt? Der Mensch scheint aufs Tun hin angelegt zu sein, wenngleich er sich über seine vielen Aufgaben beschweren mag. Fallen sie einmal weg, gerät er in arge Verlegenheit, und er besorgt sich sofort neue. Die Krux an der Sache ist, dass Nichtstun nicht gemacht werden kann. Wir können es nicht planen, wir können es nicht gestalten, wir können nicht dafür sorgen. Vielmehr werden wir unter Umständen einmal überrascht davon. Plötzlich ist da ‚nichts', es ist einfach still und leer, und wir wissen nicht, wie es dazu gekommen ist. Und das Eigenartige daran ist: wir fühlen uns wie zuhause, angekommen bei dem, was wir sind und was das Leben ist. Solange wir nichts tun wollen, tun wir etwas (nämlich nichts zu wollen). So verhält es sich auch mit ‚sich bei sich selbst zuhause zu fühlen' – auch das können wir nicht tun, ja nicht einmal wollen.

Im Allgemeinen erwarten Menschen auf einem spirituellen Weg bewegende Erfahrungen, irgend etwas Überragendes, welches das Alltägliche übersteigt, ja gar die Gesetze der Welt aus den Angeln hebt. Der Wunderglaube und die Idee, dass sich Göttliches in der Außerkraftsetzung von Naturgesetzen äußere, sind Zeugnis davon. Derartige Ideen finden sich auch als spirituelle Erwartung. Eines Tages wird die große Erfahrung kommen, eines Tages erfolgt die endgültige Befreiung von der Unbill des Lebens.

Damit das Umfassende, das Unergründliche oder eben das Göttliche in der Normalität erkannt werden kann, muss auf die Erwartung des vermeintlichen Wunders verzichtet werden. Etwas plakativ formuliert: Das Spirituelle ist in der vollkommenen Desillusionierung zu finden. Das klingt einfach, ist aber schwer zu verstehen. Nicht als intellektueller Gedankengang, sondern tatsächlich. Gehen wir davon aus, dass die Wahrheit das ist, was ist, so erscheint alles, was darüber hinausgeht als Illusion. Der Punkt ist nun, dass wir unsere Illusionen im Allgemeinen mehr lieben als die Tatsachen. Wenn das Leben nur wäre, was es ist, dann erschiene es uns öde und mangelhaft. Deshalb müssen Illusionen her, um das Leben aufzuhellen, um es schön und spannend zu machen. Wir stellen uns vor, wie unser Leben sein könnte, wenn nur die Umstände anders wären, wie wir die Welt zum Besseren verändern könnten, wenn wir nur die Macht hätten, Glück und Friede zur Menschheit zu bringen, wenn sich die Welt nur entsprechend unseren Vorstellungen verhalten würde. Und dann machen wir uns an die Arbeit, die Welt zu verändern, sie zu heilen und zum Besseren zu wandeln. Selbst wenn es nur kleine Impulse sind, die wir setzen können, so halten wir es doch für einen kleinen Beitrag zum erstrebten Ziel. Das möchten natürlich alle – nur dumm, dass die Vorstellungen unterschiedlich sind und man sich so ins Gehege kommt.

Ohne Illusionen zu sein würde heißen, die Welt zu sehen, wie sie ist. Sie ist hell und dunkel, friedlich und gewalttätig, schön und hässlich – eben das eine und das andere. Und wir selbst sind ja ebenso – gut und weniger gut, freundlich und unfreundlich, angepasst und widerspenstig, fruchtbar und destruktiv. In Indien stehen dafür die drei Gottheiten Brahma, Vishnu und Shiva – der Erschaffer, der Erhalter und der Zerstörer. Sie verkörpern das Weltprinzip, das wir so gerne aus den Angeln heben möchten mit unseren gutmeinenden Bestrebungen. Dieses Prinzip anzuerkennen fällt uns offenbar ungeheuer schwer. Alles was entsteht, muss wieder vergehen. Und umgekehrt: ist das Alte gestorben, ist das Neue schon da. Es muss nicht erst noch geschaffen werden. Ohne das Alte ist eine Situation schon neu. Ohne die alten Illusionen ist das neue Bewusstsein schon da. Ohne Illusionen zu sein heißt, nichts zu erwarten. Damit ist alles einfach so, wie es ist. Morgen wird es sich vielleicht verändert haben, aber heute ist es, wie es ist. So kommen wir im ewigen ‚Jetzt' an, so wird die Welt akzeptiert. Und erstaunlicherweise entsteht dabei innerer Friede. Wir sind in Übereinstimmung mit dem, was ist. Nur gerade in diesem Moment, aber in diesem Moment ist es so. Und im nächsten dann auch – selbst wenn sich die Umstände verändert haben – und im übernächsten auch. So entsteht Friede und Gelassenheit, und diese sind Zeichen einer gelebten Spiritualität.

In dieser Art von Nüchternheit gibt es nichts zu erreichen, weil alles schon ist. Hier öffnet sich ein Empfinden für die Ganzheit des Seins. Und diese Ganzheit ist jenseits von Engagement oder Gleichgültigkeit, jenseits von Hingabe oder Fatalismus. Es ist einfach dieses reine umfassende Sein jenseits aller Gegensätze und jenseits aller Charakterisierungen. Da besteht ein völlig neuer Blick auf die Welt. Ohne jedwelche Illusionen ist er nüchtern. Eine reine Präsenz liegt in allem – oder anders gesagt: alles ist reine Präsenz. Jenseits von Ansichten und Meinungen *ist* die Welt. Und zugleich schließt das Dasein alles ein, was ist. Erwartungen und Illusionen spielen darin keine Rolle, denn da ist nichts, was als Einzelnes gefasst werden könnte. Wenn etwas ‚göttlich' genannt werden sollte, dann wäre es dieses allumfassende, unergründliche Sein. Und weil es schon da ist, braucht es nicht noch eine zusätzliche Erlösung. Die Erlösung besteht vielmehr darin, dass wir von uns selbst erlöst werden – oder besser gesagt, dass wir erkennen, dass es dieses ‚uns selbst' gar nicht gibt. Als ein ‚Ich' zu existieren ist die zentrale Illusion, an der sich alles andere festmacht.

Sein im Nicht-Sein

Gemäß den Aussagen des Diamantsutra kommt das Sein erst durch das Nicht-Sein zum wahren Sein. So verhält es sich auch mit dem Dasein – Dasein verstanden als unsere Art, in der Welt zu sein. Natürlich sind unser Dasein und die Welt nicht zwei verschiedene Dinge, denn wir sind nicht nur Teil der Welt; wir sind Welt. Und diese Welt zu sein erhält seinen eigentlichen Charakter erst dadurch, dass unser Sein auch ein Nicht-Sein ist, und unser Dasein ein Nicht-Dasein. Das wird doppelt wahrgenommen als ein ‚ganz-in-der-Welt-Sein' und eine gleichzeitig völlige Abwesenheit davon. Vordergründig und in einem dualistischen Weltverständnis könnte dies bedeuten, ‚nur halb anwesend zu sein', aber darum geht es hier nicht. Es geht vielmehr darum, dass die Anwesenheit erst dadurch zu einer weltverbundenen Anwesenheit wird, dass gleichzeitig mit der Unterschiedlichkeit der Erscheinungsformen die Einheit allen Sein wahrgenommen wird, wobei diese wiederum als ein ‚Nichtsein' in der Welt der Formen beschrieben werden kann. Dasein und Nicht-Dasein sind dabei nicht getrennt, so wie Form und Leere im Buddhismus eins sind.

Bernard Tetsugen Glassman Roshi[2] plädierte für eine Haltung des „Nicht-Wissens". Ein steter „Anfänger-Geist" steht allen Ereignissen unvoreingenommen gegenüber und reagiert spontan. Das Nicht-Wissen ist dabei offen für die Einheit allen Seins, und Meister des nicht-wissenden Seins haben stets die Dimension der Leere und des ‚Nichts' vor Augen – dieses Nichts, das alles ist. Solche Meister haben innerhalb der konventionell wahrgenommenen Erscheinungswelt auch nichts anzubieten – keine Lehre, keine Ergebnisse, keine Erfahrung, keine Aussicht. Sie befinden sich in einem Zustand der reinen Stille, in einem Zustand des unbewegten Seins. Und da gibt es letztlich auch keine Meister und keine Schüler. Keine Lehrer und keine Lernenden – weil in dieser Hinsicht alles ganz ist. Im Nicht-Sein ist alles.

Nichts zu sollen, nichts zu müssen, das ist außergewöhnlich. Kaum einer kommt je in diesen Zustand. Zu sehr pochen die Pflichten an unsere Tür. Wann kommt der Tag, wo wir nichts mehr müssen? Vielleicht kommt dieser Moment erst in der Stunde unseres Todes?

„Wenn die vier Elemente zerfallen sind – wohin geht ihr dann?" so lautet ein Zen-Koan. Im Moment des Sterbens – wohin gehst Du dann? Kann man da noch irgendwo hingehen? Alles lassend herrscht vollkommene Stille. Keiner kommt – keiner geht. Da ist nur der letzte Atemzug. Was macht es schon für einen Unterschied? Nur für diejenigen, die noch im ‚Tun' verhaftet sind, ist es ein Unterschied. Wie schon zitiert ist reines Sein ‚jenseits von Geburt und Tod'. Kein Tun, kein Handeln, kein Müssen. Keine Lehre, keine Ergebnisse, keine Erfahrung, keine Aussicht – wie gesagt. Und auch keine Zeitdimension. So gesehen gibt es den Tod nicht. Es gibt ihn nur für die Erscheinungen, für die Ereignisse, für die Umstände. Und dort ist er stets am Werk. Der ewige Wandel, das Rad des Samsara, ist stetes Sterben und Geborenwerden. Dort stirbt zu jeder Zeit alles. Die Stetigkeit liegt dabei im dauernden Wandel. Wenn der Tod eine Sache der Erscheinungswelt ist, so ist diese doch nicht alles. Das, was jenseits des Erscheinenden ist, ordnet sich einer solchen Betrachtungsweise nicht unter.

Jenseits der Erscheinungen mit ihren Erwartungen zu verharren heißt ‚nicht zu wissen'. Für den suchenden Schüler muss das eine Enttäuschung sein. „Jetzt habe ich schon dreißig Jahre meditiert und nichts erreicht", sagt er, und recht hat er. Gut so. Es gibt nichts zu erreichen – nur hat er das noch nicht verstanden, und deshalb beklagt er sich. Der ‚Meister des Nichts', der ihm nichts anzubieten hat, kann ihm auch nicht weiterhelfen. Bestenfalls weist er darauf hin, dass die Suche vergeblich ist. „Wer sucht, der findet" gilt in der Spiritualität nicht. „Wer sucht, der findet nicht" muss es da heißen, und er findet erst, wenn er nicht mehr sucht. Und was findet er? Nichts. Das Nichts. Was ist das? Es ist nicht etwas. Er kann nicht etwas finden. Ist der Schüler an diesem Punkt, dann begegnet er dem Meister „von Angesicht zu Angesicht". Er weiß jetzt, dass es nichts gibt, und dass das alles ist. Das macht ihn reich und unverletzlich. Sogar im physischen Tod kann er damit bestehen. Er wird ihm nicht widerstehen und zu seiner Zeit von der Welt gehen – aber das ist nur die eine Seite. Die andere ist das ewige ‚Nicht-Sein', das sich nicht verändert. Der Mensch der reinen Erscheinungswelt kann dies natürlich nicht verstehen.

Der ‚Zustand' von Sein und jener von Nicht-Sein fallen in eins zusammen. Oder vielmehr: es wird ersichtlich, dass Sein und Nicht-Sein eines sind. Und damit: dass es Sein und Nicht-Sein als unterschiedene Qualitäten gar nicht gibt. Es gibt nur Sein-Nichtsein. Und dies ist nicht beschreibbar. Vielleicht wird deshalb unterschieden, weil nur Erscheinungen beschreibbar sind. Das aber genügt nicht, denn der Aspekt der Leere, das ‚Nicht-Sein' wird damit ausgeklammert, wenngleich beide letztlich eins sind. Sein und Nicht-Sein gibt es nur zusammen, und dies ist das, was einfach ist. Dazu gibt es nichts Zusätzliches. Es gibt aber auch nichts weniger. Alles ist dies. Und der Verstand stößt immer wieder an dieser Wand an.

Was nicht beschreibbar ist, aber doch irgendwie geahnt wird, mag in den Kulturen als göttlich bezeichnet werden. Es ist das, was uns überragt. Nur vergessen wir dabei, dass wir selber dazu gehören, da es ja nichts anderes gibt. Wird das Göttliche außen verehrt, wird damit aber die Trennung zementiert. Und weil wir uns nicht als Einzige außerhalb des Göttlichen wahrnehmen, steht auch gleich die ganze Welt außerhalb. Da ist die Welt, und dort – unfassbar – Gott. Diese Trennung mag der Auszug aus dem Paradies gewesen sein, und es bedarf der Erlösung. Bleibt der Erlöser aber wie das Göttliche projiziert, so erscheint er ebenfalls außerhalb von uns selbst. So aber kann keine Erlösung des getrennten, ursprünglich umfassenden Seins stattfinden, und sie muss Verheißung bleiben. Wenigstens der Erlöser müsste in uns sein, damit schließlich auch das Paradies in uns erkannt werden kann. Das Paradies, das wir selber sind – die Einheit allen Seins.

Das Nicht-Wissen ist wirklich ein Geheimnis. Weil es überall ist, kann es auch nicht an einem bestimmten Ort gefunden werden. Das einzige, was da Sinn macht, ist sich dieser Projektion zu entziehen, damit das Gesuchte und das stets Vorhandene zusammenfallen mögen. Die Illusion, die der Bodhisattva Manjushri mit seinem Schwert zerschneidet, ist die Illusion der Zweiheit. Es ist die Überwindung des Dualismus.

Freiheit von sich selbst

Wahre Freiheit ist die Freiheit von sich selbst. Wo es keine Vorstellungen von einer eigenen Persönlichkeit und keine Anhaftungen an bestimmte Erscheinungen gibt, da ist auch kein Referenzpunkt, auf den sich die Geschehnisse beziehen könnten. Das heißt nicht, dass nicht äußere und auch innere Ereignisse wahrgenommen würden, doch machen sie sich an nichts mehr fest. Wahre Freiheit bedeutet, als definierte Person nicht mehr zu existieren. Die Ereignisse flottieren frei im Raum, ohne dass sie jemand festhalten würde. Sie haben damit auch keine bestimmte Bedeutung, und es eröffnet sich der freie Raum, der alles ist und nichts festhält. In einem tiefen Sinne verstanden ist Freiheit damit nicht Freiheit von etwas, sie ist vielmehr deckungsgleich mit dem reinen Sein, das in allen Formen zugleich gänzlich formlos ist.

Freiheit ist reines Sein. Darin wird die Erscheinungswelt in ihrer Relativität erkannt. Die sich stets wandelnden Erscheinungen sind ohne dauerhaften Bestand – seien es nun Dinge, Verhältnisse oder Identifikationen – und es gibt deshalb nicht nur nichts, woran man sich dauerhaft festhalten könnte, sondern das Ich erweist sich seinerseits als nicht dauerhaft. Bedeutungen werden den einzelnen Erscheinungen vom vermeintlichen Ich verliehen, und das Ich wandelt sich mit ihnen. Frei ist ein Dasein ohne Ich-Zentrum. Ohne sich als Person zu verstehen geschehen die Dinge einfach so, wie sie geschehen. Niemand macht sie. Es liegt eine große Freiheit darin, nichts zu wollen und nichts zu sollen – ja nicht einmal als ein ‚Ich' existieren zu müssen. Im reinen Sein erscheinen Dinge – auch man selbst – wie Traumfiguren. Sie sind nicht das Wesentliche, sondern vielmehr nur eine Luftspiegelung von etwas, das umfassend, voll und ganz ist.

Diese Freiheit ist für niemanden. Der unergründliche Raum des Daseins ist nicht selbstbezogen, alles ist, wie es ist, und man geschieht sich selbst. Nichts muss bevorzugt und nichts muss abgewehrt werden. Freiheit heißt, im Tanzen der Wellen Welle zu sein. Man ist nichts Separiertes, und es ist zu spüren, wie die Schwingungen und Tätigkeiten hin und her gehen, wie ein Tanz von allem mit allem. Man ist dieses eine Leben, das überall tanzt. ‚Alles ist Eins' ist nicht die physische Identität, sondern die eine zeitlose stete Bewegung, die nie begonnen hat und nie aufhört.

Der entscheidende Punkt liegt im ‚Verschwinden des Ich'. Mit dem Verschwinden des Ich kann nichts mehr erfasst oder beschrieben werden. Da ist nur noch Unendlichkeit. Und diese ist mit dem Tanz der Erscheinungen identisch. Der Mensch funktioniert auch ohne ein Ich. Es ist nur vermeintlich, dass das Ich das Leben steuert. Wenn alles wegfällt, entfallen auch die Vorstellung von einem individuellen Leben und die Meinung, dass das Leben von einem Ich gelenkt würde. Selbst die Vorstellung einer Welt getrennter Erscheinungen fällt weg, und es bleibt das Unerklärliche.

Da ist einfach Unermesslichkeit, oder anders gesagt, da ist einfach nichts Fassbares. Und zugleich sind da Erscheinungen, und auch sie können in ihrem Wesen nicht erfasst werden. Ohne das Ich zerfällt alles: die Ansichten, die Handlungsfähigkeit, der Mensch als abgegrenztes Wesen, die Welt, das Universum. Es gibt nur noch das was ist als Unbeschreiblichkeit. Da kann nichts richtig oder falsch gemacht werden: da wird überhaupt nichts gemacht. Auch alle Erklärungen sind hinfällig, sie sind alle ein Traum, nicht wirklich existent, ohne Bedeutung.

Es mag sich hier die Frage stellen oder der Einwand aufkommen, wie es denn möglich sei, über Derartiges zu schreiben. Da müsse doch ‚jemand' sein, der das schreibt. Tatsächlich wird hier geschrieben, und man kann von außen auch feststellen, dass daran ein Mensch beteiligt ist.

Das heißt aber nicht, dass eine Ich-Identifikation etwas niederschreiben würde. Keiner ist da, der das für sich in Anspruch nehmen würde, also kein Autor, sondern es ist einfach das Geschehen des Schreibens selbst. Das ist für das Ich mit seinem Verstand allerdings nicht fassbar. Erst wenn sich das Ich als Illusion erwiesen hat, ist es offensichtlich, dass es gar nie existierte. Es ist nur eine Idee, dass es da jemanden gäbe, der die Dinge tut. Plötzlich geschehen die Dinge einfach, und man kann nicht einmal sagen, dass dabei jemand zuschaut. Es ist nur das, was geschieht. Da ist einfach alles, zeitlos, ohne abgegrenzte Formen – auch wenn diese weiterhin wahrgenommen werden können. Das frühere Ich ist darin aufgegangen und an seine Stelle trat reines Sein, undefinierbar, unverstehbar, unbegreiflich, unendlich weit, groß und umfassend, und es gibt dazu nichts zu sagen.

Wirkliche Befreiung ist eine grundsätzliche Angelegenheit. Freiheit gibt es nur, wenn der Kernpunkt aufgegeben ist, auf den sich alle Lebensbezüge konzentrieren. Es ist die Befreiung von uns selbst, die wirkliche Freiheit gibt. Was dies bedeutet, ist aber schwer beschreibbar, denn es ist da keiner mehr, der sagen könnte: „ich bin befreit". Da ist einfach Freiheit. Nicht die Freiheit, die ‚jemand' hat, sondern einfach Freiheit. Wirkliche Freiheit besteht geradezu daraus, dass sie nicht ‚jemand' hat. Es ist das Sein, das sich selbst genügt, das einfach ist, und worüber es eine Wahrnehmung gibt, die wiederum nicht diejenige von ‚jemandem' ist. Vielleicht nimmt sich dieses Sein einfach selber wahr. Freiheit ist nur ein anderes Wort für Sein.

Schlusswort

Die zentrale Botschaft des Zen heißt: Alle Welt ist zeitlos eins. Dies betrifft nicht nur die Erfahrung eines formlosen Seins, sondern auch die Erscheinungswelt in all ihren Formen. Es besteht damit kein Zweifel: Zen ist nondual. Zen ist nicht nur teilweise nondual, dies bezüglich der ‚Leere' und Vergänglichkeit aller Erscheinungen, sondern ganz. Kraft der Identität von Form und Leere, wie dies etwa im Herz-Sutra klar ausgedrückt ist, geht es um die ungetrennte Einheit aller Erscheinungen einschließlich der Menschen.

Weil im Zen auch von einem ‚Weg' die Rede ist, der gegangen werden kann, wird dies gerne übersehen. Die oft vermittelte Argumentation geht dahin, dass die Welt der Erscheinungen dual sei, weil sie sich in einer Vielfalt von Formen ausdrückt, und dass die Einheit allen Seins, die Nondualität, nur auf der Ebene der Leere zum Ausdruck komme. Das entspricht dem natürlichen Seinsverständnis des Ich-zentrierten Menschen, doch deckt es sich nicht mit den Aussagen der buddhistischen Sutren und der alten Zen-Meister, und auch nicht mit der heute noch zugänglichen Erfahrung. Es wird dabei übersehen, dass die Erscheinungswelt und die grundlegend leere Seinsqualität identisch sind. Wird dies klar erkannt, dann kann nicht davon gesprochen werden, dass man nach einer Erfahrung der Einheit allen Seins und ihrer Leere wieder in die Welt der unterscheidenden Dualität ‚zurückkehrt'. Die Einheit ist niemals eine Erfahrung, die wieder vergehen kann, sondern ist allenfalls als zeitlos nondual orientiertes Bewusstsein zu bezeichnen. Darin zeigt sich die Identität von Formenwelt und Leere in aller Klarheit. Yamada Roshi weist darauf hin mit seinem Vergleich von der Außen- und Innenseite einer Hand, die letztlich eine Hand sind, oder demjenigen des Bruches mit der Erscheinungswelt als Zähler und der Welt der Einheit als Nenner[3]. Im Detail wird diese Identität in den fünf Ständen von Tozan Ryokai anhand der komplexen Sichtweisen auf Form und Nicht-Form dargelegt.

Die erste Einheitserfahrung Kensho (das Wesen sehen) ist nicht identisch mit der Etablierung eines nondualen Bewusstseins. Es gewährt einen ersten Einblick des dual orientierten Menschen in nonduales Sein. Meistens kehrt er aber bald wieder ins normale Ich-Bewusstsein zurück. Nonduales Wissen ist etwas ganz anderes – es ist das reine, unpersönliche Sein, das permanent vorhanden ist. Da ist man kein ‚Ich' mehr, das handelt, sondern es besteht ein Wissen um das interdependente Geschehen allen Seins. Wie es im Buddhismus heißt, hat keine Erscheinung Bestand, auch man selbst nicht, und das Bewusstsein geht darüber hinaus. Nur dort, wo auf Dauer kein Ich-Bewusstsein mit all seinen Identifikationen ist, kann das Unermessliche Platz greifen. Dafür muss alles andere wegfallen. Eine Zen-Übung kann nicht dazu führen, solange sie von ‚jemandem' gemacht wird. Ist aber keiner mehr da, dann gibt es auch keine Übung. Da ist nur das reine Sein, das sich in irgendwelchen Formen zeigt – unwichtig, wie genau sie sind. Das Problem des in Zen-Texten zitierten „normalen Menschen" liegt darin, dass er sich mit diesen Formen einschließlich seiner Lebensumstände identifiziert und sich damit beschäftigt, wie sie nach seiner Einschätzung sein sollten. In einer nondualen Weltsicht hat dies keinen Raum, und dennoch ist die Welt da, identisch mit reinem Sein.

Die Zen-Koan, die oft Gespräche zwischen Meister und Schüler und gelegentlich einen Austausch zwischen zwei Meistern beinhalten, drücken alle die Schwierigkeit aus, dass das ‚Eigentliche', die Leere allen Seins in ihrer Identität mit der Formenwelt, nicht direkt beschrieben und damit auch nicht in Worten vermittelt werden kann. Die Antworten der Meister versuchen diesen Gap zu überspringen und den nicht dual fassbaren Charakter allen Seins aufscheinen zu lassen. Wenn anschließend von einem tiefen Verstehen des Schülers die Rede ist, ist die Übermittlung des Lichtes[4] offenbar gelungen. Die Erkenntnis der umfassenden Nicht-Dualität betrifft dabei nicht nur die Einheit der Welt, sondern auch den Schüler selbst. Damit existiert er nicht mehr als Person mit einer Lebensspanne, wie dies im Diamant-Sutra formuliert ist. Es geht im Zen-Verständnis also nicht um ein Nacheinander oder ein Nebeneinander von dualer und nondualer Weltsicht, sondern um eine scheinbare Dualität in der Nondualität, in der Einheit allen Seins.

Dies drückt sich in alten Versen des Palikanon in wunderbarer Weise aus:

„Bloß Leiden gibt es, doch kein Leidender ist da.
Bloß Taten gibt es, doch kein Täter findet sich.
Erlösung gibt es, doch nicht den erlösten Mann.
Den Pfad gibt es, doch keinen Wand'rer sieht man da.
Von Dauer, Schönheit, Glück, Persönlichkeit
ist leer die erste und zweite Wahrheit,
von Ichheit leer das todlose Gebiet,
und ohne Dauer, Glück und Ich der Pfad."[5]

Diese Verse schildern genau die Empfindung, die sich einstellt, wenn sich die Identifikationen verflüchtigt haben und von einem ‚Ich' nicht mehr die Rede sein kann. Da ist zwar Wahrnehmung, aber sie ist nicht ‚von jemandem' und sie gehört nicht jemandem. Leiden und Erlösung sind da, ohne dass da einer wäre, der sie ‚hätte'. Sie sind, so wie alles Leben einfach ist, und der einzelne Mensch ist darin einbezogen, ohne dass er wirklich etwas tut. Im Zen ist die Rede davon, dass ‚es' sitzt. Die Verse hier schildern die Situation, wenn es nicht nur sitzt, so wie Atem und Herzschlag sind, sondern wenn verstanden wird, dass Handeln sich ebenso zuträgt, und auch Nachdenken und das Fällen von Entscheidungen. Niemand macht das alles. ‚Ichleer' ist nach den Versen die erste und zweite Wahrheit (die weltliche und die überweltliche), und auch das ‚todlose Gebiet' (das zeit- und formlose Nirvana) ist von Ichheit leer. In der Zusammenschau von Welt und Nirvana, von Form und Leere ist einfach umfassendes Sein. Eindrücklich ist, dass diese jahrtausendealte Wahrheit die gleiche ist, wie sie heute besteht und erkannt werden kann.

---

[1] vergl. das Kapitel "über Kodo Sawaki im 2. Teil dieses Buches

[2] Bernard Tetsugen Glassman Roshi, 1939-2018, wurde von Maezumi Roshi in der Linie der White Plum Asanga zum Zen-Meister ernannt und wurde durch seine unorthodoxe Lehrweise bekannt. Seine Grundprinzipien waren die drei tenets: Not knowing, Bearing whitness, Loving action.

[3] Yamada Koun, Hekiganroku, Kösel Verlag München 2002, Bd. 1, S. 73 und S. 506

[4] vergl. etwa „The Record of the Transmission of the Light" (Denkoroku), unter welchem Titel alle Übertragungserlebnisse der ersten 53 Zen-Patriarchen beschrieben sind.

[5] zitiert nach palikanon.com/wtb/sacca.html

www.ingramcontent.com/pod-product-compliance
Lightning Source LLC
Chambersburg PA
CBHW032146230426
43672CB00011B/2463